中世亞洲北方史硏究論叢 3

女眞·金史硏究

金渭顯 著

藝文春秋館

女眞 · 金史硏究

2024년 12월 19일 초판 1쇄 인쇄
2024년 12월 23일 초판 1쇄 발행

지 은 이 김위현

펴 낸 이 김정년
펴 낸 곳 藝文春秋館
주 소 서울 관악구 보라매로5가길 7, 1310호
전 화 02-887-5423
팩 스 02-888-5423
등 록 제15-26호(1988.3.24)
인 쇄 처 **진흥인쇄랜드** 02-812-3694

ISBN 978-89-85090-15-5 93910

값 20,000원

目 次

제1편

머리글

머리글

우리의 의식 속에 일반적으로 중원에 건립되었던 국가에 대한 인식은 한漢 · 당唐 · 송宋 · 명明은 문명국가로, 북위北魏 · 요遼 · 금金 · 원元 · 청淸은 야만국가로 생각하고 있어서 그 나라 역사를 연구하는데도 전자를 연구하면 정통 연구자로, 후자를 연구하면 비정통 연구자로 여기는 경향이 잔존하고 있다.

사회 분위기가 이러하다 보니 연구업적도 후자에 비하면 전자가 훨씬 많다.

북위 · 요 · 금 · 원 · 청 연구는 일제가 만주에 만주국滿洲國을 세우고 이곳에 건립되었던 선주국가先住國家 연구에 공을 들이면서 고조선 · 고구려 · 발해 연구가 상당한 진전이 있었고, 중화민국中華民國에서도 이 지역에 대한 역사연구나 보고서 등이 나오기 시작하였다.

금나라는 송화강 하류松花江下流 지역에서 나라를 세워 작은 부족 정도에서 10년이 채 못 되는 기간에 대국이었던 요와 송 두 나라를 평정한 대국으로 발전하였다.

대체 금의 어떤 군사조직과 통치방법이 주요했던가는 연구 대상이 되지 않을 수 없다.

선배 교수님들의 분부가 "논문을 쓸 때에는 문제가 있는 사건을 문제로 삼아야지, 원 사료에 다 있는 것을 번역하여 놓은 것 같은 논문은 논문이 아닐세."였다. 나는 이 말씀들을 명심하면서 문제를 찾았으나 그리 간단하지 않았다.

특히 남들이 기피하는 분야에 손을 대었으니 지도해 줄 선배나 토론할 동학도 없어서 항상 외로운 길이었다.

여기에 실은 8편의 글도 먼저 기획하여 시간을 두고 연구한 글이 아니고, 학회나 기관에서 기획한 일부의 소제목을 맡아 짧은 기간 내에 쓴 글들이다. 그러하자니 선후의 짜임새가 있는 조합이 아니다.

본서에 실은 논문은 다음과 같은 논문집에 발표한 글들이다.

〈女眞 硏究〉

1. 「完顔部의 女眞統合策」, 『靑坡 盧道陽博士 古稀紀念文集』, 서울, 1979.
2. 「女眞의 馬貿易考 -10~11세기를 중심으로-」, 『明代論文集』 第13輯, 서울, 1982.
3. 「女眞海賊 "刀伊"」, 『宋史硏究論叢』 第9輯, 河北大學, 保定, 2008.
4. 「契丹 · 高麗間的女眞問題」, 『明知史論』 第9號, 明知史學會, 서울, 1998.

〈金史 硏究〉

1. 「『금사金史』 중 고려관계 기사記事 고이考異」(未發表)
2. 「中原王朝의 朝貢事例 硏究 -遼 · 金時代를 中心으로-」, 『高句麗硏究』 第18輯, 서울, 2004.
3. 「『金史』의 韓國史 編入 可能性 檢討」, 『한민족연구』 제12호, 성남, 2012.
4. 「中華人民共和國의 金朝硏究 槪況」, 『中國學界의 北方民族 · 國家 硏究』, 서울, 동북아역사재단, 2008.

끝으로 이 방면을 연구하고 있는 선후학들의 지정指正을 바라며, 입력부터 교정까지 맡아준 김태경 박사에게 감사의 말을 보낸다.

2024년 중추절에

필자

제2편

여진女眞 연구

I

완안부完顔部의 여진女眞 통합책

1. 머리말

완안부完顔部는 10세기 초엽에 북만주北滿洲 흑룡강黑龍江 지류인 안출호수按出虎水 유역에서 발흥勃興하기 시작한 부족이다. 이들은 원래 반농반렵半農半獵으로 생활하던 종족으로 성격이 박실樸實하고 용감하며 부족인들이 골고루 기사騎射에 뛰어 났다.

이들은 평상시에는 농업과 어업 및 수렵에 종사하였지만 일단 유사시에는 모든 부락인이 군사軍事가 되는 기질을 가지고 있었다.

이들의 조상은 하나의 유랑인으로 여진지역에 유입하여 여진 여성과 혼인하여 살게 되면서 그 자손이 그 곳에서 여진화女眞化한 것이다.[1] 그러므로 처음은 그 세력이 극히 미미하였으나 누대에 걸쳐 착실한 발전을 거듭한 결과, 요말遼末에 와서는 동북지방에서 제일 강대한 부족으로 성장하였다.

이들의 급속한 발전은 일찍이 역사상 보기 드문 유례를 남겼다. 1114년(요 천조제 천경 4년)부터 1126년(송 흠종 정강 원년)까지 불과 12년 만에 동북 제여진諸女眞을 병탄倂呑하고, 요를 공멸攻滅하고, 또 송宋을 핍박逼迫하여 화북華北을 점령하고, 송의 수도인 개봉開封(변[汴])을 함락하여 송 황제 부자(휘종徽宗 · 흠종欽宗)를 포로로 하여 개선凱旋하였다.[2] 그리하여 이들의 영역은 백산흑수白山黑水에서 중원의 회수淮水 이북에 이르기까지 광대한 지역을 차지하였다.

실상 반요흥병叛遼興兵 이전에는 조그만 영역을 가진 반독립국가半獨立國家였으나 요와 송을 병합하면서 대국가적大國家的인 광대한 강역疆域을 차지한 것이다.[3]

이와 같이 대제국大帝國으로 성장한 배경에는 그들의 탁월한 용병지계用兵之計와 고도의 치민지술治民之術에 기인되었다고 설명할 수 있다.

이들은 소위 새외민족塞外民族으로서 중원 한족통치漢族統治의 모식模式을 수립하게 되었다. 이것은 뒷날 같은 북방계 민족으로 중원 땅을 석권席捲한 원元 · 청淸 양조兩朝가 모두 이 금나라의 제도를 본받아서 한인 통치에 임하였던 것이다.[4]

---

1) 桑秀雲, 「金室完顏氏婚制之試釋」(『中央研究院歷史語言研究所集刊』 第39本(上), 1969) 287쪽. "而金室的始祖, 又是一個以外來者的身份參加完顏氏的民族裡面……洪皓松漠紀聞也謂其初酋長乃新羅, 金室的祖先原不是女眞族, 他是一個外來的人."

2) Jing-shen Tao, *The Jurchen in Twelfth-Century China*, (Seattle, The University of Washington Press, 1976) p.18.

3) 宇文懋昭, 『大金國志』 卷33, 「地理」 條, "國初之時, 族帳散居山谷, 地僅千餘里, 自後并遼, 得大遼全盛之地。其後深入中原, 舉大江以北皆有之, 疆宇始廣矣。"

4) 陶晋生, 「金代的政治結構」(『中央研究院歷史語言研究所集刊』 5期, 1975), 567쪽.

본고에서는 금의 시조가 여진지역에 들어가서 여진의 한 부족이 되었다가 점차 그 세력이 성장하여 그들과 이웃하고 있던 다른 여진 부족을 어떤 책략策略에 의하여 통합하였으며, 또 어떤 정책政策이 주효하였던가를 논술하고자 한다.

2. 여진족과 완안부

1) 여진족의 기원

먼저 '여진'이란 이름에 대하여 살펴보고자 한다. '여진'이란 명칭은 이미 『요사遼史』의 903년(당 소종 천복 3년)의 기록에 나타난다. 요의 태조 야율아보기耶律阿保機가 황제가 되기 전에 대질렬부大迭烈府 이리근夷離菫으로써 요동遼東에 있던 여진부女眞部를 공략攻略하여 여진 300호를 부획俘獲하였다는 기사가 처음이다.[5] 그로부터 3년 뒤인 906년에도 야율아보기가 요동의 여진 잔부殘部를 격파하였다는 기사가 나온다.[6] 이 여진이라는 명칭은 원래는 여진이 아니고 주리진朱理眞이었는데, 이것이 와전訛傳되어 여진이 되었다고 한다.[7] 그러나 이 여진이라는 명칭 이외에도 「여정女貞」·「주리진朱里眞」·「여진慮眞」·「주아차主兒扯」·「주리선朱里先」·「철아적徹兒赤」·「주선朱先」으로도 불려졌다.[8] 이처럼 와전된 이유는 여진이란 음을 한자로 표기할 때 생긴 오기誤記라고 생각된다. 또 이 이외에도 여직女直이란 이름이 많

5) 『遼史』 卷1, 「本紀」 第1, 太祖上. Jing-shen Tao, *op*. cit., p.18.

6) 『遼史』 卷1, 「本紀」 第1, 太祖上.

7) 徐夢莘, 『三朝北盟會編』, (臺北, 文海出版社, 1962) 卷3, 「重和二年正月丁巳」 條, 無名氏 「北風揚沙錄」, "金國本名朱里眞, 蕃音訛爲女眞。"

8) 李學智, 「釋女眞」上 (『大陸雜誌叢書』 第1輯 5册, 1958), 174쪽.

이 사용되었다. 요나라 사람들이 주로 여직이라 불렀다. 그래서 『요사』 및 요나라 사료들은 모두 여직으로 기술하였다. 이것은 소위 피휘관계避諱關係로 글자를 고쳐 썼기 때문이다. 즉 요나라 흥종興宗의 휘諱가 종진宗眞이므로 여진을 여직으로 고쳐 썼다고 한다.[9] 그러나 고려나 송의 기록들은 그냥 여진으로 적었다.

다음은 여진족의 족계族系에 대하여 토론하고자 한다. 대개들 여진족의 기원을 옛 숙신국肅愼國에 둔다. 그리고 시대의 변천에 따라 그 명칭도 다르게 불렸다고 한다. 여진은 아주 옛적에는 숙신肅愼이었는데 동한시대東漢時代에는 읍루挹婁, 원위시대元魏時代에는 물길勿吉, 수당시대隋唐時代에는 말갈靺鞨이라 하였다 한다. 그리고 이 말갈은 모두 6부였는데 그 중의 하나가 흑수부黑水部로 곧 오늘의 여진이라 한다고 하였다.[10] 바꾸어 말하면 숙신이 곧 읍루가 되고, 읍루가 곧 물길이 되고, 물길이 곧 말갈이 되었고, 이 말갈이 여진으로 변연變演되었다는 것이다. 그 뒤 거란시대에 와서 생生·숙여진熟女眞으로 구별하여 불렀는데 거란에 계적繫籍되어 있던 여진부족을 숙여진, 그렇지 않은 여진부족을 생여진이라 불렀다고 한다.[11] 또 여진족의 구성에 대하여 단일래원單一來源과 복합래원複合來源의 주장이 있다.

단일래원의 기록은 『금사金史』와 『송막기문松漠紀聞』 등의 사적史籍에서 볼 수 있으며, 이 설을 좇는 중화민국中華民國 초년의 푸스니엔傅斯年은,

9) 상게서.

10) 洪皓, 『松漠紀聞』(臺北, 廣文書局, 1968), 10쪽. 『金史』 卷1, 「木紀」 第1, 世紀. 『文獻通考』 卷327. 『大金國志』 卷22 참조.

11) 金毓黻, 『東北通史』(臺北, 洪氏出版社, 1977), 491쪽. 洪皓의 『松漠記聞』에는 지역적으로 구분하여 거란에 복속된 것으로 기록하고 있다. 즉 "居混同江之南者謂之熟女眞, 以其服屬契丹也, 江之北爲生女眞亦臣于契丹。"

"今吾人知女眞之語言, 即可籍以推知肅愼之族類矣。 且女眞者東北衆多民族中之一支而已。此族自靺鞨時始大, 前此在東北之重要民族乃是濊貊而非女眞。"12)

이라 하였고, 진위푸金毓黻도 『금사』·『문헌통고文獻通考』·『대금국지大金國志』 등의 기록을 좇아

"女眞之先, 出於黑水靺鞨, 分生熟二種。"

이라 하고 있다.

그러나 반대로 복합민족이라는 주장을 하는 학자도 몇 있다. 일본 학자 이나바 군진稻葉君山은 발해유민渤海遺民과 흑수말갈黑水靺鞨을 여진이라 한다고 하였다. 그는 그의 『만주발달사滿洲發達史』에서

"長白山東西の地には, 幾多の半獨立國を容認せざるを得なかつたことは, 吾人をして寧ろ異樣の感を抱かしむる。東北滿洲の土人は, いふまでもなく, かつて契丹人に亡ぶれた渤海の遺種や, 黑水靺鞨の部族であるが, 此時代に入りてから, 女眞といふ名で現はれた。"13)

이라고 하였다. 또 중국 학자 자오전지趙振績도 여진의 족계族系를 다원적으로 보고 있다. 그는 그의 논문 「여진족계고女眞族系考」에서,

"女眞族系, 據傳統歷史之記載, 源之於先秦之肅愼, 漢魏之挹婁, 南北朝之勿吉, 隋唐之黑水靺鞨, 而爲元明之女眞, 衍之為近代之滿洲族, 史實不盡然……女眞族系來源多元, 如烏古部, 高麗, 黑水靺鞨。"14)

---

12) 傅斯年, 『東北史綱』 第1卷, 「古代之東北」(1932), 5쪽.
13) 稻葉君山, 『滿洲發達史』(東京, 大阪屋號出版部, 1915), 151쪽.

이라고 주장하고 있다. 필자 역시 이 복합민족설을 따르고 싶다. 요대의 여진을 단일민족 내원來源으로는 볼 수 없다. 몇 가지 예를 첨언하면, 첫째, 지역적으로 볼 때, 백산·흑수白山黑水의 수만리 지역에서 수천년을 어찌 여진 한 부족만이 살았겠는가 하는 점이다. 원래 여진인들은 발해渤海에 계적繫籍되어 있다가 10세기에 와서 발해가 요에 멸망되자 이들 여진족은 생존을 위한 의부처依附處를 찾아 일부는 요나라에, 일부는 고려에 의부하였으며 또 압록강여진鴨綠江女眞을 비롯한 몇몇 여진부는 오대五代와 송宋과 통하며 살아왔다.

이들은 교역交易이 주요 목적이었던 것 같은데 그 여진부를 『고려사高麗史』·『요사』·『금사』 등에서 대략 살펴보면, 압록강여진·삼십성여진三十姓女眞·갈뢰여진曷懶女眞 등이 있다. 『고려사』에서는 압록강여진을 서여진西女眞으로, 갈뢰여진을 동여진東女眞으로, 삼십성여진을 북여진北女眞 혹은 삼십성여진이라고 부른 것 같다.

그러나 10세기 이전은 여진부에 한해서 여진이라고 불려진 것 같으나 그 후 여진의 범위가 점점 확대되어 동북만주東北滿洲에 살고 있는 부족을 모두 통칭하여 불려진 것 같다.[15] 일례를 들면, 압록강 중류지방에 위치하였던 발해 유민遺民의 나라인 정안국定安國을 『요사』에서는 여진으로 기록하고 있다. 그런데 송나라 사람들은 정안국이라 하여 『송사宋史』에서는 발해와도 달리 별도로 외국外國으로 다루어서 정안국이라 실었다.

둘째, 예로 다음 절에서 토론하려고 하는 완안부인데, 이 완안完顔의 지도적指導的인 씨족은 원래는 여진인이 아닌 신라인新羅人(혹은 고려인高麗人)이었다. 이들은 신라 멸망 후 유민들이 옮겨가 여진화女眞化된 부족인데 점점 성장하여 여러 여진부족 가운데 군림하였다가 결

14) 趙振績, 「女眞族系考」(『中國歷史學會史學集刊』 第7期, 1975), 187쪽.

15) 金渭顯, 『契丹的東北政策』(臺北, 臺灣大學, 1978), 145쪽.

국은 여진 전역을 통합하여 금나라를 세운 것이다.

이 두 세 가지 예를 보아도 여진은 복합민족이지 단일민족일 수 없다. 당시의 많은 사료들을 검토해 보면 발해시대에는 흑수말갈을 여진이라 부르다가 발해가 멸망되면서 발해 유민들을 통칭하여 여진이라 부른 것이 명백하다.

2) 완안부의 성장

완안부는 평범한 여진의 일개 부족에 부과하였으나 나말려초羅末麗初에 신라로부터 유이流移해간 한 유민流民의 자손이 번창하여 점차 인근의 여러 여진부족 중에서 두각을 나타내기 시작하였다.

이 완안부에 유입流入한 금조金朝의 시조는 함보函普라는 신라인(혹은 고려인)인데 그는 지략智略이 뛰어난 사람으로 여진인이 종족 간에 투쟁을 일삼고 있음을 보고 지혜를 발휘하여 조정하였으므로 완안부 사람들의 숭앙崇仰을 받았으며, 또 60이나 되는 여진 현녀賢女(야오총우姚從吾와 진위푸는 「신록기神麓記」를 쫓아 40세의 여자를 잘못 기록한 것이라 주장)를 예를 갖추어 맞이할 수 있었다.[16] 그리고 또 그들의 추장으로 추대될 수 있었다. 물론 함보가 여진부에 들어갔을 때 그 당시의 여진은 아직도 완전한 부족국가적인 형태도 갖추지 못했던 것이다. 그렇기 때문에 그들 부족인들이 호상살상互相殺傷을 제지하지 못했던 것으로 여겨진다.

그런데 이런 사실이 적혀 있는 『금사』「세기世紀」의 기록을 일본 학자 이케우치 히로시池內宏는 그의 「금사세기의 연구金史世紀の硏究」에서 시조의 사력事歷이라는 이 이야기는 생여진의 습속의 기원을 설명한 한 개의 설화에 지나지 못한 것이라고 하였다. 이것은 고로구전故老口傳의

---

16) 苗耀, 「神麓記」(『三朝北盟會編』 21卷之18에서 재인용).

여진 습속 몇 가지와 시조 이하 10제실록十帝實錄을 원거原據로 한 것으로 확실도가 희박하다 하였다. 그래서 금의 원조遠祖는 공상인물이며 역사적 사실이 아니라는 주관적 견해를 입증시키려 하였다.[17] 여기에 대하여 김상기金庠基는『금사』「세기」의 기사만 가지고 시조 자체까지 공상인물로 성급하게 다룰 문제가 아닌 듯하다고 반론하고 있다.[18] 물론 여러 대를 거친 구전口傳이 신빙도信憑度가 낮고, 금인金人이 자기 선조의 사적事蹟을 다소 과장되게 만들려고 노력했을 것만은 부인할 수 없는 사실이다. 그러나 금 개국 이전의 몇 대에 대한 기록은『금사』이외에도 얼마든지 있다. 더더구나 당시 가장 금을 증오하던 송인宋人의 기록에도 나타나고 있으니 어찌 가공인물로만 취급하겠는가.

필자는 금의 선세先世 인물들이 가공인물은 물론 아닐 뿐 아니라 그들의 행적도 다소 미화美化는 되었을망정 그 내용마저 조작이라고 보지 않는다. 전혀 족적배경族的背景이 없이 내려오다가 아골타阿骨打 당대當代에 와서 금나라를 세웠다고 볼 수는 없다.

첫째, 인물에 대하여 살펴보면『금사』「세기」에는,

函普(시조) ┬ 烏魯(덕제德帝) − 跋海(안제安帝) − 綏可(헌조獻祖) ┐
　　　　　 └ 斡魯

└ 石魯(소조昭祖) − 烏古迺(경조景祖) ┬ 劾者
　├ 劾里鉢(세조世祖) ┬ 烏雅束(강종康宗)
　│　　　　　　　　 └ 阿骨打(태조太祖)
　├ 頗剌淑(숙종肅宗)
　└ 盈歌(목종穆宗)

17) 池內宏,「金史世紀の研究」,『滿鮮史研究(中世第1册)』(東京, 岡書院, 1933), 337 · 338 · 342쪽 등 참조.

18) 金庠基,「金의 始祖에 대하여」(『國史上의 諸問題』 제5집, 1959), 83쪽.

또 『송막기문』에는,

龕福(시조) – 訛魯(덕제) – 佯海(안제) – 隋闊(헌조) ┐
└ 實魯(소조) – 胡來(경조) ┬ 核里頗(세조) ┬ 吳剌束(강종)
(패근孛堇) (태사太師) │ (태사) └ 旻(태조)
├ 蒲剌束(숙종)
│ (태사)
└ 楊哥(목종)
(태사)

또 『대금국지』 「금국세계도金國世系圖」는,

龕福(경원황제景元皇帝) – 訛魯(덕황제德皇帝) – 佯海(안황제安皇帝) ┐
(7세조) (6세조) (5세조)
└ 隋闊(정소황제定昭皇帝) – 實魯(성양황제成襄皇帝) – 胡來(혜황제惠皇帝) ┐
(4세조) (3세조) (2세조)
┌ 核里頗
├ 蒲剌淑 ┌ 阿骨打(태조)
└ 揚割(효평황제孝平皇帝) ┼ 吳乞買(태종太宗)
└ 思改

또 「신록기神麓記」(『삼조북맹회편三朝北盟會編』 권18 선화宣和 5년 6월 19일조에서 재인용)에는,

捎浦(시조) – 訛辣魯 – 佯海 – 隨闊(패근)
- 兀列
- 失侶
- 烏熟(패근)
  - 貨欏(태사)
    - 刻闍
    - 刻姑遜
    - 刻里孛(태사)
      - 兀囉末
      - ○○○
      - 兀古達(태사)
    - 浦辣叔
    - 楊割

또 『고려사』 「세가편世家篇」에서도,

今俊(혹은 克守) – 古乙太師 – 活羅太師
- 刻里鉢
  - 烏雅束
  - 阿骨打
- 盈歌

등으로 전해 오고 있다.

위의 여러 사서들은 금나라 건국 이전의 조선祖先들을 모두 엇비슷하게 전하고 있다. 이 사료는 금이라는 한 나라만의 사료가 아니라, 당시 고려·금·송의 사료들로써 그 인명의 글자가 다를 뿐 음은 비슷하다. 이로 미루어 보면, 금의 조상들을 공상적인 인물로 취급할 수 없다.

둘째, 그들 문화발전의 과정을 문자의 미식美飾으로만 볼 수 없다. 이 종족이 원래 수렵민족으로 일정한 곳에 안주安住하지 않았을 것은 분명하며, 또 발해 유민이나 고려·송나라 사람들과 정치적인 교섭이나 교역상 상호 접촉을 하면서, 농경 및 가축 기르는 기술을 배우면서 자연히 고된 수렵 생활보다는 안주하면서 생활할 수 있는 길을 택했을 것은 자명한 일이다. 이것은 문화의 진보단계로 볼 때 자연히 생겨나는 일일 것이다.

또 이러한 내용이 『금사』 「세기」에만 나오는 것이 아니라, 묘요苗耀의 「신록기」에도 나온다. 그런데 어찌 공상인물이라고만 하겠는가.

함보와 현녀 사이에 2남(장남은 烏魯, 차남은 斡魯) 1녀(注思板)를 두었다. 이들은 여진지역에 살면서 여진습속을 익혀 완전히 여진화된 것이다. 그리하여 이들은 여진의 한 구성원인 동시에 여진부(완안부)의 지도적인 계층으로 부상하였다. 그리고 완안부라고 칭한 것도 완안부의 지도적인 세력인 함보의 자손들이 여진 제 부족 중에서 상당한 지위로 성장한 뒤에 붙여진 이름이 아닌가 생각된다. 『송막기문』에 의하면 "女眞酋長乃新羅人, 號完顏氏, 完顏猶漢言王也."[19]이라 하여 이 「완안完顏」이 곧 성씨로 왕이라는 뜻보다 국왕國王이라고 하는 왕자王字의 뜻일 것이다. 이것은 함보의 후예들이 여진추장으로 등장하면서 붙여진 씨명인 동시에 부족명으로 화한 것으로 간주된다. 곧 여진제부女眞諸部중 완안부가 부족연맹주로 등장하면서 맹주 즉, 왕이 있는 부족이라 하여 완안이라 부른 것 같다.

금 시조 함보의 출신에 대하여서도 신라래원설新羅來源說과 고려래원설高麗來源說의 두 가지 기록으로 전해 오고 있다. 신라래원설에 대하여서는, 『송막기문』에는 "女眞酋長乃新羅人, 號完顏氏."[20]라 하였고, 「신록기」에도 "女眞始祖掯浦, 出自新羅, 奔至阿觸胡無所歸, 遂依完顏因而氏焉."[21]이라 하였으며, 『이역지異域志』에도 "始因新羅人完顏氏者奔於國."[22]이라고 하였다.

한편, 고려래원설에 대하여서도, 『금사』에 "金之始祖函普, 初從高麗."라 하였고, 또 금 태조 아골타阿骨打가 아지阿只에게 보낸 서찰에도 "自我祖考介在一方, 謂契丹爲大國, 高麗爲父母之邦."[23]이라고 하였다.

---

19) 洪皓, 전게서, 2쪽.

20) 위와 같음.

21) 徐夢莘, 『三朝北盟會編』 卷18.

22) 周致中, 『異域志』(上)(臺北, 廣文書局, 1968), 3쪽.

이와 같이 혹은 신라, 혹은 고려로 전하나 이것은 시기적으로 나말려초이기 때문이다. 그러나 실상은 신라 유민으로 신라왕실이 고려에 귀부歸附하는 것을 반대하고 천사遷徙한 사람으로 상당한 실력자인 것으로 생각된다.

이와 같이 역사 기록이 일치하지 않는 점으로 추측하여 보면, 함보가 여진지역에 간 시기가 나말려초이기 때문에 혼동混同한 결과인 듯하다. 또 금나라의 세계世系를 『금사』「세기」에서 보면 전술한 바와 같이(앞쪽의 세계표 참조) 시조 함보에서부터 태종 오걸매吳乞買까지 형제상계兄弟相繼한 것을 제외하면 모두 7세가 된다. 1세를 30년으로 산정하면 200여년이 된다. 고려 건국이 서기 918년이고 신라 멸망이 936년이며 금 태종의 등위登位가 1123년인 것으로 미루어 보면, 역시 금 시조가 여진지역에 들어간 시대는 나말려초임이 명백하다. 그러므로 금의 조종인물祖宗人物이 공상이거나 몇 대代의 조작설造作說은 있을 수 없다.

또 금의 국호에 대하여서도 이견異見이 적지 않다. 『대금덕운도설大金德運圖說』에 의하면, 금이 국호를 금이라고 호칭한 것은 거란이 목덕木德으로 입국立國하였으므로 금은 오행상五行上 금극목金剋木이 되므로 금이라 국호를 하였다고 한다.[24] 그렇다면 거란도 목덕으로 입국하였으니 요遼라고 할 것이 아니라 마땅히 목木이라 하였어야 될 것이 아니겠는가. 도리에 부합되지 않는다. 『만주원류고滿洲源流考』에서는,

---

23) 『高麗史節要』 卷4, 睿宗 12年 3月條.

24) 『대금덕운도설』에서는 오행상 금극목이 되므로 금을 국호로 삼았다고 하나, 『금사』 권2, 「본기」 제2, 太祖 收國元年條에 의하면 태조 아골타가 국호를 대금이라 한 것은 "遼以賓鐵爲號, 取其堅也。賓鐵雖堅, 終亦變壞, 惟金不變不壞。金之色白, 完顔部色尚白。"이기 때문에 금으로 하였다고 하였다.

"以史傳按之, 新羅王金姓相傳數十世, 則金之自新羅來無疑, 建國之名, 亦應取此。"[25]

라고 하여 금의 시조가 신라 종성宗姓인 김金이므로 국호를 금으로 하였다는 것이다. 혹은 완안부가 위치한 안출호수 지방에 금이 많이 생산되므로 금으로써 국호를 삼았다고 한다.[26] 그러나 역시 시조의 씨성氏姓으로 국호를 삼았음이 가합可合한 것 같다.

또 위치가 지정학상 건국에 유리했던 것은 만주滿洲의 동북에 치우쳐 있어서 당시 강대국인 요나라의 세력범위 밖에 있었고 흑룡강과 그 지류를 끼고 있어서 주변제부周邊諸部와 물화교역物貨交易이 편리한 지역이었으며, 또 여진 제부의 중심지역에 자리하고 있어서 완안부의 성장과 함께 용이하게 제부를 병합할 수 있었다.

게다가 완안부의 자연환경을 보면, 그 위치가 동해와 몽고 대막大漠 사이에 놓여 있었는데 북은 실위室韋에 둘려 있고, 서는 거란에 인접하고, 동은 영해瀛海가 둘려 있고, 남은 고려와 접하였다.

또 위도는 북위 43도에서 50도 사이에 걸친 지역이며, 자연형승自然形勝은 산악山岳·초원草原·소택沼澤·송막松漠으로 되어 있고, 기후는 동절기에는 섭씨 영하 40도 이하로 떨어지는 혹한이 되는 지역이다.

그러나 산물産物이 매우 풍부하여 말馬·금金·대주大珠·인삼人蔘·벌꿀蜜蠟·세포細布·송실松實·백부자白附子 등이 많이 나고, 금류禽類로는 응골鷹鶻·해동청海東靑이 유명하며, 수류獸類로는 소·양·사슴麋鹿·들개·흰돼지白彘·날다람쥐靑鼠·담비貂鼠 등이 많이 나

25) 『欽定滿洲源流考』 卷7, 「部族」7, 完顔條.

26) 徐夢莘, 전게서, 卷3, 「重和2年 正月 11月 丁巳」條.
葉隆禮, 『契丹國志』 卷26, 「諸蕃記」.
周致中, 전게서 3쪽. "地多產金, 故女眞阿古苔稱帝號大金。"

고, 화과花果로는 백작약白芍藥 · 수박西瓜이 많이 산출된다. 또 바다에는 대어大魚 · 방게螃蟹 등이 많이 산출된다. 이와 같은 자연형승과 산물 때문에 이 지역에 영걸英傑이 많이 나고, 이들은 사상思想이 민예敏銳하며 창조지능創造智能과 모방능력模倣能力이 모두 우수하다고 평가된다.[27]

3. 여진 교화와 지위 향상책

1) 함보의 여진습속 교화

한 민족의 습속習俗을 하루아침에 바꾸는 것은 어렵지만 좀더 좋은 습속을 따르려는 지향적指向的인 노력은 인간의 본성인 것이다. 물론 여진 교화敎化는 점진적으로 이루어졌으리라 생각된다.

당시 여진은 동북만주 수천리의 광대한 지역에 호구戶口가 10여만이나 되었지만 대군장大君長이 없었고, 각 부락 단위로 수령首領이 있었을 뿐이었다.[28] 그리고 각 부락 단위 정도의 영역을 가진 추장들이 「이강능약以强凌弱」을 일삼았으며 근본적으로 제도란 없었다.[29] 함보가 이 여진 소거지所居地인 복간수애僕幹水涯(「신록기」에서는 아촉호阿觸胡, 『金史』에서는 복간수僕幹水, 『고려사』에서는 아지고촌阿之古村)에 도착했을 때에는 이미 연령이 60으로 신라에서 고도의 법치생활法治生活을 하였던 것이다. 그리고 나말려초에 「분거奔去」했다는 것으로 보아 필시 신라가 고려에 귀부하기를 반대한 왕족이었을 것으로 추측된다.

27) 姚從吾, 『姚從吾先生全集』(3), 「金朝史」(臺北, 正中書局, 1972), 20~21쪽 참조.
28) 葉隆禮, 『契丹國志』, 209쪽.
29) 徐夢莘, 『三朝北盟會編』 卷18.

그가 처음 여진지역에 들어갔을 때에 그곳 여진인들이 부족과 부족 간에 서로가 살인은 살인으로 보복하는 사건이 일어나 양 부족의 싸움은 해결할 수 없는 상태에 있었다. 이 때 완안부 사람이 함보에게 해결방법을 물어왔다. 함보는 원가怨家를 찾아 가서

"殺一人而鬭不解, 損傷益多, 曷若止誅首亂者一人, 部內以物納償汝, 可以無鬭而且獲利焉。"[30]

이라고 하자 그들이 함보의 말을 따랐다. 그래서 함보가 규약規約을 만들기를 살상자殺傷者는 자기 집 안 사람 1명과 말 10마리, 암소 10마리, 황금 6냥을 피해자 집에 주는 배상대체혈수賠償代替血讐로써 해결방법을 모색해 주었다.[31] 이 해결방법이 그들에게 공감되는 진보된 법속法俗으로 받아 들여져 부중部衆이 모두 믿고 따랐다. 이것이 여진의 풍속이 되어서 살인자가 마우등물馬牛等物로 배상하는 것이 습속화한 것이다.[32]

이와 같은 우마속법牛馬贖法이 경제적으로 상당한 부담을 주는 것으로 감히 범죄를 저지를 수 없게 된 것이다. 이 일로 함보가 원근遠近 여진사회의 신복信服을 받아 신명神明이라 떠받들리고, 또 실력과 재력이 있는 여진추장 딸과 결혼하면서 더욱 더 함보의 세력은 커진 것이다. 그리하여 그 후 여진의 여러 추장이 동맹을 맺고 함보를 수령으로 모셨다.[33] 그 뒤 자손들이 이어받아 계속 수령의 자리를 지켜왔던 것이다. 그러므로 함보가 여진 법속法俗을 교화한 것은 완안의 여진통합에 큰 의의가 있는 것이다.

---

30) 『金史』 卷1, 「本紀」 第1, 世紀.
31) 『金史』 卷1, 「本紀」 第1, 世紀.
32) 宇文懋昭, 『大金國志』 卷30, 文科條.
33) 徐夢莘, 『三朝北盟會編』 卷18.

2) 수가綏可의 여진생활 개선

전술한 바와 같이 이미 금 시조 함보가 여진지역에 들어가 그 곳에서 일어나고 있는 복수의 반복을 인신배상人身賠償 또는 재물배상財物賠償의 방법으로 겨우 부족 내의 질서를 찾을 수 있었다. 그로 말미암아 여진 여성과 결혼하여 자식을 낳아 완전히 여진화되었던 것이다. 그 아들 오로烏魯(덕제德帝), 손자 발해跋海(안제安帝) 때까지는 별로 특기할 만한 공적 없이 지내 왔다. 따라서 그들의 습속은 완전히 여진화한 것이다.

우선 여진의 생활 습속을 의식주로 나누어 간단히 소개하면 다음과 같다. 의생활衣生活은 겨울철이 몹시 춥기 때문에 모피를 많이 입었다. 그래서 모피는 그들 생활에 매우 귀중한 것이므로 비록 쥐를 한 마리 잡아도 껍질을 소중히 보관하였다가 겨울옷 장만에 썼다. 여름철은 옷감으로 의복을 만들어 입었는데, 흰옷을 즐겨 입었고 옷깃은 짧았다. 여성들은 변발 머리를 틀어 올렸고, 남성들은 변발을 뒤로 드리웠다. 귀고리는 금은金銀으로 하였고 뒷머리는 색실로 묶었다. 그런데 옷은 추위 때문에 겨울이면 빈부를 불문하고 모두 모피를 입어야 추위를 막을 수 있었다. 그러나 빈부에 따라 모피의 질은 달랐다. 부자는 주옥珠玉으로 악세서리를 하고, 봄·여름에는 저사면주紵絲綿紬로 바지저고리衫裳를 만들어 입고 간간이 삼베細布 옷도 입었다. 또 가을·겨울에는 담비貂鼠·날다람쥐靑鼠·여우너구리狐貉의 모피로 만드는데, 혹은 새끼양가죽羔皮으로 갓옷裘을 만들어 입었다. 가난한 자는 봄·여름에는 포布로, 가을·겨울에는 소·말·돼지·양·고양이·뱀·개·물고기의 가죽으로 옷을 만들어 입었다.[34]

음식은 아주 보잘 것 없었다. 『삼조북맹회편三朝北盟會編』에 의하면

34) 徐夢莘, 『三朝北盟會編』 卷3, 「重和2年 正月 11日 丁巳」條.

싸라기糜를 받아서 술을 빚고, 콩으로 장醬을 담그며 반생미半生米로 밥을 지어 먹는다고 하였다. 또 날개피와 파 담근 것을 반찬으로 먹었다[35]고 하였다.

집은 없었고 "負山水坎地, 梁木其上, 覆以土, 夏則出隨水草以居, 冬則入處其中, 遷徙不常."[36]이라 하여 양지 바른 곳에 땅을 깊이 파고 위에 나무를 가로 놓고 그 위에 흙을 덮은 다음 그 안에 항상炕床을 만들어 불을 때면서 겨울을 따뜻하게 지냈다.

그러나 이와 같은 생활에서 가옥생활家屋生活로 들어간 것은 수가(헌조獻祖) 때이다. 수가는 외부와 접촉하면서 새로운 문물을 배우게 되었는지 해고수海古水(야오총우姚從吾 선생은 지금의 아성현阿城縣 일대라고 한다)에 사거안주徙居安住하면서 농사農事와 원예園藝에 힘쓰며 동우지제棟宇之制를 실시하였다고 한다. 이것은 여진인으로서는 중요한 생활혁명生活革命이라 하겠다. 원예에 힘썼음은 농업경제시대農業經濟時代로 들어가 안주하기 시작하였음이요, 또 그로 인한 영구적인 가옥을 짓고 거주하기 시작했을 것이다. 이것은 당시 여진사회에 있어서는 큰 생활개선生活改善인 것이었다. 따라서 일반一般이 본받아서 개혁改革하여 갔을 것이다. 이 집을 「납갈리納葛里」라고 하였는데 한어漢語로는 「거실居室」이란 뜻이다. 그리고 오늘날 몽고어蒙古語로는 「집房舍」이란 뜻이다.[37]

이런 가옥을 지어 안주하고 농경農耕을 하여 생활에 안정을 기하는 개혁적인 습속은 타 여진부족에 대하여 교화적敎化的인 의미가 있는 것이다.

---

35) 徐夢莘, 『三朝北盟會編』 卷3, 「重和2年 正月 11日 丁巳」條.
宇文懋昭, 『大金國志』 권30, 「飮食」條.

36) 『金史』 卷1, 「本紀」 第1, 世紀條.

37) 姚從吾, 전게서, 23쪽.

3) 석로石魯의 조교정치條教政治 실시

다음 석로 때는 여진사회의 법속法俗을 바로 잡기 위한 조교條教를 만들어 반포頒布하였다. 당시 여진사회에는 서계書契도 없었고, 약속約束도 없었으므로 검제檢制가 어려웠다. 그러므로 입법을 시작한 것인데 부인部人들이 모두 즐겨 하지 않고 극렬한 반대를 하였다. 그러나 계속 조교정치는 강요되었고 차츰 부인들도 따라오기 시작하였다. 그리고 석로는 이 조교를 펴기 위하여 계책計策을 세우기를 순종자順從者는 무육撫育하고 부종자不從者는 토벌討伐하는 은위병용책恩威併用策을 시행하였다. 그리하여 조교정치를 긍정肯定하지 않은 소빈蘇賓·야라耶懶 지방을 쳐서 이기고 복연僕燕(한어 악창[惡瘡]의 의미)수를 경유하여 돌아오던 중 병을 얻어 죽었다.[38] 석로 때 비록 조교정치를 시행하였다고 하지만 초기이므로 내용은 자세하지 않으나 별다른 성과는 없었던 듯하다. 이때에는 아직 문자가 없었고, 또 관부官府도 없었으며, 월력月曆이 없어서 세월의 회삭晦朔을 알지 못하였다.[39] 그러므로 조교정치를 실시했다는 것은 극히 원시적原始的인 단계로 밖에 볼 수 없다.

다른 면에서 살펴보면 석로가 사회규범社會規範을 만들어 놓고 이것을 인근부족隣近部族에게 강요한 것이다. 그러나 이것이 습관習慣이 되지 않아서 법속에 얽매이기를 싫어하는 타 여진부족이 따를 리가 없음은 당연한 일이고 따라서 완안부는 이것을 구실로 인부隣部를 복속시키려는 계략으로 삼았던 것이다. 결국 여진을 교화한다는 미명하美名下에 인부정벌隣部征伐을 착수한 것이라 하겠다.

이 같은 조교정치는 석로의 아들 오고내烏古迺 때까지 연장된다. 오고내 초년에 아버지의 유업遺業을 이어받아 조교정치에 반대하는 부

---

38) 『金史』 卷1, 「本紀」 第1, 世紀條.

39) 徐夢莘, 『三朝北盟會編』 卷3, 「重和2年 正月 11日 丁巳」條. 「其人不知紀年, 問之則曰, 吾見青草幾度以草一青爲一世。」

를 차례로 쳐서 복속시켰다. 곧 백산白山·야회耶悔·통문統門·야라耶懶·토골土骨 등이 모두 이때에 와서 명을 받기 시작하였다.

그러나 이 일은 명분이 뚜렷하지 못했기 때문에 당시 초강국인 요遼가 방과放過하지 않았던지 오고내는 곧 바로 계략을 바꾸어 버린다. 그는 요를 등에 업고 여진을 복속시키는 계략으로 방향을 바꾼 것이다.

4. 요역遼役 담당과 여진 복속책

1) 오고내의 응로鷹路 개통전開通戰

오고내는 석로(소조[昭祖])의 아들로 위인爲人이 관서寬恕하여 평생을 즐겨하거나 성내는 일이 없었으며 혹 다른 사람이 자기를 거역하더라도 염두에 두지 않을 정도로 대범한 인물이었다.[40)]

그는 주색을 좋아하여 먹고 마시는 것이 다른 사람보다 월등하게 많았다. 그래서 그 때 사람들이 '활라活羅'라 불렀다.[41)] 그는 처음에 부업父業을 따라 조교정치를 펴다가 얼마 안 되어 방향을 바꾸어 요를 싸고 돌며 대여진통합정책對女眞統合政策을 계속하여 갔다. 그는 외적外的으로는 요를 돕는 척 하면서 내적內的으로는 요병遼兵의 진입을 저지하는 한편 여진제부女眞諸部를 자기 수중으로 끌어 들이었다. 그

40) 『金史』 卷1, 「本紀」 第1, 世紀條. 「景祖爲人寬恕, 能容物, 平生不見喜慍。推財與人, 分食解衣, 無所吝惜。人或忤之, 亦不念。」

41) 『金史』 卷1, 「本紀」 第1, 世紀條. "「活羅」, 漢語慈烏也, 北方有之, 狀如大雞, 善啄物, 見馬牛橐駝脊間有瘡, 啄其脊間食之, 馬牛輒死, 若飢不得食, 雖砂石亦食之。"라 하여 활기찬 활라를 오고내에 비유한 것이다.
湯運泰, 『金源紀事詩』(上海, 淮南書局, 1873) 卷1, 活羅謠 참조.
또, 『金史』 卷63, 「列傳」 第1, 后妃上 景祖 昭肅皇后條에서는, "景祖飮食過人, 時人名之活羅。"라 하여 오고내가 음식을 많이 먹기 때문에 '活羅'라 하였다고 하였다.

리고 간혹 말을 듣지 않으면 요주遼主에게 이간질하여 추장酋長들을 원지遠地로 유배流配시키는 등 대국大國인 요를 이용하여 자기세력 부식扶植을 해나간 것이다.

당시 요의 변민邊民들은 병역兵役과 부역賦役에 못이겨 여진지방으로 도망하는 자가 많았으며 철륵鐵勒과 오야烏惹의 부중部衆을 자기들이 통치하기 쉬운 요양지방遼陽地方으로 옮기려 하였으나 이를 불복不服하고 여진지방으로 많이 도망해 들어갔다. 요는 이와 같은 사태를 묵과할 수 없었던지 갈로曷魯에게 군사를 주어 여진지女眞地에 들어가 도망해 들어간 요의 변민과 철륵·오야호를 색출하려고 나섰다. 오고내는 요병이 여진지 깊숙이 들어와서 산천도로山川道路의 험이險易를 조사하였다가 장차 쳐들어 올 것을 경계한 나머지 계책을 내어서 요병의 진입을 막으려 하였다. 오고내는 요사遼使인 갈로에게 거짓으로,

"兵若深入, 諸部必驚擾, 變生不測, 逋戶亦不可得, 非計也。"42)

라고 하여 위협하였다. 갈로는 이 말을 곧이 듣고 진군하지 않고 물러갔다. 오고내는 갈로와 같이 포색작전捕索作戰을 실시하였다. 인근 제부가 대부분 협조하여 주었으나. 해라수오림답부孩懶水烏林答部 석현石顯만이 불복하였다. 오고내가 석현을 공격하였으나 역부족으로 이기지 못하자 전쟁으로는 어려움을 알고 계략으로 대처하였다. 오고내는 한 계책을 내어서 요제遼帝에게 고하였다. 요제는 오고내의 계략대로 사자使者를 오림답부에 보내어 석현을 꾸짖었다. 석현은 아들 파제간婆諸刊을 입조入朝시켜 사과하였다. 요주는 그에게 후사厚賜하여 돌려보냈다. 그 뒤 과연 석현과 파제간이 함께 입조하였다. 요주는 오고내의 계략대로 석현은 변지邊地에 붙잡아 놓고 파제간만 돌

42) 『金史』 卷1, 「本紀」 第1, 世紀條.

려보냈다. 이것이 바로 오고내의 계략이 적중된 것이다. 이로써 여진제부 중 완안보다 더 큰 세력을 하나하나 없애기 시작한 것이다. 이것은 순전히 요의 세력을 업고 자기세력을 키워 나가기 위한 방략方略이있던 것이다. 석현의 구금拘禁에 성공한 요는 오고내를 신임하였고 오고내는 자기계책이 맞아 떨어지자 요가 이용가치가 있음을 감지하고 요의 앞잡이 노릇을 하면서 자기세력 배양에 힘쓸 것을 다짐한 것이다.

석현의 사건이 생기자 여진제부가 모두 요에 대하여 경계태세를 갖추고 있었던 듯하다. 이 때 오국만섭부절도사五國滿聶部節度使 판을문板乙門이 요에 반기叛旗를 들고 응로鷹路를 막아 버렸다. 요인들은 이 응로 개통을 하려고 군사를 보내어 판을문을 치려하였다. 먼저 동간同幹을 보내와 선유宣諭하였다. 이 때 오고내가 또 요병의 진입을 막고 자기가 요정遼廷에 공을 세우기 위하여 요사 동간에게 이르기를,

"可以計取。若用兵，彼將走保險阻，非歲月可平也。"[43]

라고 하니 요인들은 또 그렇게 여겼다. 오고내는 이 때 공을 세워 요의 신임을 얻으면 여진 내에서는 가장 강대하고 또 가장 요의 신임이 두터운 부족으로 성장하는 기회라는 것을 감지하고 전력으로 판을문 토벌에 경주傾注하였다. 그래서 오고내는 요의 피압박被壓迫을 받은 같은 여진이라는 것을 강조하고 판을문과 더 가까이 호화好和하고 치지妻了를 인질로 삼는 등 판을문의 주의注意를 늦추게 하여 놓고, 불의不意에 습격하여 판을문을 사로잡아 요주에게 바쳤다. 요주는 가상하게 여겨서 오고내를 침전寢殿에 까지 불러 잔치를 베풀고 생여진부절도사生女眞部節度使로 삼았다. 완안부는 요로부터 절도사 직을 받은 후 관속官屬을 두고 정령政令을 세우고 기강紀綱을 바로 잡아 나갔다.

43)『金史』卷1,「本紀」第1, 世紀條.

또 오고내는 이 때 인근 부족의 영향을 받아 비로소 철鐵을 얻어서 궁시弓矢를 수리修理하고 기계器械를 비축하면서 병세兵勢가 한층 더 강화된 것이다. 이들은 비로소 철기시대鐵器時代에 접한 것이었다. 이 같은 병기兵器의 개혁으로 완안부는 일약 여진제부 중 강부强部로 부상浮上되어 주변제부周邊諸部가 자연히 귀부歸附하여 왔다. 곧 알민수만찰부斡泯水滿察部・태신특보수완안부泰神忒保水完顔部・통문수온적흔부統門水溫迪痕部・신은수완안부神隱水完顔部가 앞뒤로 이어서 내부來附해 왔다. 이상의 4부는 오늘의 두만강豆滿江(통문수[統門水]) 유역에 있던 부족인데 완안부에서 상당히 먼 지역에 있는 부족들이다. 완안부는 헌조獻祖 수가綏可 때에 와서 안출호수按出虎水 옆에 안거安居하였다. 그 이전은 흑룡강黑龍江 북안北岸을 천사遷徙하며 살았을 것은 의심할 수 없는 일이다.[44] 그런데 두만강 유역의 태신특보수완안부와 신은수완안부는 무엇인가? 이것은 아마도 초기 완안부의 거지居地가 두만강 유역이었는데 인구의 증가에 따라 유이流移하여 목단강牧丹江을 거슬러 북방으로 옮겨 가고 일부 잔부殘部가 계속 두만강 지역에 남았던 것이 아닌가 한다. 그렇다면 이들은 틀림없이 함보계函普系가 아닌 다른 씨족계氏族系일 것이다. 그러나 지명 뒤에 완안부라고 칭하는 것으로 보아 완안부와 관계가 있음이 틀림없다.

또 1072년(요 도종 함옹[咸雍] 8)에 오국몰연부五國沒燃部 사야謝野가 요에 반란하고 응로鷹路를 막았다. 오고내가 개갑鎧甲을 단속하고 군사를 거느리고 나아가 사야를 공격하였다. 사야가 敗하여 판리매란板里邁濼으로 도망하였다. 그러나 때가 10월인데도 얼음이 갑자기 녹아 싸울 수가 없자 군중軍衆이 궤산潰散하고 말았다.[45] 이때는 이미 철제개갑鐵製鎧甲과 새로운 각종 무기로 잘 조련操鍊된 군사들로 상대

44) 金毓黻, 『東北通史』, 504쪽 참조.
45) 『金史』 卷1, 「本紀」 第1, 世紀條.

를 쉽게 물리칠 수 있었으며 요를 위한다는 구실로 요의 명이 없어도 자진 정벌에 나섰던 것 같다.

요는 이때 성종이래聖宗以來 성기盛期를 맞아 송·고려·서하와도 화평관계和平關係를 유지하면서 북아주北亞洲 최강대국最强大國으로 군림하였던 때이다. 이런 정황 하에서 생여진 일개 소부족小部族이 요에 반항한다는 것은 어불성설語不成說인 것이다. 이때 완안부는 이런 국내외적인 정황을 가장 잘 파악하고, 요를 이용하지 않고 무력으로 여진부를 통합한다면 요가 그냥 방관하지 않을 것은 명백한 일이기 때문에 취한 책략인 듯하다. 또 완안부의 위치가 요의 영강주寧江州와 인접하고 있어서 무역 등 기타 방법에 의하여 요와 여진내의 사정에 밝았던 것 같다. 그리하여 그들은 여우가 호랑이를 데리고 다니며 백수지왕百獸之王 노릇을 하였다는 고사故事와 같이 요를 이용하여 여진제부에서 군림한 것이다.

또 이때 요가 전성시대全盛時代를 맞아 황제이하皇帝以下 귀족들이 모두 수렵狩獵을 즐기었다. 여기에 절대적인 인기를 모은 것이 바로 해동청海東靑이란 매다. 후편에 상술詳述하겠지만 이 매를 구하러 가는 소위 은패사자銀牌使者들이 횡포橫暴가 심하였으므로 여진부중에서는 종종 충돌이 일어났으며 이것은 후일 요가 멸망하는 요인이 된다. 이 응로개통지역鷹路開通之役은 완안부가 대대로 도맡아 작전을 전개하였다.

특히 이 응로개통전을 적극적으로 이용하기는 영가盈歌(목종) 때이다. 영가는 오고내(경조)의 제5자로 형 파랄숙頗剌淑(숙종)으로부터 절도사의 위位를 이어 받을 때가 이미 43세의 노성老成한 나이였다. 그는 절도사직을 이어 받기 이전에 마산麻産을 금획擒獲한 공으로 요로부터 상온직詳穩職을 받고 있었다. 그러므로 여진 내의 사정이나 거란 내의 사정에 비교적 밝았다. 그는 응로 개통을 맡아 싸워 주는 것이 내적으로는 여진부를 복속시키고, 외적으로는 요로부터 신임을 얻는 일석이조一石二鳥의 길임을 간파看破하고 적극적으로 참여하였다. 그리고 당시 국제정세에 보아 그 길 이외에는 다른 방법이 없었다.

영가는 1096년(요 수창[壽昌] 2)에 도온수陶溫水·도롱고수흘석렬부徒籠古水紇石烈部 아합판阿閤版 및 석로가 오국五國으로 통하는 응로를 막고 요 포응사捕鷹使를 잡아 죽이는 변란變亂을 일으켰다. 요정遼廷은 대책을 논의한 결과 완안부의 영가를 시키는 것이 상책上策으로 여겼던지 바로 영가에게 하조下詔하여 이들 반란을 진압케 하였다. 아합판 등이 험지險地를 이용하여 목책木柵을 세우고 견고히 책柵을 지켰으나 영가 군사가 워낙 강성하였으므로 불과 수일 만에 그 성책을 파하고, 생존해 있는 요 포응사 수인을 구하여 돌려보냈다.46)

완안부가 요의 앞잡이 노릇을 한 것에 분개한 때문인지 통문統門·혼준수渾蠢水의 오고론부烏古論部 유가留可·사도詐都와 소빈수蘇濱水의 오고론부 적고덕敵庫德이 미리미석한성米里迷石罕城에서 기병起兵하였다. 이것은 바로 완안부에 대한 불만인 듯하다. 완안부는 그 해 8월에 살개撒改를 도통都統으로 삼고 사불실辭不失·아리합문阿里合懣·알대斡帶를 부도통副都統으로 삼아 유가·사도·오탑塢塔 등을 치러 보냈다. 그리고 별도로 만도가謾都訶·석토문石土門은 적고덕을 쳤다. 그리하여 미리미석한성·유가성留可城·오탑성塢塔城 등을 차례로 항복받았다. 이때부터 통문·혼준·야회耶悔·성현星顯 4로四路와 영동제부嶺東諸部를 다시는 도부장都部長이라 칭하지 못하게 하였다. 후술하겠거니와 이후부터 그 명성이 고려에까지 알려져 서로 교통通交하고 문화적인 교류도 시작하였다.

46)『金史』卷1,「本紀」第1, 世紀條.

2) 핵리발劾里鉢의 발흑란跋黑亂 평정

여진 풍속에 형종제급兄從弟及의 습속이 있었다. 곧 형이 죽으면 동생이 계승하게 되는데 그런 원칙적인 혜택을 입지 못한 부류가 있었다. 이들 중 핵리발(세조[世祖])의 습위襲位에 불만이 있었던 것으로 보이는 오고내(경조)의 이모제異母弟 발흑跋黑이 이지異志를 품고 있었다. 핵리발도 이 사실을 알고 경계를 하자 발흑은 환난桓赧·산달散達·오춘烏春·와모한窩謀罕 등을 꼬여서 난을 일으켰다.[47]

환난·산달 형제는 국상國相 아달雅達의 아들이요, 오춘은 아발사수온도부인阿跋斯水溫都部人으로 단철鍛鐵로 업을 삼고 있던 부중部衆의 수장首長으로 그 세력이 막강하였다.

원래 환난·산달 형제는 와아부 읍둔촌邑屯村에 살았는데 일찍이 오고내를 섬겼다. 오고내가 죽고 핵리발이 서자 발흑의 꾀임에 빠져 난을 일으켰다. 오고내(경조)의 비妃 소숙황후가 읍둔촌에 갔는데 핵리발(세조)과 파랄숙(숙종)이 같이 따라갔다. 그때에 환난과 산달을 만났는데 처음은 말다툼을 하다가 다음에는 서로 치고 박고 싸우다가 마침내 칼을 뽑아들고 싸우려 하였다. 소숙황후가 친히 뜯어 말렸으나 이때부터 더욱 더 음모를 꾸몄다.[48] 이때 한편에서는 오춘과 와모한이 발흑과 상결相結하고 있었다. 이로 미루어 보면, 당시 여진의 형세는 핵리발과 파랄숙 형제 외에는 내외세력이 모두 발흑의 편에 있었던 것이다.

그런데 직접적인 병단兵端은 오춘과 갑甲 관계로 일어났다. 핵리발이 일찍이 가고부加古部의 단공鍛工 오불둔烏不屯의 피갑被甲 90벌을 샀는데, 오춘이 이 소식을 듣고 사람을 보내어 꾸짖기를,

---

47) 『金史』 卷1, 「本紀」 第1, 世紀條.
48) 『金史』 卷67, 「列傳」 第5, 桓赧條.

"甲，吾甲也。來流水以南，匹古敦水以北，皆吾土也。何故輒取吾甲，其亟以歸我。"49)

라 하면서 이 일을 병단으로 삼으려 하므로 핵리발이 그 갑을 돌려주었다. 이후 오춘은 더욱 더 거리낌 없이 행동하였다. 그리고 부중部衆에 유언流言을 퍼뜨리기를,

"欲生則附於跋黑，欲死則附於劾里鉢，頗剌淑。"50)

이라 하여 부중이 모두 자기편에 들기를 꾀하였다. 그리고 오춘이 활론活論·내류來流 2수二水로 쳐들어와 수년간 완안부를 괴롭혀왔다. 핵리발이 친히 거전拒戰하여 오춘 세력을 방어하였다. 이때에 환난·산달이 기병하였다. 파랄숙(숙종)이 나아가 방어하였으나 당시 오춘·환난의 병력이 심히 강성한데다가 또 오춘병烏春兵이 북쪽에 있고, 환난병桓赧兵이 남쪽에 있었으므로 핵리발은 두 세력이 합세할까 두려워 화和를 청하여 "可和則和，否則決戰."이라 하였으나 환난은 오춘이 북쪽에 있음을 믿고 화의和意가 없었다. 그리하여 환난은 파랄숙군을 이기었으나 오춘은 오랜 장마로 진군할 수 없어서 파병罷兵하였다. 핵리발이 파랄숙의 패전소식을 듣고 자장自將이 되어 사흔舍很·첩할貼割 양수兩水를 거쳐 환난·산달가散達家에 쳐들어갔다. 핵리발이 그 가옥을 불사르고 100여인을 죽였다. 그리고 회군回軍하여 파랄숙 군영軍營으로 가려고 하는데 파랄숙은 또 패군敗軍하였다. 핵리발은 파랄숙의 군영에 이르러 그를 꾸짖고 환도歡都·야사冶訶 등 본부本部의 7모극謀克을 주어 조전助戰케 하고 또 환난에게 화의를 청하였다. 환

49)『金史』卷67，「列傳」第5，烏春條.
50)『金史』卷1，「本紀」第1，世紀，世祖條.

난은 그 조건으로 영가의 대적마大赤馬와 사불실의 자류마紫騮馬를 요구하였다.51) 핵리발은 이 조건을 들어 주지 않았다. 이때 환난군桓赧軍에 불출로부不朮魯部 복회卜灰, 만찰부滿察部 살골출撒骨出 및 혼동강좌우混同江左右와 필고돈수북匹古敦水北 제부가 가담하였다. 이렇게 군중軍衆이 늘어나자 환난은 필승지심必勝之心으로 하령下令하기를,

"今天門開矣, 悉以爾車自隨, 凡烏古迺夫婦寶貨財產恣爾取之, 有不從者浮略之而去."52)

이라 큰소리쳤다. 파다토수배만부婆多吐水裴滿部 알눌발근斡不勃堇이 핵리발에 귀부하였다가 죽음을 당하자 만찰부滿察部 등이 환란군의 신군 소식을 듣고 갈팡질팡 태도를 정하지 못하였다. 그러던 중 발흑이 애첩愛妾의 부가父家에서 음식을 잘못 먹고 죽자 환난의 무리들이 다소 누그러졌다. 그러나 환난의 군사는 많고 핵리발의 군사는 적어서 중과부적衆寡不敵이었다. 그리하여 파랄숙이 요에 가서 청병請兵하는 등 자못 형세가 고단하였다. 기진한 핵리발이 군사들에게 갑옷을 벗고 푹 쉬도록 하였다. 그 뒤 군사들의 사기가 북돋우어졌다. 그 뒤 파다퇴수破多退水에서 접전接戰하여 환난의 기보군騎步軍을 대패大敗시키고 말았다. 드디어 1091년(요 대안[大安] 7) 환난·산달이 내항來降하였다. 끝까지 항복하지 않던 복회는 석로의 손에 죽고 철골출은 도방인道傍人의 화살에 맞아 죽고 말았다. 그런데 알륵부인斡勒部人 배내盃乃가 오춘·외고하괴 상결相結하고 기병擧兵하였으나 파랄숙에게 패하였다. 핵리발은 배내를 잡아 요에 보냈다.

또 흘석렬紇石烈·납혹臘酷·마산이 야거여진野居女眞을 침략하여 내

51)『金史』卷67,「列傳」第5, 桓赧條.

52)『金史』卷67,「列傳」第5, 桓赧條.

류수淶流水의 목마牧馬를 빼앗아 갔다. 그래서 핵리발이 야작수野鵲水에서 일전을 치루고 청령靑嶺을 넘자 이들은 오춘에게 구조를 청하였다. 오춘이 고리전병姑里甸兵 117인을 내어 돕게 하였다. 그러나 핵리발은 납혹·파제간을 잡아 요주에게 바치고 오춘의 조병지상助兵之狀을 고하고 응로불수지죄鷹路不修之罪를 묻게 하였다.[53] 요주가 사람을 보내어 오춘을 문죄問罪하자 크게 두려워하고 군사행동軍士行動이 매우 위축되었다. 그 뒤 얼마 되지 않아서 오춘·와모한·마산의 부중이 궤패하고 말았다.

이 발흑의 난은 완안부가 실제로 동북만주東北滿洲 여러 지역을 지배하게 된 계기가 된 것이다. 이때까지는 그저 복속服屬에만 그쳤지만 이 발흑의 난 때는 수모자급首謀者級 수령들을 아주 처단해 버렸다. 완안부는 이 난의 이전만 해도 전체 동북만주에 산거散居하고 있는 여진제부 중에서 인정받는 지위에 오르지 못하였다. 처음 오춘의 세력이 크게 일어나자 핵리발은 발흑을 두려워한 나머지 오춘과 혼인관계를 맺어 환심을 살까하였으나 오춘이 비웃으며, "狗彘之子同處, 豈能生育。胡里改與女直豈可爲親也。"[54]라 하여 상대하려 들지 않았으며, 환난·산달이 일어났을 때에는 핵리발은 세부족勢不足으로 몇번이나 화의를 청할 정도였었다. 그러나 핵리발은 차근차근 작전을 한 결과 반중叛衆을 타도하고 명실 공히 여진의 통치자로 군림할 수 있었다.

3) 영가의 소해리蕭海里 포토捕討

1103년(요 건통[乾統] 3)에 소해리가 무단無端히 작난作亂하여 일시 동북일대東北一帶에 소동騷動을 일으켰다.

---

53) 『金史』 卷67, 「列傳」 第5, 臘醅條.
54) 『金史』 卷67, 「列傳」 第5, 烏春條.

소해리는 요의 구장인舅帳人으로 성격이 호협불기豪俠不羈하였다. 그는 무리를 모아 도적盜賊질을 하다가 일이 발각되자 건주성乾州城으로 들어가 창고倉庫를 엄습掩襲하여 병기와 갑주甲冑를 탈취하여 갔다. 일이 이에 이르자 천조제天祚帝가 대신大臣 학가노郝家奴에게 명하여 소해리를 잡도록 하였다. 해리는 무리를 이끌고 배주수陪州水의 아전부阿典部로 도망하였다. 학가노가 해리를 추격하여 아전부에 출정하였으나 해리를 잡지 못하였다. 이 때문에 학가노는 파직되고 말았다. 요 조정에서 궁리 끝에 부득이 완안부 영가에게 부탁하였다. 영가는 요군遼軍과 전력全力을 겨루어 볼 좋은 기회라 생각하고 여진제부에 통첩通帖하여 경기勁騎 1,000여기를 모아 자장自將이 되어 혼동수混同水로 진군하였다. 영가군盈歌軍의 위용威容이 자못 강성하자 해리가 지레 겁을 먹고 그의 족인族人 간달랄幹達剌을 보내어 호화好和하여 같이 요를 치자고 제의하여 왔다. 그러나 영가는 간달랄을 잡아서 요제(천조제)에게 보냈다. 해리가 아무리 기다려도 소식이 없자 매우 궁금하여 또 다시 사자를 보냈다. 영가는 또 잡아 옥에 가두었다. 영가는 자력으로 요를 칠 힘이 부족하고 또 아직 때가 오지 않았음을 알고 있었다. 그래서 해리와 결호結好하여 모험할 필요를 느끼지 않았기 때문이다.

해리와 영가 양군이 서로 혼동강混同江에서 대치하여 충돌 없이 시일을 천연遷延시키고 있었다.[55] 이것은 고의로 요군의 실력을 관망해 보려는 것이었고, 또 요가 한 번 더 요구해 줄 것을 기다리고 있었던 것이나. 이때에 요군이 또 한 차례 해리를 공격하였으나 이기지 못하고 물러났다. 이때서야 영가가 요군에게 "退爾軍, 我當獨取海里。"[56] 라고 하니 요군은 급한 김에 기뻐하면서 영가의 제의를 따랐다.

---

55) 葉隆禮, 전게서, 84쪽. "尋降宣劄子付楊割, 一面圖之, 楊割遷延數月, 獨斬賊魁解里首級。" 그런데 이 『契丹國志』에는 蕭海里亂이 壽昌 2년(1096)에 일어났다고 하나 실은 乾統 3년(1202)의 일이다.

56) 『金史』 卷1, 「本紀」 第1, 世紀, 穆宗條.

이에 비로소 영가군이 접전하였다. 아골타가 정기精騎를 거느리고 해리군 속으로 돌진하면서 장궁長弓을 당겨 해리를 명중시켰다. 아골타는 일전一戰에 해리 수급首級을 얻어서 천조제에게 헌상하였다. 천조제는 많은 물품을 하사하고 완안부를 깊이 신임하였다.

이 전쟁은 비록 요의 반군叛軍과의 싸움이지만 여진이 직접 요병과 싸워 보기는 처음이었다. 여진이 요의 전투력을 시험해 본 좋은 계기가 되었었다.

요병 수만이 동원되어 해리 2,000여병을 토벌하느라고 천하가 소연騷然하였으나 결국 이기지 못하고 물러났는데 영가 병은 불과 천명이 한 번의 전투로 해리 병을 토평하였다. 이로 인하여 완안부에 미속未屬하고 있던 여진제부가 분분紛紛이 귀부하여 왔으며 고려도 이 소식을 듣고 1103년(고려 숙종 8) 사자를 완안부에 보내어 해리 토평을 축하하였다.

고려는 원래 영가의 세력성장을 알지 못하였는데 당시 완안부에 가서 살고 있던 고려의 한 의자醫者가 영가와 특별약속으로 영가의 근친을 치유治癒시키고 약속대로 고려로 돌아올 수 있었다. 그는 귀국 즉시 완안부의 사정을 왕(고려 숙종)에게,

"女眞居黑水者, 部族日强, 兵益精悍。"57)

이라 아뢰었다. 그때야 고려가 완안부에 관심을 갖고 교왕하기 시작하였다. 이후 고려와 완안부 간에 사행使行의 왕래가 빈번하였으며 완안 영가는 고려를 부모지국父母之國이라 섬기며 때에 따라서 고려의 장인匠人을 요청하는 등 자못 가까운 사이를 유지하여 해마다 공물을 바쳐왔다.

---

57) 『高麗史』 卷12, 「世家」 12, 肅宗 8年 7月 甲辰條.

이 소해리난 평정으로 완안부에 자연 여진제부의 귀부가 있었고, 또 국제적으로 지위를 획득할 수 있었으며, 따라서 차츰 요병을 얕잡아 보기 시작하였고, 또한 큰 꿈을 기르기 시작한 것이다..

4) 오아속烏雅束의 갈뢰전曷懶甸 진출

영가시대에는 고려와 교왕을 빈번히 하며 계속 화평을 유지하여 왔다. 그러나 영가 만년에 이미 완안부의 세력이 남진하여 통문統門·혼준수渾蠢水(간도[間島])와 갈뢰전 북부지방까지 미쳐 왔다. 갈뢰전은 고려 귀순주歸順州의 남쪽이며 고려장성의 북쪽에 위치하므로 이 완안부의 남진세력은 고려와의 일전을 불가피하게 하였다.58) 그러나 실제 완안부의 갈뢰전 경영經營은 오아속 시대였다.

1103년(고려 숙종 8, 요 천조제 건통 3)에 여진에서 요로 도망하였던 아소阿疎가 달기達紀를 갈뢰전에 보내어 유선誘煽하였는데 갈뢰전인들이 이를 못마땅하게 여기고 달기를 잡아 영가에게 보냈다. 영가는 또 달기를 고려에 보내어 전후前後 고려 동북경東北境에서 소란을 피우던 무리들이라고 하였다.59) 그 뒤 해리난을 평정하고 한때 서로가 화평하였으나 갈뢰전여진을 두고 완안부와 고려가 서로 솔거率去할려는 싸움이 일기 시작하였다.

오아속(강종[康宗])은 부장部長 석적환石適歡에게 성현星顯·통문병統門兵을 주어 을리골령乙離骨嶺을 넘어 갈뢰전曷懶甸을 순략徇略케 하였다. 이때에 반망 7성叛亡七城을 수습收拾하였다 이에 고려가 사람을 보내어 갈뢰전 강역疆域에 대하여 논의할 것이 있다고 통첩通牒하니 완안부는 갈뢰전 관속官屬 사륵상온斜勒詳穩·치자보상온治剌保詳穩을

58) 金渭顯, 전게서, 303쪽.

59) 『金史』 卷1, 「本紀」 第1, 世紀, 肅宗條,
『金史』 卷135, 「列傳」 第73, 外國下, 高麗傳 참조.

보내고 석적환 또한 배로盃魯를 보내었다. 고려는 치자보治刺保 등을 잡아 가두었다.60)

그리고 1104년(요 천조제 건통 4, 고려 숙종 9) 정월 석적환이 미부여진未附女眞을 추격하여 고려장성 부근에 이르자 고려는 그 내정內情을 알지 못하여 여진이 범경犯境하는 것으로 오판誤判하고 고려 조정에서는 문하시랑평장사門下侍郞平章事 임간林幹을 보내어 어적禦賊케 하였다. 그러나 임간은 패퇴하고 말았다.61) 동년 2월 추밀사樞密使 윤관尹瓘을 보냈으나 겨우 수급 30여를 얻고 군사의 사상死傷은 태반殆半이 되었다.62) 당시 여진의 기병騎兵을 고려의 보병步兵이 당해 낼 수가 없었던 것이다.

이 두 차례의 패전으로 갈뢰전여진은 완전히 완안부로 넘어간 상태였다. 숙종肅宗은 설욕전을 하려고 윤관의 건의를 받아 들여서 정규군正規軍 외에 별도로 별무반別武班을 조직하고 거국적으로 임전태세臨戰態勢를 갖추었다.63)

예종睿宗 2년(1107) 10월 장차 여진을 정벌하려고 윤관을 원수元帥, 오연총吳延寵을 부원수副元帥로 군사 17만을 거느리고 갈뢰전으로 쳐들어갔다. 수륙양면작전水陸兩面作戰은 주효奏効하여 고려군高麗軍의 위용에 눌린 여진인은 싸우지도 못하고 도망하였다. 그리하여 그 다음 해인 예종 3년에는 갈뢰전 남부를 점령하고 그 요새要塞에다 의주宜州·통태通泰·평융平戎·함주咸州·영주英州·웅주雄州·길주吉州·복주福州·공험성公嶮城 등의 9성을 쌓고, 남계민南界民을 이치移置하여 살게 하였다. 그러나 거소居所를 잃어버린 여진은 이 고려의 침입

---

60) 『金史』 卷135, 「列傳」 第73, 外國下, 高麗傳.
61) 『高麗史節要』 卷7, 肅宗明孝大王 9年 正月條.
62) 『高麗史節要』 卷7, 肅宗明孝大王 9年 2月條.
『金史』 卷135, 「列傳」 第73, 外國下, 高麗傳.
63) 『高麗史節要』 卷7, 肅宗明孝大王 9年 12月條.

에 대처하기 위한 논의가 있었으나 대부분이 요를 두려워하여 "不可擧兵也, 恐遼人將以罪我。"[64]라고 하였다. 그러나 아골타만 홀로 주장하기를,

"若不擧兵, 豈止失曷懶甸, 諸部皆非吾有也."[65]

라고 하며 계속 고집하므로 우선 알새斡賽를 보내어 고려 9성에 대항케 하였으나 알새는 모친의 질병을 간호해야 되므로 알로斡魯가 대신 장수가 되어서 여러 달을 보내면서 고려 9성에 대항하여 9성을 쌓고 나가서는 싸움을 벌이고, 들어와서는 지키는 양면작전을 썼다.[66]

그래서 고려군이 처음은 유리하였으나 성안의 양식이 떨어지고 외원外援이 이르지 않으니 갈수록 고려군에게 불리하여 졌으며 전황戰況은 일진일퇴一進一退를 거듭하는 가운데 1109년 오아속이 공형公兄 · 요불褭弗 · 사현史顯을 보내어 화약和約을 청하였다. 곧 오아속의 작전은 1면 공격, 1면 청화請和였다. 요불 등이 선정전宣政殿 남문 밖에서 예종을 배알하고 상주上奏하기를,

"昔我太師盈歌嘗言, 我祖宗出自大邦, 至于子孫義合歸附, 今太師烏雅束, 亦以大邦, 爲父母之國。頃有弓漢村人, 自作不靖, 本非太師指揮, 國朝聲其犯境之罪討之, 復許修好, 故我信之, 朝貢不絕。不謂去年太擧而入, 殺我耆倪, 築置九城, 使孑遺之民, 靡所止歸, 故太師遣我來請舊地, 伏望憐憫, 還許九城, 使之安生, 則我等告天爲誓, 至于世世子孫, 恪修世貢, 亦不敢以瓦礫投於境上。"[67]

64) 『金史』 卷135, 「列傳」 第73, 外國下, 高麗傳.
65) 『金史』 卷135, 「列傳」 第73, 外國下, 高麗傳.
66) 『金史』 卷71, 「列傳」 第9, 斡魯傳.

이라고 비사卑辭를 섞어가면서 9성 환부還附를 애걸哀乞하였다. 1109년 7월 왕이 재추宰樞 및 대성제사臺省諸司 · 지제고知制誥 · 시신侍臣 · 도병마판관都兵馬判官 이상을 모아 9성 환부를 논의한 결과 모든 신하들이 「가환可還」이라고 하였다.[68]

이번 9성 환부는 실로 역부족에서 있었다. 표면상 청화에 응락한 것으로 보이나 당시 고려의 전군全軍이 30만인데 20만이 출병하여 불과 수백리 지역을 방어하지 못하였음은 패전이라 할 수밖에 없다. 지난날 요군 수십만도 막아 내었는데 완안부병完顔部兵 몇 천을 막지 못하였다함은 완안부의 병세兵勢를 알 수 있는 일이고 이후 갈뢰전은 완전히 완안의 수중으로 들어간 것이다.

5. 항요보구抗遼報仇와 여진 통합책

1) 항명 요주와 보구선동報仇煽動

아골타(태조[太祖])는 행동거지行動擧止가 단중端重하고 활을 잘 쏘아서 「기남자奇男子」란 소리를 들어왔다. 그는 일찍부터 완안부의 대소전역大小戰役에 참여하였다. 핵리발 때 오춘이 죽고 같은 당우黨羽였던 와모한이 청화를 해오다가 표변하여 내공來攻하자 아골타는 불과 23세의 젊은 나이로 단갑短甲에 투구도 쓰지 않고 말도 타지 않은 채 쳐들어가 용맹勇猛을 떨치었으며 그 뒤 직옥개수直屋鎧水로 쳐들어가 마산을 친획親獲하여 그 수급을 요에 바치고 그 공으로 요로부터 상온직詳穩職을 받았다.[69] 그뒤 살개撒改를 따라 정벌에 나서서 제장諸將이

67) 『高麗史』 卷13, 「世家」 第13, 睿宗4年 6月 庚子條.
68) 『高麗史』 卷13, 「世家」 第13, 睿宗4年 7月 乙巳條.
69) 『金史』 卷2, 「本紀」 第2, 太祖條.

꺼리는 유가병留可兵을 파하고 오탑성을 공탈攻奪하여 항복降伏을 받았다.

또 영가가 소해리를 토벌할 때에도 그는 천명이 못되는 병사를 거느리고 나아가 일전에 해리 수급을 얻을 수 있었다.

그는 주로 타인이 어려워하는 역만 맡아서 쉽게 토벌하여 왔으므로 제부諸部에 자못 명망聲望을 떨치었다. 그는 무엇이라도 안 되는 것이 없다는 경골한硬骨漢이었다.

1112년(요 천조제 천경[天慶] 2) 2월 천조제가 혼동강에 가서 낚시를 하였다. 이때에 옛 고사에 의하여 혼동강을 중심하여 천리 내에 있는 외계外界 생여진 추장酋長들이 모두 와서 조회朝會하였다. 이들이 모두 두어연頭魚宴에 참석하였는데 술이 반쯤 취했을 때 천조제가 난간에 기대서 여러 추장들에게 차례로 일어나 춤을 주라고 명령하였다. 그래서 차례로 추장들이 춤을 추었으나 유독 아골타만이 듣지 않았다. 천조제가 재삼 령을 내렸으나 끝내 듣지 않았다.[70] 이와 같은 아골타의 호기豪氣는 소해리난 후에 여진인들이 요인遼人을 얕잡아 보기 시작한 데서 생겨난 일이라 하겠다. 그 후 천조제가 마음에 걸리는 바가 있어서 몰래 추밀사 소봉선蕭奉先을 불러,

> "前日之燕, 阿骨打意氣雄豪, 顧視不常, 可託以邊事誅之。否則, 必貽後患。"[71]

이라고 하니 소봉선이 간諫하기를,

> "麁人不知禮義, 無大過而殺之, 恐傷向化之心。假有異志, 又何能爲。"[72]

---

70) 徐夢莘, 『三朝北盟會編』 卷3. 『遼史』 卷27, 「本紀」 第27, 天祚皇帝, 天慶2年 2月丁酉條.

71) 『遼史』 卷27, 「本紀」 第27, 天祚皇帝, 天慶2年 2月條.

72) 『遼史』 卷27, 「本紀」 第27, 天祚皇帝, 天慶2年 2月條.

라 하였다.

그리하여 아골타는 위기를 모면하였고, 같이 갔던 동생 오걸매吳乞買·점한粘罕·호사胡舍 등이 천조제가 수렵狩獵하는데 따라가서 사슴을 부르고, 호랑이를 찔러 죽이고, 곰을 오라로 묶는데 능숙하였으므로 천조제는 기뻐하며 관작官爵을 더 해 주었다.

그해 9월 아골타가 혼동강에서 돌아오자마자 천조제가 자기를 의심하고 있음을 알고 본격적으로 여진병합작전女眞倂合作戰을 개시하였다. 먼저 군사軍士를 일으킨다는 명목으로 인근 제부를 병합하였다. 그 가운데 조삼趙三과 아골산阿鶻產이 항거抗拒하고 나섰다. 그래서 아골타가 그 가속家屬을 포로捕虜로 잡아 가두니 2인은 요의 함주咸州로 달아나서 이 사실을 상온사詳穩司에 호소하였다. 상온사는 바로 추밀원樞密院에 보고하였다. 그러나 추밀사 소봉선은 천조제에게 별스럽지 않은 일로 보고하였다.73) 그 후 아골타를 몇 번 불렀으나 병을 핑계 삼아 가지 않았다.

1113년(요 천조제 천경 3) 3월 아골타가 갑자기 기병 500기를 거느리고 함주에 들어갔다. 그리고 상온사에 들어가 조삼趙三 等과 면대面對하여 입씨름만 하다가 상온사가 판단을 내리려 하자 불복하고 밤이 되자 도망하였다. 그리고는 사람을 천조제에게 보내어 詳穩司가 죽이려 하므로 도망하였다고 하였다. 그 후는 불러도 다시는 가지 않았다.

이후부터는 요의 명에 응하지 않았을 뿐만 아니라 자립자강自立自强의 길을 걷기 시작하였으며 무리를 하면서 여진부女眞部의 단합團合을 요청하였다.

그리고 여진 통합을 위하여 여진인이 원하는 소망을 풀어주고 그들을 이용 단합하여 반요운동叛遼運動을 펴고자 그들의 원하는 바를

73)『遼史』卷27,「本紀」第27, 天祚皇帝, 天慶2年 9月 己未條.

조사하여 보니 모두가 요 포응사와 영강주무역소寧江州貿易所의 요 간상배奸商輩를 포살捕殺하는 일이었다.

천조제는 술과 사냥으로 소일하며 정사政事는 돌보지 않았다. 그는 사냥에 도취陶醉되어 금병金兵이 영역 깊숙이 들어와도 방어에는 별관심이 없고 오직 사냥에 열중하였다. 원래 수렵민족이며 부富와 태평세월泰平歲月을 함께 누려온 거란인들은 조신朝臣 상하가 사냥을 즐겼다. 이 사냥에 꼭 필요한 것이 바로 해동청이란 매였다. 이 매는 몸체는 비록 조그마하나 발톱이 유난히 준건俊健하여 천아天鵝를 잡을 수도 있었다. 이 천아는 높이 떠돌아다니면서 조개(蚌)를 먹이로 하는데 이 조개를 먹을 때 같이 삼켜진 진주眞珠가 모이주머니에 남아 있으므로 천아를 잡을 수 있는 매가 또한 인기였다.[74] 곧 매는 거란인들의 사냥에 천아와 압鴨 등 날짐승을 잡는데 절대적으로 필요한 것일 뿐 아니라 또 천아에서 진주를 얻을 수 있기 때문에 일거양득一擧兩得이 되는 것이다(야오총우 선생의 주장처럼 모이주머니에서 북주北珠를 얻는다는 기록을 믿기 어려움). 이 진주는 북주 또는 대주大珠라 하여 거란귀족사회契丹貴族社會에 굉장한 인기였다. 이 매의 산지産地는 오국부五國部의 동쪽 해빈海濱 험조險阻한 고애암전高崖巖巓에서 잡혀진다.

매년 여진제부가 매를 진공進貢하지만 그 숫자로는 거란귀족들의 수요를 충족시켜 주지 못하였고, 특히 백응白鷹이 인기가 대단하였다. 그러나 백응은 아주 드물어서 구하기가 매우 힘들었다. 이렇게 그들의 수요를 충족시켜 주지 못하자 천조제는 직접 응방鷹坊 사세들을 보내어 매를 잡아 오도록 하였다. 매 산지인 오국으로 가자면 꼭 여진지역을 거쳐야 하며 오국은 이 소요騷擾를 막기 위하여 아예 요사遼使의 입경을 거절하였다. 이 때문에 여진은 갑마甲馬 1,000여기를 내어 수위 응로를 열려는 싸움을 치러야 했으므로 여진인들은 그 소요를

74) 徐夢莘, 『三朝北盟會編』 卷3.

견딜 수 없었다. 항차 연변제장沿邊諸將(동경유수[東京留守]·황룡부윤[黃龍府尹] 등)이 도착할 때마다 차등 있게 예물을 바쳐야 했으므로 그 폐가 백출百出하였다.

또 한 가지 여진인들로 하여금 분기憤起케 하였던 것은 소위 은패천사銀佩天使의 횡포였다. 이 은패사자銀佩使者란 곧 포응사를 말한다. 이들이 매번 여진지역에 들어오면 밤마다 천침薦枕을 요구하였다. 처음 이들의 숙식처는 중하호中下戶였으며 그 때의 천침대상薦枕對相도 미출실녀未出室女였으나 후일 사자가 락역부절絡繹不絕하자 이번에는 대국의 힘만 믿고 천침대상으로 미호부인美好婦人을 택하고 유부녀나 벌열고하閥閱高下를 막론하고 택하였다.[75] 이 때문에 제부가 모두 요를 원망하고 반란을 계획하다가 완안부가 강성해지고 또 아골타가 웅지를 갖고 반요운동을 시작하자 구원舊怨이 있더라도 덮어두고 가만히 아골타에게 귀부하였다.

그 뿐만 아니라 북주(동주[東珠]) 관계로도 여진인들이 반요감정叛遼感情을 갖게 되었다. 이 진주를 동주 또는 북주라고 하는데 동주라고 하는 까닭은 동이東夷에서 생산된다고 동주라 하였으며, 북주라 하는 까닭은 이것이 거란을 통하여 송에 들어갔는데 송인들이 아주 중시하였기 때문에 북주라 부르게 되었다. 『원조비사元朝秘史』에 의하면 몽자蒙字로 「塔納」이라 하였는데 대주大珠란 뜻이다. 그 크기는 『태평어람太平御覽』에 의하면 산조酸棗만 하였다고 한다.[76] 또 『삼조북맹회편三朝北盟會編』에 依하면 "北珠美者大如彈子, 而小者若桐子。"[77]라 하였다. 그 포획방법은 "九十月則堅氷厚已盈尺矣, 鑿氷沒水而捕之。"[78]라 하였다.

---

75) 徐夢莘, 『三朝北盟會編』 卷3. 洪皓, 전게서, 100쪽. 姚從吾, 전게서, 25쪽 참조.
76) 『太平御覽』 卷802 참조.
77) 徐夢莘, 『三朝北盟會編』 卷3.
78) 徐夢莘, 『三朝北盟會編』 卷3.

그런데 이 북주가 여진인들이 반감을 갖고 요에 대항하게 된 원인은 여진인들이 영강주 무역소를 통하여 북주・인삼人蔘・생금生金・송실松實・백부자白附子 등을 요인들에게 팔았는데 그 가운데서도 북주가 대종을 이루었다. 그런데 요인들이 값을 아주 낮게 깎아 강압적으로 싸게 사갔다.[79] 이에 여진인들이 한을 품게 되었다. 요인들은 이 북주를 중개무역仲介貿易하여다가 대송무역對宋貿易에서 엄청난 이익을 보았다. 어떤 때에는 송인宋人의 북주 매입금賣入金이 삼백만민緡에 이르는 때도 있었다.[80] 그러니 요인들이 북주 이익에 대하여 지대한 관심이 없을 수 없었다. 그러나 불평등 교역으로 여진인들은 모두 요인들에게 나쁜 감정을 가지고 있었다.

2) 아소阿疎 청환請還과 동종론同種論 제창

아소는 성현수星顯水 흘석렬부인紇石烈部人으로 일찍 그 아비 아해패근阿海孛堇 때 경조와 세조를 섬겼다. 얼마 지나지 않아 세조와 아해가 죽고 아소는 그 부직父職을 이어 받아 패근孛堇이 되었다. 일찍이 도단부徒單部 사도詐都와 패근직孛堇職 관계로 다툼이 있었는데 이때 목종이 중재仲裁에 나섰는데 아소에게 불리하게 중재하였기 때문에 아소는 목종이 절도사직節度使職을 계승하자 다른 뜻을 품었다. 목종(영가)은 이 소식을 듣고 아소를 불러 안마鞍馬를 주는 등 극히 후대厚待하였다. 그러면서 몰래 그의 뜻을 살폈다. 아소는 자기 부로 돌아가서 더욱 반기를 들 모의를 하였다. 목종이 다시 불렀으나 오질 않았다. 그 후 아소는 같은 흘석렬부인 모도록毛睹祿 패근과 같이 기병하였다.[81]

---

79) 葉隆禮, 전게서, 92쪽.

80) 『續通鑑』 卷90.

81) 『金史』 卷67, 「列傳」 第5, 阿疎傳 참조.

이에 대항하기 위하여 목종과 살개가 각각 출병하여 아소성阿疎城에 이르렀다. 이때 폭우와 전뢰電雷가 계속되다가 대광大光이 번쩍하며 우뢰같은 소리와 함께 아소성 안에 벼락이 떨어졌다. 그러자 부중 식자識者가 파망지징破亡之徵이라고 수근거리기 시작하였다. 아소는 목종이 이미 쳐들어온 것으로 알고 동생 적고보狄故保와 같이 요에 가서 이 사실을 고하였다. 그리하여 요가 사자를 보내어 공격하지 못하게 하였다. 목종은 부득이 납자納者 패근을 아소성에 남겨 두고 돌아왔다.

그 뒤 요가 사자를 보내어 누차 간예干預하였으나 매번 목종의 계략에 넘어가 실패하였다. 아소가 목종이 계략으로 요사遼使를 물리치고 아소성을 파하고 적고보를 죽인 것을 요에 다시 고하였다. 이번에는 요가 해절도사奚節度使 을렬乙烈을 보내어 그 사실을 물어 왔다. 이렇게 일이 좀 난처하게 되자 목종은 요가 문죄問罪하지 못하도록 가짜 사건을 꾸였다. 곧 주외主隈·독답수인禿荅水人을 시켜 고의로 응로를 막게 하였다. 그리고는 별고덕부절도사鼈故德部節度使를 시켜 요에 고하기를 응로평정鷹路平定은 완안부의 목종이 아니면 불가하다고 말하게 하였다. 요인은 전에 완안부의 실적을 보아 그렇게 믿고 목종을 시켜 주외·독답을 치게 하였다. 그러나 고의로 만든 사건이기 때문에 목종은 평안히 토온수土溫水로 사냥을 나갔다가 돌아왔다. 그리고는 요인들에게 "吾平鷹路也."[82]라고 하니 요인은 그 공을 가상히 여겨서 상을 내렸다. 목종은 그 상품들을 모두 주외·독답인들에게 주었다.[83] 그 뒤 요인들은 아소 문제를 다시 거론하지 않았다.

아소는 요에 있으면서 목종 만년에 같은 당黨 달기를 갈뢰전에 보내어 변민들을 꾀었다. 갈뢰전인들이 목종을 두려워하여 달기를 잡아 목종에게 보냈다. 이 일이 있은 후 아소는 감히 돌아올 생각을 할

82) 『金史』 卷1, 「本紀」 第1, 世紀條.
83) 『金史』 卷1, 「本紀」 第1, 世紀條.

수 없었다. 그러나 이 아소를 후일 아골타가 대요공략對遼攻略에 중요한 구실로 삼은 것이다.

이미 강종康宗 때 해동청을 구하러 오는 사자를 아소를 돌려보내지 않는다는 구실로 조금씩 박대하기 시작하더니 1113년 태조(아골타)가 도발극렬都勃極烈이 되고, 그 다음 해(1114)에 절도사직을 이어 받아 곧 아소를 이용하여 대요對遼 도전의 구실을 삼으면서 여진제부가 위명違命을 하거나 다른 뜻을 품지 못하게 하는 본보기 격으로 내세웠다. 그는 곧 포가노蒲家奴를 보내어 아소를 찾았으나 여의치 못하자 그 다음에는 종실宗室 습고내習古迺와 완안은출가完顏銀朮可를 보내어 아소를 청환請還하였으나 실패하고 요주의 교사폐이지상驕肆廢弛之狀을 고하자 태조는 요충지要衝地를 계비戒備케 하고 성보를 세우고 융기戎器를 수리케 하였다. 요사가 와서 여진이 군비軍備를 서두르는 것을 책하자 태조는,

> "我小國也, 事大國不敢廢禮。大國德澤不施, 而逋逃是主, 以此字小, 能無望乎? 若以阿疎與我, 請事朝貢。苟不獲已, 豈能束手制也。"[84]

라 하였다. 사자 아식보阿息保가 돌아가 이 당돌한 아골타의 행동을 고하자 요인들은 그 때부터 영강주 일대 군사를 조발調發하여 계비하기 시작하였다. 아골타는 사자를 보내어 아소를 청환하는척 하면서 요인의 동태를 살폈다. 그 후 요의 동태가 심상치 않자 아골타는 선제공격을 할 작정이었다. 그러나 여진으로서는 요를 칠 명분이 없었다. 그래서 아소를 돌려보내지 않기 때문에 요를 친다는 명분으로 1114년 여진제부병女眞諸部兵 2,500을 모아 놓고 요의 죄를 징치懲治하겠다고 하늘에 고하기를,

---

84) 『金史』 卷2, 「本紀」 第2, 太祖條.

"世事遼國, 恪修職貢, 定烏春・窩謀罕之亂, 破蕭海里之衆, 有功不省, 而侵侮是加。罪人阿疎, 屢請不遣。今將問罪於遼, 天地其鑒佑之。"[85]

라고 하였다. 아소가 여진이 요를 공격하는 데 중요한 구실이 되었으며 한편 포응사에 대한 감정과 함께 여진인 동원에도 구실이 되었다. 곧 여진의 죄인을 요가 돌려주지 않으니 정벌해야 한다는 것이었다.

불과 2,500의 군사로 대요국大遼國을 상대한다는 것은 불가능한 일이었다. 그러나 오래전부터 요 사회에서는 "女眞兵滿萬不可敵."[86]이라는 말이 떠돌고 있었다. 이것은 여진인들의 무용武勇이 뛰어난 데서 나온 말이다. 그러므로 요인들은 여진인들을 상당히 두려워하고 있었다. 반면 여진인들은 소해리 무리를 물리친 이후 차츰 요인들을 얕잡아 보기 시작하였다. 1114년 여진군이 영강주로 진군하면서 계속 승전하자 여진제부도 계속 참여하기 시작하였다. 또한 문장文章이 뛰어난 발해인渤海人들을 포섭하여 발해 및 여진인들을 상대로 동종론同種論을 펴면서 상당한 결과를 거두었다. 그리하여 출하점出河店에 진출할 때는 그야말로 '병만만兵滿萬'이 될 정도에 이르렀다. 영강주 진출 때 양복梁福(발해인)이 향인鄕人들을 초론招論하기를,

"女直, 渤海本同一家, 我興師伐罪, 不濫及無辜也。[87]

라고 하였다. 한편 완안루실完顔婁室을 보내어 요적遼籍에 있는 여진을 초유招諭케 하였다. 이 결과 여진지역의 제부가 내항해 왔다. 곧 1114년 11월 올야兀惹와 추골실雛鶻室이 내항한 것을 위시爲始하여 같은 달 철려왕鐵驪王 회금보回禽保가 내항해 오는 성과를 얻었다. 여

85) 『金史』 卷2, 「本紀」 第2, 太祖條.
86) 『金史』 卷2, 「本紀」 第2, 太祖條. 湯運泰, 『金源紀事詩』 卷1, 兵滿萬條 참조.
87) 『金史』 卷2, 「本紀」 第2, 太祖條.

진이 점점 강성해지면서 함주·동경東京 등을 얻고 다시 요양遼陽으로 향할 즈음 항장降將들에게 관직을 주고 또 특별한 배려를 하자 항자降者는 자꾸 늘었고, 강역疆域이 넓어짐에 반비례하여 그만큼 사람도 필요로 하였다. 그리하여 항자 무리를 바로 맹안모극猛安謀克에 편입시키고 그 우두머리는 벼슬을 주었다.

특히 1115년(수국[收國] 원년) 아골타가 제위帝位에 오르고 국호를 대금大金이라 정하자 발해와 여진인은 기회 있을 때마다 항복하여 왔다. 이들은 동종론을 제창하여 적어도 만몽강역滿蒙疆域에 있던 발해·여진인들이 모두 항요전선抗遼戰線에 참여할 것을 호소하였고, 또 이에 많은 동조를 얻었었다.

완안부는 태조 천보天輔 7년(몰년[歿年] 1123년) 경에는 요를 몰아내고 동북만주 전역에 있는 여진을 완전 통합할 수 있었다.

또 금의 개국 전후 대요공수전對遼攻守戰에서 공을 세워서 봉호封號를 받은 씨족氏族은 수 없이 많다. 천슈陳述의 「금사씨족표金史氏族表」에 의하면 백호白號 봉금원군자封金源郡者가 27, 백호 봉광평군자封廣平郡者가 30, 백호 봉농서군자封隴西郡者가 26, 흑호黑號 봉팽성군자封彭城郡者가 16씨족으로 모두 99개 씨족이 적극 참여하였다.[88] 그러고 보면 영강주 개전 이후 동북제부東北諸部가 완안부를 중심으로 동심협력同心協力하여 승리로 이끌어 갈 수 있었던 것이다.

6. 맺음말

흔히 완안부의 발전이 빨랐던 것을 당시의 국제정세로 돌리고자 하다. 그러나 그것보다 더 중요한 것은 인적人的인 요소였다. 시조始祖

88) 陳述, 「金史氏族表」(『新板本金史幷附編七種』 卷5) 참조.

이하 누대가 모두 탁월한 재예才藝를 가졌던 인물들이며, 특히 태조 아골타는 조직組織에 뛰어날 뿐 아니라 지인선임知人善任하고 인락위용人樂爲用하는 재질才質이 있었다. 또 아골타의 형제자질兄弟子姪이 모두 양장良將으로 용병지술用兵之術이 신神과 같았다. 그 가운데서도 점한·골습骨拾·올실兀室 등은 모사謀事를 잘하여 작전참모作戰參謀 격으로 모주謀主 노릇을 하였다. 일이 생기면 대개 이들이 작전을 결정하였다. 또 은출가·이렬移烈·누숙婁宿(婁室)·도모闍母 등은 양장이었다. 특히 아골타 집단에서 인물평을 한다면 아골타는 도량度量이 넓고 모사를 잘 하였고, 점한은 용병을 잘 하였으며, 골습은 강의剛毅하고 강인强忍한 성격의 소유자였으며, 올실은 간활奸猾하고 재식才識이 있어 완안인들이 「산만珊蠻」이라고 하였다.[89]

또 병사兵士들도 골고루 무용武勇을 갖춘 자들로 한번 분기奮起하였다고 하면 일당백一當百하는 정병精兵들이었다. 『금사』「병지兵志」에서 금병金兵을 평가하기를,

> "是故將勇而志一, 兵精而力齊。一旦奮起, 變弱爲强, 以寡制衆, 用是道也。"[90]

라고 하였다. 또 개국을 전후하여 아골타 친족간親族間에 동심협력하여 절대 자사자리지심自私自利之心이 없이 분기하였다.[91]

이상으로 보아 완안 집단은 아골타를 중심으로 하여 인재가 많았고, 계획이 주밀周密하며 강대한 조직을 가졌으므로 성공할 수 있었다. 그들의 성장과 대여진對女眞 통합책을 살펴보면 다음과 같다.

---

89) 徐夢莘, 『三朝北盟會編』 卷3.

90) 『金史』 卷44, 「志」 第25, 兵, 兵制條.

91) 趙翼, 『二十二史劄記』 卷28, 金初父子兄弟同志條.

최초 시조 함보가 여진지역에 가서 정착하기 시작하면서 여진의 악습惡習을 새로운 방안으로 교정矯正시키면서 여진제부가 그의 말에 신복信服하고 추장으로 받들게 되었다. 이후 자손이 계승하면서 여진 생활습속生活習俗을 교정해 나갔다. 특히 수가(헌제) 때에는 농예農藝와 동우제棟宇制를, 석로(소조) 때에는 조교條教를 만들어 지키게 하는 등 문화적인 면에서 타부他部보다 뛰어나 인부隣部를 교화하면서 완안부가 널리 알려지고 있었다. 그러나 전여진全女眞으로 블 때 아직 그 지위는 미미하였다.

그러다가 오고내(경조) 때 와서 요의 편을 들어서 차츰 그 지위가 부상하기 시작하였다. 특히 오국만섭부절도사 판을문이 응로를 막자 오고내가 요병을 대신하여 물리치고 요로부터 절도사직을 받으면서 타여진부와 동등한 지위로 올라갔다. 그 후 오고내는 요의 응로 개통을 도맡으면서 표면상 요를 돕는 체하여 이익을 취하고 내용상으로는 타여진부를 복속시키고 있었다. 핵리발(세조)이 절도사일 때에는 서숙庶叔 발흑의 난으로 여진제부가 양편에 가담하여 싸우다가 결국 핵리발이 승리하면서 여진제부가 대개 완안부의 명을 받았다. 그 후 영가(목종) 때 요의 반인 소해리를 포토捕討하면서 완안부의 명성은 동북아 전체에 떨치었다. 그리고 여진제부는 완전히 완안부의 수중으로 들어간 것이다. 완안부의 책략은 한 부족씩 복속시키는 것보다도 살계징후지격殺雞懲猴之格으로 하나의 사건을 해결하면서 자연히 복속해 오도록 하는 책략이었다. 또 오아속 때 갈뢰전에 신출하면서 고려와 병단兵端을 일으켰을 때에는 화전 양면작전을 써서 결국 호화하면서 남방의 불리한 요소를 제거시키고 대요작전에 전심專心하게 되었다.

아골타 때 와서는 그 자신이 해리 포획을 한 지로 이미 요군의 실력을 잘 아는 까닭에 고응시의 횡포와 영강주 무역소의 간상배奸商輩

의 착취搾取를 들어 여진제부가 분발憤發케 하여 대내적인 단합을 꾀하는 한편 완안부에 반대한 아소 청환을 추궁하여 대요공격의 병단을 일으켰다. 초전初戰인 영강주전寧江州戰에서 쾌승快勝하자 발해 유민과 요내遼內의 여진인들에게 동종론을 들고 나와서 그들의 호응呼應을 받아 모든 여진·발해를 통합하면서 급속히 요를 병합倂合할 수 있었다.

참고문헌

『遼史』

『金史』

『高麗史』

『高麗史節要』

『太平御覽』

『欽定滿洲源流考』

葉隆禮, 『契丹國志』, 臺北, 廣文書局, 1970.

徐夢莘, 『三朝北盟會編』, 臺北, 文海出版社, 1962.

宇文懋昭, 『大金國志』, 北京, 中華書局, 1986.

洪皓, 『松漠紀聞』, 臺北, 廣文書局, 1968.

楊循古, 「遼小史」(『遼海叢書』 第1集).

趙翼, 『二十二史劄記』

周致中, 『異域志』(上), 臺北, 廣文書局, 1968.

金庠基, 「金의 始祖에 대하여」, 『國史上의 諸問題』 제5집, 1959.

金渭顯, 『契丹的東北政策』, 臺北, 臺灣大學, 1978.

金毓黻, 『東北通史』, 臺北, 洪氏出版社, 1977.

稻葉君山, 『滿洲發達史』, 東京, 大阪屋號出版部, 1915.

陶晋生, 「金代的政治結構」, 『中央研究院歷史語言研究所集刊』 第41本第4分, 1969.

傅斯年, 「古代之東北」, 『東北史綱』 第1卷, 北平, 國立中央研究院歷史語言研究所, 1932.

桑秀雲, 「金室完顏氏婚制之試釋」, 『中央研究院歷史語言研究所集刊』 第39本上冊, 1969.

姚從吾, 『姚從吾先生全集』(3), 「金朝史」, 臺北, 正中書局, 1973.

李學智, 「釋女眞」上, 『大陸雜誌叢書』 第1輯5冊, 1958.

趙振績, 「女眞族系考」, 『中國歷史學會史學集刊』 第7期, 1975.

池內宏, 「金史世紀の研究」, 『滿鮮史研究(中世第1冊)』, 東京, 岡書院, 1933.

陳述, 「金史氏族表」(『新板本金史幷附編七種』 卷5).

Jing-shen Tao, *The Jurchen in Twelfth-Century China*, (Seattle, The University of Washington Press, 1976)

Ⅱ 여진의 마무역馬貿易
- 10세기~11세기를 중심으로 -

1. 머리말

10세기부터 11세기까지 약 200년간은 동북아에 있어서 새 질서가 정립되는 중요한 시기이다. 이때까지 동아역사東亞歷史의 중심세력이 되어 오던 한민족漢民族이 점점 그 지위를 잃어 가고 이화夷華 양분천하兩分天下의 형세가 나타나기 시작하였다. 따라서 소위 "溥天之下, 莫非王土, 率土之濱, 莫非王臣."[1]격의 한민족 전통의 대일통관념大一統觀念도 자연히 붕해崩解되어 갔다.

송초宋初에는 거란契丹의 칭제건원稱帝建元을 용인하려 들지 않았으나 1004년(경덕[景德] 원년) 전연지맹澶淵之盟 이후 부득불 기정사실로 승인하지 않으면 안 되었다. 이때부터 남북양조南北兩朝가 서로 상내

1) 『十三經注疏』(3), 「毛詩正義」 卷13-1, 谷風之什, 四月.

방의 존엄尊嚴을 인정하고 황제의 연령年齡에 따라 형제질심兄弟姪嬸으로 호칭互稱하기에 이르렀다. 적어도 이론상으로는 완전히 평등적 대등지위가 이루어졌다.

이때의 동아국제정세東亞國際形勢를 보면, 송과 거란이 대막大漠의 남북에 웅패雄覇하여 양극체제兩極體制를 형성하게 되었고 동북에는 고려高麗와 여진女眞이 있고, 서에는 서하西夏가 있어서 양대 세력의 균형작용均衡作用을 하고 있었다.[2] 이와 같이 복잡한 다원성多元性의 국제사회 속에서 여진의 말 무역이 어떻게 전개되었는가 하는 것을 정리코자 한다.

말은 생산 · 교통 · 전쟁 · 교역품交易品 · 공예품工藝品으로 사용되어 항상 국가가 필요로 하는 양을 얻지 못하고 있었으므로 국가 간에는 마필馬匹 확보에 진력盡力해 온 것이 기왕旣往의 일이었다. 말이 근세 이전의 국가경영유지國家經營維持에 얼마나 중요한 존재였던지 "國之强弱在馬."[3]라고 까지 할 정도로 중시되었다.

10세기 전후 송 · 거란 · 고려도 말을 확보하기 위하여 서로가 많은 노력을 기울여 왔다. 당시 동아東亞의 명마산지名馬産地로 유명한 곳 중의 하나가 여진이었다. 이 여진마女眞馬는 송 · 거란 · 고려 등지로 공급되었는데 그 방법은 조공형식朝貢形式의 무역이었다. 당시의 국제무역國際貿易을 John K. Fairbank는 대략 다음과 같이 정의를 내리고 있다. 즉 전통적 아주국가亞洲國家의 국제관계는 그 본질상 근대의 국제교역적國際交易的 관념은 없었고 다만 '소이사대以小事大'의 조공외교朝貢外交가 있었을 뿐이며 이 조공제도朝貢制度에 의한 조공무역朝

2) 金渭顯, 『契丹的東北政策』(臺北, 華世出版社, 1981), 171쪽.

3) 『世祖實錄』 卷25, 世祖 7年 7月 癸亥條 및 札奇斯欽, 「談元代的馬政」(『宋史研究集』 第五輯, 1970), 302쪽. 또 『蒙古祕史』 등의 약간 사료들에서 몽골인들이 말에 대한 중요성을 설명하고 있다. 예컨대 말은 여행 · 가축방목家畜放牧 · 타렵打獵 · 전투戰鬪 등 뿐만 아니라 말에 의뢰依賴하지 않은 것이 없다고 기술하고 있다. 이들 몽골인들에게는 말이 언제나 5종가축五種家畜의 수위를 차지하고 있었다.

貢貿易이 있었을 뿐 소위 국제무역은 없었다[4]고 하였다. 이 조공무역은 공(관)무역公(官)貿易이고 일반 인민人民과의 사무역私貿易도 있었다.[5]

2. 대송對宋 말 무역

송초 약 30년간 여진이 빈번히 대송교역對宋交易을 하였다. 이 교역품 내에는 송정宋廷의 대내외적對內外的인 전역戰役에 필요한 전마 구입戰馬購入이라는 내용이 개재介在되어 있었다.

송 태조가 진교지변陳橋之變을 일으켜 후주後周의 공제恭帝로부터 대위大位를 탈취奪取하는데 성공은 하였으나 아직도 남북 여러 지방에는 평남平南 · 후촉後蜀 · 남한南漢 · 남당南唐 · 북한北漢 · 오월吳越이 반거蟠踞하고 있었다. 이런 상황이었으므로 송 태조는 북방의 강적强敵인 거란과는 일단 수호修好하여 우호관계를 유지하면서 해내일통海內一統에 전념하여 태조 재위시에 평남 · 후촉 · 남한 · 남당을 평정하였다. 그러나 지방세력들도 만만치 않아서 태종太宗 때 와서야 오월吳越의 자진귀부自進歸附를 받을 수 있었으며(978, 태평흥국[太平興國] 3) 그 이듬해인 979년에 겨우 북한의 항복을 받을 수 있었다. 송이 거란과 우호관계를 유지하여 왔었으나 북한 정벌 때부터 충돌이 생기기 시작하였다.

송의 욕망은 석진石晋 때 거란에 할양割讓한 연운16주燕雲十六州를 회복恢復하려는 것이었다. 이 연운16주 내에는 안문雁門 · 거용居庸 · 송정松亭 · 고북古北 · 자형紫荊 등 5관五關이 있어서 중원에 건국한 나

---

4) John K. Fairbank, Trade and Diplomacy on the China Coast (Harvard University Press, 1953), pp.23~38 참조.

5) 金庠基, 『東方文化交流史論攷』, 서울, 乙酉文化社, 1954, 47쪽.

라들이 북방방어北方防禦의 요새지要塞地가 되므로 송은 이 지역 수복收復을 시도하였던 것이다.

이 연운16주 수복을 위한 시도는 이미 전대前代인 후주 세종世宗 때에 있었던 일이다. 후주 출정군出征軍은 영瀛·막莫 2개주만을 함락하고 유주幽州를 취하려던 중 세종이 득병得病하여 서거逝去하니 후주의 연운 수복의 꿈은 수포로 돌아가고 말았다.

979년(태평흥국 4) 정월 송 태종이 북한北漢을 치자 거란이 원병을 보내 북한을 도와서 송은 이기지 못하고 회군하였다. 같은 해 오월 다시 기병起兵하여 북한의 항복을 받았다. 의기충천한 송군宋軍은 여세를 몰아 연운지방燕雲地方을 수복코자 유주를 공격하였으나 요장遼將 야율휴가耶律休哥의 부원赴援으로 고량하高梁河에서 대패하고 말았다. 이 뒤부터 송·거란의 평화상태平和狀態는 깨어지고 변경邊境에는 충돌이 계속되었다. 태종은 이 패전의 치욕을 씻고자 내적으로는 군비軍備를 확충하고 외적으로는 고려·정안定安·올야兀惹 등과 외교적인 교섭을 전개하였다. 이런 외교적인 노력은 실질적인 군맹軍盟은 못되더라도 외형상의 효과는 노릴 수 있었다. 즉 작전상 기각지세掎角之勢를 형성하여 거란에 대하여 심리적 자극刺戟은 줄 수 있었으며 또 군수품軍需品인 말 구입의 명분과 편리도 도모할 수 있었던 것이다.

송초의 마정馬政은 당제唐制를 연습沿襲한 것으로 감監을 두어 목마牧馬하였으나 말의 자식孳息이 부족하여 국용國用으로 쓰임을 충당充當치 못하였다. 더욱이 송은 초원지대草原地帶가 없어서 말 생산이 많지 않았다.[6] 기병騎兵 중심의 거란과 임박한 전쟁을 앞두고 단시일 내에 필요량의 전마戰馬를 확보하기 위하여서는 더더구나 자식이 느린 국내의 목마에만 의지할 수 없었다.

---

6) Edwin O. Reischauer, John K. Fairbank, *East Asia: The Great Tradition*. 全海宗·高柄翊 譯, 『東洋文化史』, 乙酉文化社, 1971, 258쪽 참조.

태종 즉위년(976) 제군諸軍의 전기戰騎를 검열檢閱한 결과 전마가 태부족이었다. 이 부족한 마필을 보충하기 위하여 취한 조치가 괄마括馬인 것이다. 그러나 자유로운 분위기가 아니고 "有敢藏匿者死."라 하여 강제적으로 이민吏民의 말을 사들이었다. 이 결과 수합收合된 마필은 17만 필이나 되었다.[7] 그러나 그 마필의 수량과 질은 만족할 만한 것이 못되었다. 필요한 말의 질과 양을 확보하기 위해 늘 변주邊州에서 대외시마對外市馬를 하지 않으면 안 되었다. 송정宋廷의 대외시마에서 중요지역은 하동河東·섬서陝西·천협川峽의 3로三路(말을 모아 사들이는 것은 토번吐藩·회흘回紇·당항党項·장아족藏牙族, 백마白馬·비가鼻家·부가保家·명시족名市族 제번諸藩으로부터만 한다)이었는데, 옹희雍熙·단공端拱 연간에는 하동(인麟·부府·풍豊·남주嵐州, 화산군火山軍, 당용진唐龍鎭, 탁륜새濁輪寨)과 섬서(진秦·위渭·경涇·원原·의儀·연延·환環·경慶·계주階州, 진융鎭戎·보안군保安軍, 제승관制勝關, 호미부浩亹府)에서 사들였는데 이 말을 서마西馬라 하였으며, 천협(益·文·黎·戎雅·夔州·永康軍)에서도 사들였는데 이 말은 천마川馬라 불렸으며, 등주登州에서 사들인 말은 여진마女眞馬라 하였다.[8]

이 수입말들은 수초水草가 풍요豊饒하고 지세地勢가 고한高寒한 지방에서 생산되므로 대부분이 명마名馬들이었다.[9] 그러므로 이 곳 산마産馬들은 전마로서의 요건을 갖춘 말들이라 생각된다. 곧 이들 특유의 양마지법養馬之法에 의하여 길들여진 말들일 것으로 보인다. 달인

---

7) 李燾, 『續資治通鑑長編』 卷21, 太宗 太平興國 5年 正月 庚辰條 및 『宋會要輯稿』 第183冊, 「兵」22, 買馬條.

8) 李燾, 상게서 卷104, 仁宗 天聖4年 9月 戊申條 및 『宋史』 卷198, 「志」 卷151, 兵12, 馬政條.

9) 『宋史』 卷198, 「志」 卷151, 兵12, 馬政條. "河東一路, 水草甚佳, 地勢高寒, 必宜馬性。" 『宋會要輯稿』 第196冊, 「蕃夷」3, 女眞條. "地多良馬, 常至中國貿易。" 王國維編, 『蒙古史料四種』中 「蒙韃備錄箋證」, 馬政, 臺北, 正中書局, 1975, 446쪽 "韃國地農水草, 宜羊馬。"

達人들의 양마지법을 소개하면 다음과 같다.

“達人養馬之法。自春初罷兵後，凡出戰好馬，並恣其水草，不令騎動。直至西風將至，取而控之，縶於帳房左右，啖以些少水草，經月後臕落而實，騎之數百里，自然無汗，故可以耐遠而出戰。尋常止行路時，並不許其吃水草，蓋辛苦中吃水草，不成臕而生病。此養馬之良法，南人反是，所以馬多病也。其牡馬留十分壯好者，作「移剌」(ajirga)馬種外，餘者多扇了，所以無不强壯也。”[10]

또 힘이 세고 성격이 유순柔順하여 풍한風寒을 이겨내며 놀라지 않게 하는 방법은 건장한 말로써 구치駒齒가 넷이 나면(『한국마의방전서韓國馬醫方全書』「상치도相齒圖」에 의하면 구치가 4개면 마령馬齡을 2세로 환산하였음) 거세去勢하였다고 한다.[11] 이렇게 하여 길들여진 말은 성격이 유순하고 장건壯健하며 무병무외無病無畏한 전마가 된다고 한다. 이로 미루어 보아 여진인들도 이 달인들과 같은 방법이거나 아니면 비슷한 방법을 택하였을 가능성이 짙다.

대송무역對宋貿易에 종사했던 여진은 압록강여진鴨綠江女眞이 중심이 되어 왔고 그 배후에 여진제부족女眞諸部族이 직접 또는 간접적으로 공여恭與하는 공동무역방식共同貿易方式 내지 중개무역방식仲介貿易方式을 취하였을 것으로 간주看做된다. 당시의 상황을 적은 대부분의 기록들은 막연히 여진으로만 기재하였다. 그러나 여진도 여러 부족이 있었다. 게다가 뚜렷한 연맹체聯盟體나 세력을 가진 부족도 없는 상태였기 때문에 실상 어느 여진이 중심이 되었다고 말하기는 어렵다. 하지만 적어도 송 초에 대송무역에 관계했던 여진이라면 최소한 두 가

---

10) 王國維編, 『蒙古史料四種』中 「黑韃事略箋證」, 499쪽.

11) 王國維編, 상게서, 「黑韃事略箋證」, 498쪽. “六月饜青草，始肥壯者四齒則扇，故闊壯而有力，柔順而無性，能風寒而久歲月。不扇則反是，且易嘶駭，不可設伏。”

지 요건은 갖추어야 했을 것이다. 첫째로 항해航海를 할 수 있는 능력이 있어야 하겠고, 둘째로 무역하는 일에 방해를 받지 않을 정도의 세력도 있어야 했을 것이다. 그 이유는 말 운송에는 항해술航海術이 필요하였고, 또 말의 수집收集과 판로販路의 원활한 유통을 위해서는 대내외적인 명성도 필요했을 것이다. 이런 사정들로 미루어 볼 때 압록강여진이어야 부합할 것으로 생각된다. 또 한 가지 압록강여진이어야 하는 이유로는 그들이 무역할 때 가끔 정안국定安國의 국서國書를 갖고 다녔기 때문이다. 이 정안국이 압록강 중류에 위치했던 것으로 보아 그 인근에 있었을 것으로 생각된다. 그밖에 무역에 관계했던 부족으로 여진삼십성부족女眞三十姓部族이 있다. 뒤에 상술하겠지만 거란이 여진과 송의 왕래를 싫어한 나머지 압록강 하구下口에 채寨를 쌓아 무역로貿易路를 막았을 때 여진사자女眞使者가 송에 가서 송과 여진 삼십성부족이 같이 공략攻略할 것을 제의提議한 바가 있다.12) 이로 보아 삼십성부족도 대송무역에 깊이 관여하고 있음을 알 수 있으며 또 여진이나 송이 서로가 교역을 절실히 필요로 하고 있었음을 알 수 있다.

여진지역은 곧 옛 부여扶餘·고구려高句麗·발해渤海의 구강舊疆으로 명마산지名馬産地이다. 고구려의 과하마果下馬와 발해의 솔빈마率賓馬가 이름이 있었다.13) 그러나 정작 압록강 유역에는 말 생산이 되지 않고 무순撫順이나 솔빈率賓 등지에서 말이 생산됐다고 한다. 이것으로 보아 대송 말무역에는 전여진지역全女眞地域의 말을 수합收合하였던 것이다. 또 하나의 예로 986년 거란이 압록유역鴨綠流域의 여진(성

12) 李燾, 전게서, 卷33, 太宗淳化 2年條. "是歲, 女眞首領伊勒錦等上言: 契丹怒其朝貢中國, 去海四百里立柵與三十首領共平三柵, 若得師期, 即先付本國, 願聚兵以俟。" 및 『宋會要輯稿』 第296冊, 「蕃夷」3, 女貞條.

13) 『新唐書』 卷219, 「列傳」 144, 北狄渤海條. "率賓之馬。" 『魏書』 卷100, 「列傳」 88, 高句麗條. "凡出三尺馬云, 本朱蒙所乘馬種, 即果下也。" 또 劉義棠, 『中國邊疆民族史』, 臺北, 臺灣中華書局, 1971, 81쪽. "所謂果下馬, 高三尺, 乘之可以行於果樹之下, 故名; 現今慶尙道與濟州島所産之小馬, 即其遺種。"

안국)을 토벌했을 때 말 20여만을 소획所獲한 일이 있다. 이것이 수합된 무역용 말이 아니고서야 한 지역에 이렇게 많은 마필馬匹이 있을 수 없을 것이다.

10세기 이후 송은 줄곧 거란과 대치관계였던 때이므로 북방과 서방에서 송으로 유입되는 말을 막자 송은 여진마女眞馬를 필요로 하였으므로 여진의 대송 무역품의 주종은 말이 되었다. 여진인들은 송의 말 수요량이 늘어나자 말을 증식增殖하여 연간 10,000필이나 송에 보냈다고 한다.[14] 이 숫자는 상당히 많은 숫자로 송의 마정馬政에 중요한 몫을 한 것으로 보인다. 송의 대외시마 수량을 보면 송 초에는 겨우 5,000필이었다가 천성天聖 중에는 번부성蕃部省 말이 34,900여 필이었고, 가우嘉祐 이전에는 원原 · 위渭 · 덕순德順에서 3세 시마三歲市馬가 17,100필이었고, 진주권마秦州券馬도 연 15,000필이었다고 하니 여진마 10,000필은 상당한 수였다.

여진의 중원中原과의 교왕交往은 925년(후당[後唐] 동광[同光] 3)부터 사서史書에 보인다. 그러나 그 후 수십년간은 사료史料에 나타나지 않다가 959년(후주 현덕[顯德] 6) 다시 교왕한 기사記事가 보인다.

960년(송 태조 건륭[建隆] 원년) 송이 건국하면서 계속하여 약 30년간 교왕이 빈번하여졌다. 그 이후에도 기록은 산견散見되나 이미 독자적獨自的인 활동은 아니었다. 이 여진과 송의 교왕한 기록은 『송사宋史』 · 『송회요집고宋會要輯稿』 · 『속자치통감장편續資治通鑑長編』 · 『문헌통고文獻通考』 등에 있으나 그 기사는 대동소이大同小異하다. 『속자치통감장편』 및 『송회요집고』에서 여진이 송에 교왕한 기사를 간추려 보면 아래 표와 같다.

14) 李燾, 전게서, 眞宗咸平 5年 3月 癸亥條. "舊日女眞賣馬, 歲不下萬, 今已爲契丹所隔云云。"

961年(宋太祖建隆 2年)	8月 20日	女眞國遣使溫圖喇(會要: 嗢突剌)來貢名馬。
〃	12月	(女眞國)遣使拽鹿猪, 泛海來貢方物。
962年(宋太祖建隆 3年)	正月 21日	女眞國遣使濟古爾(會要: 只骨)來修貢。
〃	3月 20日	女眞遣使(會要: 使者名女古)朝貢。
963年(宋太祖乾德元年)	正月 26日	女眞國遣使來貢方物。
〃	8月 14日	女眞國遣使來貢名馬。
〃	9月 19日	女眞國又遣使貢名馬。(會要: 56匹)
964年(宋太祖乾德 2年)		首領悉達理并姪阿黑哥·首領馬撒鞋并妻梅倫, 並遣使獻馬及貂皮。
970年(宋太祖開寶 3年)	9月 18日	登州言: 女眞國遣使入朝, 定安國王烈萬華附表貢方物。
972年(宋太祖開寶 5年)		馬撒鞋及首領斫姑來貢馬。(會要)
973年(宋太祖開寶 6年)	12月 20日	女眞遣使來貢馬(會要: 首領祈達渤來貢馬)。又有鐵利王子五戶并母及子弟連沒六溫迪門沒勿附其使貢馬·布·膃肭臍·紫青貂鼠皮。
981年(宋太宗太平興國 6年)	11月 10日	女眞遣使朝貢(會要: 遣使來貢方物)。(女眞帶定安國王烏玄明之表)
991年(宋太宗淳化 2年)		是歲, 女眞首領伊勒錦(會要: 羅野里鷄)等上言: "契丹怒其朝貢中國, 去海岸四百里立三栅, 置兵三千, 絶其朝貢之路, 于是航海入朝, 求發兵, 與三十首領共平三栅, 若得師期, 即先付本國, 願聚兵以俟。" 時定安國王子大元, 因女眞使上表。
1009年(宋眞宗大中祥符 2年)	3月	登州言: 女眞國人錫喇卜(會要: 悉柳渤海)等遇風飃船至州。詔給其資糧, 俟風遣還。
1014年(宋眞宗大中祥符 7年)	12月 25日	女眞將軍塔沁堅(會要: 大千機已下凡七十八人), 以方物來貢。
1015年(宋眞宗大中祥符 8年)	11月	高麗進奉告奏使御事民官侍郎郭元與東女眞首領阿嚕台(會要: 阿盧大)來貢。
1017年(宋眞宗天禧元年)	11月 29日	高麗王詢遣御史刑部侍郎徐訥率女眞首領梅詢, 奉表來獻方物。
〃	12月 15日	初, 女眞國人輝和爾华鄂倫日本國來貢, 及還, 道逢渤海戰攻, 復來歸, 以隷契丹, 至是, 命高麗使徐訥領還仍給裝錢。
1019年(宋眞宗天禧 3年)	10月 (會要12月)	(高麗禮賓卿)崔元信率東西女眞首領入見, 別貢中布二千, 乞佛經一。詔賜之, 還其布。以元信覆溺匱之別賜衣服繒綵焉。女眞首領(會要: 汝浡達)又言, 各以本十馬來進貢, 中途皆失, 詔特給其直(在會要云女眞人獨自來貢)。

여진인들의 대송 교역의 목적은 무역이었다. 수출품은 말이 주종을 이루었고 그밖에는 모피(자청초서피[紫靑貂鼠皮])·포布·올눌제膃肭臍(해구신[海狗腎])·어류魚類·해초海草·응鷹·금金·주珠·약재藥材 등이었으며, 수입품은 견직물絹織物·차茶·도자기陶瓷器·칠기漆器·금속공예품金屬工藝品 등이었다. 그러나 이런 수출품은 그 품목과 수량을 사전에 송이 통첩通牒을 하였고 그 단자單子에 의하여 수송輸送된 물품은 받아들이고 첩외물牒外物은 모두 몰입沒入하였던 것으로 보인다.[15]

송에서는 말의 품등品等을 4등급으로 나누어서 그 등급에 따라 차액差額을 정하였다. 인종仁宗 보원寶元 3년(1040)의 매마가買馬價를 보면 제1 등이 50민緡, 제2등이 40민, 제3등이 30민, 제4등이 25민이었다.[16] 또 소성紹聖(1095~1097) 연간의 예를 보면 2만필의 말을 사는데 50만민을 지급하였다고 하니 말 1필의 가격이 25민이 되었다는 셈이다.[17] 또 강정康定(1040) 연간의 경우를 보면 마필馬匹의 부족으로 경기京畿, 경동京東·서西, 회남淮南, 섬서陝西에서 전마를 사들였는데 4척尺 6촌寸에서 4척 2촌의 말을 5등급으로 나누었는데 최상등급은 50민, 최하 등급은 25민까지 지급하였다.[18] 이로 미루어 보면 평상시平常時의 말가격을 짐작할 수 있다. 그러나 시기에 따라서 말이 부족할 때에는 몇 배로 값이 뛰어오르기도 하였다. 본론의 범위 밖이지만 참고로 일례를 보면 남송南宋 소흥紹興 연간에는 국내외의 시마市馬의 원源이 단절되자 말가격이 올라 4척 2촌 이상의 준마駿馬

15) 李燾, 전게서, 卷20, 太平興國 4年 12月 15日條. "詔: 自今登州有女眞貢馬, 其隨行物色, 仰給牒, 所在勘驗, 牒外物並沒入之。"

16) 『宋會要輯稿』 第183冊, 「兵」22之2, 買馬條. "寶元三年二月十一日, 群牧司言: 和買馬價等第詔: 『第一等五十千, 第二等四十千, 第三等三十千, 第四等二十五千, 在京以浙絹, 估實價外處支見錢』"

17) 『宋史』 卷198, 「志」151, 兵12, 馬政條. "紹聖中, 又增至二萬匹, 歲費五十萬緡。後遂以爲定額, 特詔增市者不在此數。"

18) 『宋史』 卷198, 「志」151, 兵12, 馬政條. "康政初, 陝西用兵, 馬不足。詔京畿·京東西·淮南·陝西路括市戰馬, 馬四尺六寸至四尺二寸, 其直自五十千至二十千, 凡五等。"

는 평상시의 4·5배나 뛰어올랐다 한다.[19] 이러한 시마가市馬價를 보아 수입마가輸入馬價는 국내 시마가보다 좀 비쌌을 것은 틀림이 없다. 『송회요집고』, 「매마조買馬條」의 매마지술買馬之術에 대한 사항을 보면 7개항 중에 제1조항이 "不惜多與馬價一也."라 하였다. 이것은 대외시마對外市馬에 관한 일일 것이다.

송이 구매하는 마령馬齡은 전마일 경우 3세 이상 13세 이하가 대부분이었으나 시기에 따라 조금씩 변화가 있었다. 송 초에는 3세부터 17세,[20] 경덕景德 2년(1005) 이후는 4세부터 13세,[21] 강정康定 원년(1040)에는 3세 이상 13세,[22] 경력慶曆 원년(1040)에는 3세 이상 13세 이하이었다.[23] 그러나 원풍元豊 7년(1084) 제거경동보갑마提擧京東保甲馬 곽상霍翔의 말에 의하면 매마買馬는 8세를 넘지 않은 말을 사며, 마령馬齡이 15세가 되면 척매斥賣한다고 하였다.[24]

신고身高도 시기에 따라 조금씩 차이가 있었다. 원래 번마蕃馬의 신고는 4척 1촌부터 4척 7촌까지로 하고 그 크기에 따라서 등급을 정하고 있었으나 때에 따라 각각 그 기준이 달랐다.[25] 예를 들면 경우

---

19) 『宋會要輯稿』 第183冊, 「兵」 22之15, 買馬條. "(紹興)二年六月四日, 廣西經略安撫司言: ……收置四尺二寸以上堪好戰馬, 近年以來馬價湧貴, 比年時已通過四五倍, 承平之時, 修立馬價即與今日不同。"

20) 『宋史』 卷198, 「志」 151, 兵12, 馬政條. "先是, 市馬以三歲已上, 十三歲已下爲率。天聖中, 詔市四歲已上, 十歲已下。旣而所市不足, 群牧司以爲言。乃詔入券幷省馬市三歲已上, 十二歲已下。"

21) 『宋會要輯稿』 第183冊, 「兵」 22之2, 買馬條. "景德二年正月, 詔沿邊諸州所市戰馬, 舊自三歲至十七歲者官悉取之, 自今只四歲至十三歲者餘勿禁。"

22) 同上. "康定元年二月八日, 詔: 今將三歲已上十三歲以下, 堪充帶衣甲, 壯嫩好馬赴京進賣, 經過館驛, 支給熟食草料。"

23) 同上. "慶曆元年七月, 詔: 諸路本城廂軍員闕馬聽, 自市三歲以上, 十三歲以下, 高四尺一寸者, 官用印附籍, 給芻粟。"

24) 『宋會要輯稿』 第183冊, 「兵」 22之11, 買馬條. "(元豊)七年五月二十二日, 提擧京東保甲馬霍翔言: 買馬法無過八歲, 及十五歲給公據斥賣云云。"

25) 『宋會要輯稿』 第183冊, 「兵」 22之19, 買馬條. "高宗建炎二年八月二十七日 …… 朝廷舊法於本路邕州横山寨, 招買特磨道等蕃馬, 元立定等格, 自四尺一寸至四尺七寸, 逐等各立定價錢收買, 只應副本路州軍馬調習備邊, 緩急之用。"

景祐 4년(1037)의 경우는 4척 2촌부터 4척 7촌까지였으며, 또 이것을 6등급으로 나누었다.[26] 강정초康定初 시마의 경우에는 4척 2촌부터 4척 6촌까지를 기준으로 삼아 5등급으로 나누었다.[27] 이로 미루어 보면 말의 신고는 4척 1촌 이상 4척 7촌까지가 그 기준이었다고 볼 수 있다. 말의 신고가 그 기준 이상이라고 하여 사지 않은 것은 아니었다. 얼마 뒤의 일이지만 남송 고종高宗 건염建炎 연간에는 4척 6촌 이상 5척 이하의 대마大馬일 경우 등외等外이기는 하나 사들였다.[28] 그런데 신고가 낮은 것은 기준 미달이라 하여도 수긍이 가지만 상한은 왜 정해야 하는지 의문이다. 혹자는 신고가 높으면 장거리를 달릴 수 있는 인내력忍耐力이 부족하다고 하나 상고詳考하지 못하였다. 더구나 소흥 3년(1133) 정월 매마사買馬司에 내린 조詔를 보면 "高及四尺二寸以上, 八歲以下, 堪披帶戰馬。並經由邕州。"[29] 라는 것을 보면 신고의 상한은 없고 나이는 줄여놓았다.

또 등급의 분류도 말의 신고에 따라 정한 것 같은데 상당히 여러 차례 변동이 있었다. 어떤 때는 4등급, 어떤 때는 5등급, 어떤 때는 6등급 심지어 7등급까지 세분한 적도 있었다.

이 여진지역에서 생산되는 말의 종류는 어떤 것이었는지 살펴보겠다. 사서史書에는 여진지역의 말은 명마名馬라고만 적혀 있고 구체적인 내용은 없다. 원래 이 지역은 옛 고구려・예맥穢貊 등의 고지故地이다. 당시는 키가 작기로 유명한 소위 과하마果下馬가 널리 알려졌었

26) 『宋史』卷198, 「志」151, 兵12, 馬政條. "四年, 群牧司奏: 河北諸軍闕馬, 請製等伏六, …… 市上生馬十二歲以下視等給直。馬自四尺七寸至四尺二寸, 凡六等。"

27) 주18 내용 중에 있음.

28) 『宋會要輯稿』第183冊, 「兵」22, 買馬條. "竊見蕃蠻巢冗有出等高馬, 官司未曾增錢, 破格收買之,　乞於格外自四尺六寸以上五尺以下高等闊壯齒嫩大馬增立格價下措置。…… 詔令廣西提擧買馬官李預措買多方說諭蠻人, 如有牽到出格好馬及闊壯口齒嫩者, 許於見立格令價直外, 更增添價收買。"

29) 『宋會要輯稿』第183冊, 「兵」22, 買馬條.

다. 과하마는 크기가 불과 3척 정도여서 타고 과수果樹 밑을 왕래할 수 있었기 때문에 과하마란 이름이 붙었다고 한다. 그러나 송에 수출한 말도 이 과하마가 전래傳來된 것이었겠는가 하는 문제가 있다. 말이 꼭 키가 커야하는 것도 아니다. 그 용도나 경우에 따라서 키의 높낮이가 필요의 기준이 되었을 것이다. 명마라고 하는 몽고마蒙古馬도 그 모양은 조잡粗雜하고 체구體軀가 왜소矮小하며 모색毛色도 방잡龐雜하나 마성馬性이 온순溫順하여 영리營理가 쉽고 피로疲勞와 조식粗食을 잘 견뎌내며 기후와 질병에 저항력이 특강特强하다는 것으로 명마라 칭한다.30) 그러나 송은 국내외의 매마기준買馬基準이 4척 2촌부터였으므로 3척의 과하마가 과연 송의 군마軍馬로 수출되었을까 하는 의문이 남는다. 시기적으로 좀 뒤이지만 여진이 고려에 보낸 말을 보면 마馬·토마土馬·준마駿馬·양마良馬·명마名馬 등의 명칭이 나온다. 이것으로 미루어 보면 송에 보낸 말은 그들의 기준에 맞는 신고身高의 말이 아니었겠는가 생각된다. 물론 산악전山岳戰이라면 키가 작은 말도 필요하겠지만 하북河北의 평원平原에서는 부적당했을 것이다. 또 마·준마·양마·명마의 명칭이 붙은 것은 적어도 교잡交雜된 개량마改良馬로 보이며 토마라는 것이 전래의 과하마가 아닌가 생각된다. 또 한 가지는 만약 전마가 아니면 수익성收益性이 낮았을 것인데 굳이 운송運送이 어려운 송에 수출을 했겠는가 하는 점이다.

송은 거란과의 전쟁과 방어에 날이 갈수록 군액軍額을 증액하는게 불가피했고, 기군騎軍 위주인 거란과 대치하기 위하여 자연히 군마의 증강이 요구되었다. 송의 군액 증강은 급속히 진행되었다. 『옥해玉海』의 「송조시위친군조宋朝侍衛親軍條」에 의하면 "藝祖平定天下, 養兵止二十二萬而京師十萬餘, 明强幹弱枝之勢也."31)라고 하였다. 그러나 상황은

30) 高士嘉, 「東北的資源」(中國文化學院東北研究所, 『東北論文集』, 1966), 123쪽 참조.
31) 『玉海』 第139, 「兵制」 4, 宋朝侍衛親軍條.

달라져서 태종太宗 때는 666,000, 진종眞宗 때는 912,000, 인종仁宗 때는 1,259,000, 영종英宗 때는 1,162,000, 신종神宗 때는 1,068,688 명으로 늘어난다. 이와 같은 전반적인 병액兵額의 증가에 따라 기군도 자연히 증가되었을 것이며 이에 말 수요가 급격히 늘어났을 것은 명백한 일이다. 송의 군액 증감사항은 방호方豪 선생의 『송사宋史』에 의하면 다음과 같다.

연대	禁廂軍 총수	禁軍 수	廂軍 수
태조 開寶 중	378,000	193,000	185,000
태종 至道 중	666,000	358,000	308,000
진종 天禧 중	912,000	432,000	480,000
인종 慶曆 중	1,259,000	826,000	433,000
영종 治平 중	1,162,000	663,000	499,000
신종 熙寧 중	약 1,068,688	568,688	500,000
신종 元豊 말	832,870	612,243	227,627

이상과 같이 병액이 증가됨에 따라 전마의 수요도 늘어났을 것으로 보이는데 송의 말 생산 사정은 여기에 따르지 못했다. 더욱이 목초지牧草地는 중고이래中古以來 토지로 개간開墾하는 일이 늘어나 목마牧馬할 땅은 상대적으로 줄어들어 갔다. 이로 말미암아 많은 전마가 서북제부西北諸部에서 들어왔으나 거란과 서하가 발흥勃興하여 말 수출을 금하게 되자 시마도 매우 어렵게 되어갔다.

거란은 변군邊郡의 말이 송으로 유입되는 것을 막으려 하였다. 전마의 유입 방지는 간접적인 전쟁이나 다름이 없는 것이므로 전력全力을 경주傾注하지 않을 수 없었다. 몇 가지 예를 보면 980년(태종 태평흥국 5) 9월 풍주자사豊州刺史 왕승미王承美가 대송 마무역對宋馬貿易을 성盛하게 하고 있는 것을 못마땅하게 여긴 거란이 승미承美에게 글을 보내어 대송시마對宋市馬를 중지해 줄 것을 요청하였다. 그러나 승미는 막대한 이익을 놓칠 수 없어 청을 듣지 않았다. 이에 대노大怒한 거란이 군사를 보내어 말 산지產地인 풍주관豊州關 이서以西의 부족 삼백여 장帳을 약취掠取하였다.[32] 또 성종聖宗 통화統和 13년(995)에는 호주자사豪州刺史 야율당고耶律唐古가 과조科條를 엄하게 하여 간민奸民들이 송과 서하에 말을 팔지 못하도록 한 일이 있었다.[33] 또 여진마의 유입도 심히 못마땅하게 여기고 있었다. 여진의 대송 마운송로馬輸送路는 압록강을 지나 도해渡海하여 사문도沙門島를 거쳐서 등주登州에 닿은 길이였다. 성종은 991년(통화 9) 이 길을 막기 위하여 압록강 하구에 위구威寇 · 진화振化 · 내원來遠 3책三柵을 쌓고 군사 3,000명을 두어 지키도록 하였다.[34] 이렇게 되자 송은 고려에 청하여 고려 영내 통로(청천강淸川江—분수령分水嶺—독로강禿魯江—만포진滿浦鎭?)를 제공받았다고 하나 그 시행 여부는 알 길이 없다.[35]

송은 여진마를 매우 중요시하였던 것으로 보인다. 송 태조 건덕乾德 원년(963)의 경우를 보면 산동반도山東半島의 동북근해東北近海에 있는 사문도 인호人戶에 특별히 조부租賦 및 연과잡물緣科雜物과 주현차요州縣差徭까지 면해 주는 특전을 베풀면서까지 여진마의 수송을 돕게 하였다.[36] 대체로 무역의 시기는 일정하지 않았고 연간 수시로 행하

---

32) 李燾, 전게서, 卷21, 宋太宗太平興國 5年 9月 26日條.

33) 王圻, 『續文獻通考』 卷之165, 「兵考」, 馬政(遼) "聖宗統和十三年五月, 北南乙室三府請括富民馬, 以備軍需不許給以官馬。時豪州刺史耶律唐古嚴立科條, 禁奸民鬻馬于宋夏界, 因陳弭私販安邊境之策, 太后嘉之。"

34) 『遼史』 「本紀」 13, 聖宗統和 9年 및 『宋會要輯稿』 第196, 「蕃夷」 3, 女貞條.

35) 徐夢莘, 『三朝北盟會編』 卷3. "先是建隆以來, 熟女眞由蘇州泛海至登州賣馬, 故道猶存。元豊五年, 詔先朝時女眞常至登州賣馬, 後聞馬行道爲高麗隔, 歲久不至, 今朝廷與高麗往還, 可降詔王徽。如女眞願市馬中國者, 許假道, 而女眞之使卒不至。"

36) 『宋會要輯稿』 第196, 「蕃夷」 3, 女貞條. "下詔登州曰: 沙門島人戶等地居海嶠, 歲有常租, 而女貞遠隔鯨波, 多輸駿足, 當風濤之利, 涉假舟楫, 以爲勞言, 念辛勤, 所宜蠲復, 今特免逐年夏秋租賦麴錢及緣科雜物州縣差徭止令, 多置舟楫濟渡女貞馬, 來往其在舟棧木, 自前抽納, 今復給與主駕人力。" 또 李燾, 전게서, 卷4, 乾德元年 8月

였던 것으로 보인다. 무역의 성격은 소위 조공무역朝貢貿易(공무역)보다 사무역이 성행하였던 것으로 생각된다. 그리고 조공의 횟수와는 관계없이 무역은 계속되었던 것으로 간주된다.

송의 여진마 수입에 대한 의의意義는 군액 증강에 따른 필연적인 말 수요와 군사상 여진과 기각지세掎角之勢를 이루어 거란의 세력을 견제코자 하는 데 의의가 있었으며 따라서 여진마의 거란유입 방지에도 필요한 일이었다.

3. 대고려對高麗 말 무역

고려에 대한 말 무역은 고려 건국초建國初부터 성행하였을 것으로 간주되지만 자료의 결핍으로 단언할 수 없고 다만 고려 태조 19년(936) 후백제後百濟와의 이천전利川戰 때 참전參戰한 흑수黑水 등 경기勁騎 9,500이 있었던 것을 볼 수 있다.[37] 그 때 참전한 기군騎軍은 총 참전 기보군騎步軍 87,500명의 60%에 해당하는 49,800명이나 되었다. 이때 참전한 흑수경기黑水勁騎는 9,500명인데 이 숫자는 총 참전군사의 9분의 1에 해당되며 전체 기병의 5분의 1에 해당된다. 이것은 이마니시 류今西龍의 『朝鮮史の栞』에서 "후백제의 내홍內訌을 틈타 여진으로부터 10,000필의 말을 수입하여 기병을 조직하여 일거에 후백제를 평정하고 삼한三韓을 통일하였다."[38]라고 한 것은 바로 이것을 두고 이름이다. 그리고 정종定宗 2년(947)에 거란을 방어하기

丁未條. "詔, 蠲登州沙門島居民租賦, 今專舟渡女眞所貢馬。"

37) 『高麗史』 卷2, 「世家」 卷第1, 太祖 9年 秋9月條 참조.

38) 今西龍, 『朝鮮史の栞』(東京, 國書刊行會, 1940), 139쪽 및 李龍範, 「麗丹貿易考」(『東國史學』 3, 1955), 27쪽 참조.

위하여 광군光軍 30만을 선발하였다고 하는데[39] 주로 기병인 거란군을 방어하기 위한 군대였다면 아마도 기병을 많이 양성했을 것으로 보인다. 고려 때의 목장牧場이라야 용양龍驤(황주[黃州])·농서隴西(동주[洞州])·은천銀川(백주[白州])·양란羊欄(개성[開城])·좌목左牧(정주[貞州])·회인懷仁(청주[淸州])·상자원常慈院(견주[見州])·엽호현葉戶峴(광주[廣州])·강음江陰·동주東州였다고 전해지는데[40] 여기서 길러낸 말로써는 수요량을 충족치 못하였을 것이다. 그렇다면 부족분은 부득이 여진으로부터 수입되었을 것은 자명한 일이다. 또 그때는 아직 강동6주江東六州의 천험지天險地가 고려 수중手中에 들어오지 않았을 때여서 기병의 필요성은 더 절실하였을 것이다. 그 다음 해인 정종 3年(948)에 동여진東女眞의 대광大匡 소무개蘇無盖 등이 헌상獻上한 방물方物 가운데는 말이 700필이나 되었다. 이것은 산실散失된 그간의 소식을 전해 주는 좋은 예라 하겠다.

여진이 고려에 무역한 말 가격은 바로 앞에서 기술한 정종 3년 소무개 등이 말을 가져 왔을 때의 경우를 보면 말의 등급을 3등급으로 나누어서 지불하였다. 즉 1등급은 은주자銀注子 1사事, 금견錦絹 각 1필, 2등급은 은발銀鉢 1사, 금견 각 1필, 3등급은 금견 각 1필로 정하였다.[41] 이와 같이 그들의 헌상물獻上物에 가격을 지불하는 것은 그만한 이유가 있는 것이다. 고려가 여진으로부터 마필馬匹 등 군수품을 얻는 대신 그들은 고려로부터 생활필수품生活必需品을 교역하여 가서 생활이 안정을 누릴 수 있었다. 이런 유대강화紐帶强化와 물자物資

39) 『高麗史』 卷81, 「志」 第35, 兵1, 五軍條. "定宗二年, 以契丹將侵, 選軍三十萬, 號光軍, 置光軍司。"

40) 『高麗史』 卷82, 「志」 第36, 兵2, 馬政條.

41) 『高麗史』 卷2, 「世家」 第2, 定宗 3年 9月條. "三年秋九月東女眞大匡蘇無盖等來獻馬七百匹及方物。王御天德殿閱馬爲三等評定其價: 馬一等銀注子一事, 錦絹各一匹, 二等銀鉢一事, 錦絹各一匹, 三等錦絹各一匹。"

의 충족으로 여진인의 산발적散發的인 침입을 방지할 수 있었다. 여기에 대하여 이병도李丙燾·남도영南都泳 등 여러 선학들이 이미 일치된 의견을 표한 바 있다. 이 고려의 말 가격은 당시 송의 시마 가격인 25민(약)과 당대의 회골마回鶻馬 가격 견絹 40필(어떤 때는 50필)과 얼마만한 차이가 있을지 상고할 방법이 없으나 적어도 자국내自國內의 이민마吏民馬를 괄마括馬할 때보다는 비쌌을 것으로 본다.

여진의 군수품이 고려에 가장 많이 공급된 시기는 현종顯宗 즉위를 전후한 때다. 이 때 거란과의 관계 악화로 일전一戰을 면하지 못하게 되자 고려의 주방어선主防禦線은 신득지新得地인 강동6주의 성채城砦가 되었다. 1010년(顯宗 元年) 요 성종이 친히 40만 대군으로 개경開京까지 침입하였으나 소득 없이 회군하고 말았다. 그러나 고려의 조약 준수를 구실로 계속적인 압력이 있었고 급기야는 내심內心을 토로吐露하여 이미 고려에 양여讓與한 강동6주의 반환문제로까지 비화되어 전쟁상태가 그치지 않았다. 이때 여진은 고려의 불안정을 기회로 많은 군수품을 고려에 공납형식貢納形式으로 교역하였다. 각종 공납물貢納物도 평정가評定價가 있었을 것이나 자료는 찾을 길이 없다. 『고려사高麗史』 현종조顯宗條에서 그들이 납공納貢한 군수품을 보면 다음 표와 같다.

연대		부족명	공납자 직명	공납자 이름	공납품	비 고
3년(1012)	2월	여진	추장	麻尸底	土馬	三十姓 子弟
5년(1014)	2월	여진		萬豆	馬	鐵利國主 那沙의 使者
9년(1018)	1월	서여진		末闕達 등	甲鍪, 馬	
〃	1월	동여진 서여진		鋤栗弗 阿主 등	馬, 甲鍪, 旗幟, 貂鼠皮	40인
〃	2월	서여진		凌擧, 渠伊 등	皮, 鐵甲, 馬	
〃	2월	동여진		猱於	馬	率部落
〃	2월	서여진		麻捫, 麻闕達 등	土馬	

연대		부족명	공납자 직명	공납자 이름	공납품	비 고
9년(1018)	4월	동여진 서여진		仇陁囉 渠逸 等	土馬, 器仗	20여인
〃	윤4월	동여진	추장	阿盧大 등	土馬	
〃	5월	동여진		那特, 烏伊弗 등	土馬, 兵器	30여인
〃	5월	서여진		陁德, 實弗 등	馬, 甲鍪	10인
〃	6월	서여진		㐒弗 등	馬, 兵仗	30인
〃	7월	동여진		烏頭朱 등	土馬, 兵仗	30인
〃	10월	동서여진	추장	鹽之渠, 伊那, 徐乙那	馬, 甲冑, 兵仗	50인
〃	12월	동북여진		阿次, 烏乙弗	馬, 兵器	14인
10년(1019)	3월	여진		阿盧大	土馬	鐵利國主의 使者
〃	7월	서여진	추장	阿羅弗	馬	率衆
〃	12월	동흑수국	추장	仇突羅	土馬, 兵仗	
〃	12월	흑수말갈		閼尸頃, 高之門 등	土馬	14인
11년(1020)	2월	동여진		黔佛羅 등	土馬	7인
〃	4월	동여진	추장	達魯	蓄米 300석	率衆
12년(1021)	1월	흑수말갈	추장	阿頭陁弗	馬, 弓矢	
〃	3월	서여진		毛逸羅, 那忽邏 등	土馬	
13년(1022)	12월	동여진	수령	史彬	馬, 弓矢	
14년(1023)	1월	흑수말갈		烏沙弗 등	馬	88인
〃	4월	여진말갈		群豆 등	土馬	70여인
15년(1024)	7월	서여진 동여진	추장	闍羅 奴乙堅	馬	
17년(1026)	윤5월	동서여진	추장		土馬, 弓弩	各率部落子弟
18년(1027)	2월	흑수말갈	歸德將軍	阿骨, 阿駕	土馬, 器仗	
19년(1028)	12월	동여진		沙逸羅 등	馬	
20년(1029)	윤2월	동서여진		阿忽沙, 一羅, 骨蓋 등	土馬, 兵器	100여인
21년(1030)	2월	동여진		毛逸羅	土馬	
〃	4월	동여진		曼闘 등	戈船4艘, 楛矢 117,600	60여인
〃	5월	동여진	奉國大將軍	蘇勿蓋 등	馬9匹, 戈船3艘, 楛矢 58,600, 器杖	

연대		부족명	공납자 직명	공납자 이름	공납품	비 고
21년(1030)	12월	동여진	寧塞將軍 柔遠將軍 歸德將軍	睦史, 阿骨 闕那 阿箇朱	馬, 鐵甲, 楛矢	
22년(1031)	1월	동여진		尼牛弗	馬, 器仗	
〃	3월	여진		沙逸羅等	土馬	40여인

위의 표에서 본 각종 군수품은 991년에 압록강 하구에 3책三柵을 쌓으면서 여진 제부의 동향은 고려와 거란에 분별회유分別懷柔되고 있었음을 보여 주고 있다. 그 예들을 살펴보면 1027년(현종 18) 이전은 공납자貢納者의 직職을 추장 또는 수령 등으로 쓰다가 이후부터는 귀덕장군歸德將軍·봉국대장군奉國大將軍·영새장군寧塞將軍·유원장군柔遠將軍 등의 고려 직첩職帖을 쓰고 있는데 이들은 이미 고려와의 교왕交往을 통하여 고려 직첩을 받고 있었음을 의미한다. 그리고 1020년(현종 11)의 경우 동여진의 검불라黔佛羅 등 7인이 고려에 가서 거란관인契丹官印 일과一顆를 고려에 바치고 아울러 토마도 헌상하였는데 이것은 거란의 직첩을 포기하고 고려에 귀부歸附함을 뜻한다. 이것은 고려에 헌상하는 것이 이익도 많았고 또 길도 가까웠기 때문인 것이다. 이것은 고려 초기에 있었던 일례이지만 문종 연간에 들어가면 많은 동여진 부락이 거란직첩을 고려에 바치고 다시 고려의 직첩을 받아간다. 이것은 여진부족들이 각기 고려와 거란에 회유되었다가 고려 쪽으로 다시 옮겨 가고 있던 것으로 볼 수 있다.

이들 여진 제부족들이 고려에 내투來投 및 귀화歸化·공납貢納한 횟수를 보면 고려 태조 초부터 인종 연간까지(금태조 건국년) 203년간 동여진·서여진·동번東蕃·서번西蕃·여진·철리국鐵利國·동북여진東北女眞·동서여진東西女眞·동흑수東黑水·흑수말갈黑水靺鞨·여진말갈女眞靺鞨·서북여진西北女眞·북여진北女眞·금金 등(동여진·동번 등 같은 부족명이 있으나 그대로 나열하였음)의 이름으로 개별 또는 함께 공납한 횟수는 약 431회(金庠基 『高麗時代史』 부록 「女眞投 · 化表」에 의함)나 되며 이 가운데 말을 공납한 것은 무려 127회나 된다. 또 공마馬貢의 내용을 보면 여러 종류의 말이 있었다. 즉 마馬가 49회, 토마가 20회, 준마가 31회, 양마가 15회, 명마가 10회, 낙치駱駝가 2회, 탁치橐駝가 1회로 나타난다.[42] 이것을 왕별로 분류 정리하면 다음 표와 같다.

왕	方物	馬	土馬	駿馬	良馬	名馬	駱駝	橐駝	기타	계
太祖 918~943									3	3
定宗 945~949	1									1
成宗 981~997									2	2
顯宗 1009~1031	16	18	16						41	93
德宗 1931~1034	26	1			1				17	45
靖宗 1034~1046	29	7	2	11	1	1	1		45	97
文宗 1046~1083	32	6	2	19	12	8	1	① 駿馬條와 중복		80
宣宗 1084~1094	5	10							3	18
獻宗 1094~1095	2	2								4
肅宗 1095~1105	10	3							29	42
睿宗 1105~1122	3	2							37	45
仁宗 1122	1									1

정상적인 교섭交涉 외에도 해륙海陸으로 계속적인 침구侵寇가 있었는데 그 횟수는 무려 185회나 된다(직접 · 간접적인 것을 합계한 숫자임). 전술한 관계들을 종합해 볼 때 송인 마단림馬端臨의 『문헌통고文獻通考』나 이도李燾의 『속자치통감장편續資治通鑑長編』에서 거란침입에 대한 고려의 격퇴擊退를 서술하기를 "詢(顯宗)與女眞合兵拒之."라고 적고 있다.

42) 南都泳, 『韓國馬政史硏究』(서울, 亞細亞文化社, 1976) 82쪽. 「馬種類表」(여진으로 부터 수입된 횟수) 참조.

4. 대거란對契丹 말 무역

여진과 거란은 지계地界가 상접相接하여 일찍부터 관계가 밀접하였다. 903년 아보기阿保機가 여진을 정벌한 것이 맨 처음의 접촉接觸이었으며[43] 927년(태종 천현[天顯] 2)에는 여진이 거란에 사신을 보내면서부터 납공이 이루어져서 이후 여진 여러 부족들은 부정기적으로 공납하고 있었다.[44] 그러나 그 공물의 내용은 말 이외에는 불명확하다.

거란 초에는 마필의 확보를 탈마奪馬에 의존한 경향이 짙었다. 즉 야율아보기耶律阿保機는 902년 40만군으로 하동河東과 대북代北을 순략巡略하고 회군하였는데 이때 빼앗은 소·양·말이 10여만이 되었고[45] 또 936년 추밀사樞密使 야율사진耶律斜軫이 정안국을 토벌하고 탈획奪獲한 마필이 20여만에 달하였다.[46] 이 몇 해 간의 정벌에서 얻은 마필이 불가승수不可勝數였는데 이것을 수초水草가 좋은 곳에 나누어 목양牧養하였다. 그 후 거란의 마필이 자연적인 증가도 있었거니와 각지에서 입공된 것도 있었다. 예를 들면 동란국東丹國이 매년 1,000필을 입공하였고 여직女直이 10,000필, 직불고直不古 등의 나라가 10,000필, 조복阻卜 및 오독완吾獨婉·척덕惕德이 각 20,000필, 서하西夏·실위室韋가 각 300필, 월리독越里篤·부아리剖阿里·오리미奧里米·포노리蒲奴里·철려鐵驪 등 제부가 300필씩 입공하였다.[47] 이상의 마필수는 거란 건국 후부터 멸망까지 계속된 것은 아니었으나 적어도 거란마契丹馬의 집적원集積源을 알 수 있는 것이다. 그런 반면에 말의 유출금지流出禁止에도 힘써 왔다. 예컨대 삭주로朔州路의 양마羊馬

---

43) 『遼史』 卷1, 「本紀」 第1, 太祖上.
44) 『遼史』 卷3, 「本紀」 第3, 太宗上.
45) 『遼史』 卷1, 「本紀」 第1, 太祖上.
46) 『遼史』 卷11, 「本紀」 第11, 聖宗2.
47) 『遼史』 卷60, 「志」 第29, 食貨志下.

가 송으로 유출되는 것과 토혼吐渾 · 당항마党項馬가 서하로 유출되는 것을 금하고 있었다.[48] 이로 말미암아 거란의 마필수가 증가되어 무려 백여만이나 되었다. 이것은 거란 태조 이래 흥종興宗까지 200년간 군목群牧이 간단間斷없이 성황盛況을 이루었음을 볼 수 있다. 마필의 배치는 조종祖宗의 구제舊制에 따라 늘 남정마南征馬 수만 필을 선정하여 웅雄 · 패覇 · 청淸 · 창滄 간에 목양토록 하여 연운지방燕雲地方의 군사적인 사건에 대비하고 있었고, 또한 수만 필을 선정하여 사시수렵四時狩獵에 썼으며 그 밖의 것은 여러 곳에 나누어 방목放牧하였다. 만기晩期에는 금과의 전역戰役에서 전마의 10중 6~7을 상실하고, 또 공마貢馬도 전세 불리에 따라 자연 없어지자 말 가격이 수배나 뛰어서 말을 살 수가 없을 지경이었다. 이렇게 말 가격이 등귀騰貴하게 되자 여러 목장에서 사사로이 밀매密賣를 하기 시작하였다. 이로 말미암아 사냥용도 부족하였다.[49]

비록 거란의 마필이 많다고 하지만 그들의 병제상兵制上 모두 소용所用이 되어 온 것이다. 거란의 병제를 일별一瞥하면 15세 이상 50세 이하의 백성들은 모두 병적兵籍에 들어 있어야 하며, 정군正軍 1인의 군비軍備는 말 3필, 타초곡打草穀 · 수영포가정守營鋪家丁 각 1인을 요하였으며, 장비裝備는 철갑鐵甲 · 궁전弓箭 · 장단쟁長短鎗 · 골타錍𨱔 · 부월斧鉞 · 소기小旗 · 추추鎚錐 · 화도석火刀石 · 마우馬盂, 사麨 1말, 사대麨袋 · 탑구搭鉤 · 전산氈傘 각1, 미마승縻馬繩 200척이었다.[50] 이런 장구裝具는 모두 자비自費로 갖추게 되었다. 이들의 흥사규모興師規模는 통상 40만 이상이었음을 볼 때 소요되는 마필은 적어도 120만 필은 되어야 한다는 것이다.

---

48) 위와 같음.

49) 同上

50) 『遼史』 卷34, 「志」 第4, 兵衛志上.

여진은 거란에 대하여 시종 호의적인 것만도 아니었다. 985년 정안국 및 인근 여진이 소탕掃蕩되고 그로부터 6년 후인 991에 거란이 압록강 하구에 3책을 쌓아 여진의 대송통로對宋通路를 막아버리자 일부의 여진이 거란을 못마땅하게 여겨오던 터였으나 1010년(현종 원년) 고려의 화주어사和州禦使 유종柳宗이 화주和州에 온 여진인 95인을 모두 살해한 사건이 터지자 여진은 태도를 바꾸어 거란에 밀착하여 갔다. 그해에 여진은 거란에 말 10,000필을 바치고 거란의 고려원정高麗遠征에 종정從征까지 청원請願하고 나선다.[51] 일부의 여진은 거란과 고려전高麗戰에서 고려 쪽에 계속 군수품을 수출하였지만 고려에 반감을 가진 일부는 거란으로 수출하였다. 1018년(현종 18) 거란 동평군왕東平郡王 소배압蕭排押이 고려에 침입하였다가 소위 다타하茶陀河의 역役에서 대패하자 거란은 고려정벌을 포기하였고, 더욱이 1033년(덕종 2)에 고려가 북비北鄙에 천리장성千里長城을 완축完築하고 대북방방어對北方防禦에 만전을 갖추게 되자 고려는 그전처럼 여진말을 수입할 필요가 없어졌다. 뒷날 윤관尹瓘이 여진정벌에 대해 우리가 기병이 아니어서 패전하였다고 말한 것을 보면 그동안 기병양성騎兵養成을 하지 않았음을 짐작할 수 있다.

이때부터 여진마의 수출은 거란에만 의존한 것으로 보인다. 거란은 고려와의 전역戰役이 일단락되자 그들의 전쟁발동戰爭發動은 남서방南西方으로 옮겨 갔다. 흥종이 즉위하자 마치 고려에 패하여 타락墮落된 위신을 남서南西에서 되찾으려는 듯 첫 번째로 송에 전사를戰事을 일으키려 하였다. 마침 송이 서하와의 전쟁으로 지친 것을 기회 삼아 남북원대왕南北院大王과 모의謀議하여 관남10현關南十縣을 취할 것을 결정하였다. 그리하여 1042년(중희[重熙] 10) 한림翰林 유륙부劉六符를 송에 보내어 주周 세종世宗 때 상실하였던 와교관瓦橋關 이남 10현 고

---

51) 『遼史』 卷15, 「本紀」 第15, 聖宗 統和 28年 10月 1日條.

지故地를 찾게 되었다는 것과 서하를 정벌한 이유를 묻고 또 송·거란 변경邊境에 병수兵戍을 늘인 것을 문제 삼았다. 결과는 전쟁이 아닌 증폐增幣로 끝났지만 거란은 일단 군비軍備를 갖추었던 것이고, 또 두 해 뒤인 1044년(중희 13)에는 서하 정벌을 단행하였던 것이다. 이때에도 흥종이 친정親征을 하였으니 흥사규모는 컸던 것이다. 그 다음 대代인 도종道宗 때도 내외內外에 사건이 계속되었다. 즉 초년에는 황태숙皇太叔 중원重元의 난을 치렀으며, 1074년(함옹[咸雍] 10)에는 송과의 획계교섭劃界交涉 등이 있었다. 이와 같은 일련의 사태와 관련하여 볼 때 흥종·도종 때에 와서도 전마의 필요성은 감소되지 않았다. 『요사』에 의하면 이때 여진 제부가 거란에 입공하는 말이 늘고 있음을 볼 수 있다. 흥·도종 이전은 입공의 빈도도 적었지만, 다만 '공물'이라고만 기록되었을 뿐 구체적인 내용이 없었으나 이후부터는 입공의 빈도도 높고 반드시 공물내용貢物內容을 명마라고 밝히고 있다. 이것은 거란이 마부족馬不足 상태에서 여진마를 필요로 하였기 때문인 것으로 간주된다.

거란의 마필확보는 우선 축목畜牧에 있었지만 초기에는 탈마奪馬와 시마市馬에 힘입은 바가 크다. 탈마의 예로는 전술한 바와 같이 985년 정안국을 치고 말 20만 필을, 902년에는 하동과 대북을 순략하고 소·양·말 10여만 필을, 916년에는 돌궐突厥·당항党項 등을 치고 타마우양駝馬牛羊을 빼앗은 일이 있었다. 또 시마의 예로 1012년 7월 당항이 반하자 군사를 보내어 이를 평정하고 제군諸軍에 하조下詔하여 비마肥馬를 사도록 명한 일이 있다.52)

52) 王圻, 『續文獻通考』 卷之165, 「兵考」, 馬政. "開泰元年七月, 以伐党項, 詔諸軍, 各市肥馬。"

5. 맺음말

여진은 10세기 내지 11세기의 가변적可變的인 동아국제정세東亞國際情勢를 잘 간파하여 군수품인 말을 정치 · 경제면에 적절히 이용하였다. 상대국의 정세변동에 따라 공납형식의 공사무역公私貿易을 진행한 것으로 보이는데 초기에는 송, 중기에는 고려, 만기에는 거란과 거래하였다.

송 건국 초에는 천하가 미정未定되어 해내일통에 전심專心하기 바빴고, 태종 때에는 북한과 거란과의 전역을 치르느라고 상당히 많은 전마가 소요되었다. 그러나 국내마國內馬로는 수요를 충당치 못하여 서마西馬 · 천마川馬 · 여진마까지 수입하였다. 그러나 변방수비邊防守備와 전역으로 군액이 늘어나는 반면 마수입로馬輸入路는 점점 끊겨져 갔다. 즉 991年에는 거란에 의하여 여진마 수입로가 막히고 1032년에는 서하의 건국으로 서마의 수입도 원활치 못해갔다. 이런 원인들로 말미암아 송의 마필 확보는 점차 어려워져 갔다.

송 초의 최대 적대국은 거란이었는데, 이 거란과 접경하고 있는 지역은 거의가 하북의 평원지대였다. 이런 평원에서 전역을 치르자면 자연 키가 크고 강인한 말이 필요하였을 것으로 생각된다. 송의 여진마 수입기준도 제지역에서의 수입기준인 신고身高 4척 2촌에서 4척 6촌, 마령馬齡 3세에서 13세까지였을 것으로 간주된다. 또 말 가격은 5등급으로 나누어 지불받았는데 최하등最下等은 20민, 최상등最上等은 50민으로 거래되었다. 수량은 연 10,000필이었으며 여진은 이 말의 대가로 생활필수품을 바꾸어 왔다.

고려는 후삼국 통일과정에 이미 상당한 수량의 마필을 요하였기 때문에 여진은 대량의 말을 수출하고 있었다. 그리고 정종定宗 때에도 거란침입을 우려하여 광군을 조직하면서 여진마를 수입한 사실도

산견된다. 그러나 말과 더불어 본격적인 군수품 수입을 행한 것은 현종 때이다. 여진은 고려의 북강개척北疆開拓으로 거지居地를 잃은 일도 있어 일부는 반항도 하였지만 대체적으로 협조적 입장에서 군수품 무역을 행하였다.

여진이 고려에 수출한 말은 기록에 따르면 마·준마·명마·토마 등으로 나타난다. 이로 보아 고려에 수출한 말은 송과는 달리 여러 종류의 말이 수출되었던 것으로 보이며 시기는 부정기적이었고 수량은 국초國初의 예를 보아 연 10,000필로 간주되며 말 가격은 등급에 따라 달랐는데 1등은 은주자 1사와 금견 각 1필, 2등은 은발 1사와 금견 각 1필, 3등은 금견 각 1필이었다. 여기에서 3등은 1~2등에 비하여 가격차가 심한 것으로 보아 토마와 같은 것일 수도 있다. 이런 말 가격은 당대의 회골마가回鶻馬價가 필당匹當 견絹 40필이었는데 비하면 아주 싼 값이라 생각된다.

거란에 대한 말 수출에도 필경 마매馬買나 신고身高에 따른 등급이 있었을 것으로 간주되지만 기록은 없다. 다만 연 10,000필 정도의 마필이 거래되었다는 사실만은 명백한 일이다. 여진이 본격적으로 거란에 말 수출을 행한 것은 대송·고려의 수출길이 막히면서부터였다.

여진의 무역을 시기에 따라 살펴보면 전시에는 말을 주종품主宗品으로 하는 군수품이 주였고, 평화시에는 북주北珠·응鷹·초피貂皮 등이 중요품목이었다.

참고문헌

『魏書』

『新唐書』

『遼史』

『宋史』

『金史』

『高麗史』

『世祖實錄』

『宋會要輯稿』

『十三經注疏』

『玉海』

徐夢莘, 『三朝北盟會編』, 臺北, 文海出版社, 1962.

王圻, 『續文獻通考』

李燾, 『續資治通鑑長編』

高士嘉, 「東北的資源」, 『東北論文集』, 中國文化學院東北研究所, 1966.

今西龍, 『朝鮮史の栞』, 東京, 國書刊行會, 1940.

金庠基, 『高麗時代史』, 서울, 東國文化社, 1961.

______, 『東方文化交流史論攷』, 서울, 乙酉文化社, 1954.

金渭顯, 『契丹的東北政策』, 臺北, 華世出版社, 1981.

南都泳, 『韓國馬政史研究』, 서울, 亞細亞文化社, 1976.

王國維編, 『蒙古史料四種』, 臺北, 正中書局, 1975.

劉義棠, 『中國邊疆民族史』, 臺北, 臺灣中華書局, 1971.

李龍範, 「麗丹貿易考」, 『東國史學』 3, 1955.

札奇斯欽, 「談元代的馬政」, 『宋史研究集』 第五輯, 1970.

Edwin O. Reischauer, John K. Fairbank, East Asia: The Great Tradition.(全海宗·高柄翊 譯, 『東洋文化史』, 乙酉文化社, 1971.)

John K. Fairbank, Trade and Diplomacy on the China Coast (Harvard University Press, 1953).

III

여진 해적 '도이刀伊'

1. 머리말

한국과 육지나 물이 맞닿은 지역 중에서 고금의 지명과 인명이 서로 상충되게 나타나는 경우가 적지 않다.

먼저 10~11세기에 있어서는 고려와 요·금의 관계에서 많은 문제가 있었다. 예를 들어 『고려사高麗史』에 나오는 동여진東女真이 『금사金史』에는 갈뢰전曷懶甸으로, 서여진西女真은 압록강여진鴨綠江女真으로 기재되어 있다. 또 같은 부족이라도 고려 초기와 고려 중기의 칭호가 달랐다. 이를테면 동여진은 동번東蕃으로, 서여진은 서번西蕃으로, 북여진·서북여진 및 동북여진은 각각 북번北蕃·서북번西北蕃 및 동북번東北蕃으로 불리어졌다. 이렇게 부족 명칭이 바뀐 것은 특별한 원인이 있어서가 아니다. 그리고 이 글에서 논술하고자 하는 '도이刀伊'도 일본에서는 흔히 '도이적刀伊の賊'이라고 한다. 도이적刀伊賊은 한

국어로 '되doi'와 '적賊'이 합성된 것이다. 욕심을 부리며 까닭 없이 트집을 잡는 무뢰한을 되적doi 賊이라고 하고 어떤 때에는 중국인을 되놈doinom이라고 할 때도 있는데, 모두 이 용어가 와전되고 혼동된 결과이다. 『국어사전』에는 '도이적'을 옛날 도문강圖們江 북안과 그 부근에 살던 미개한 부락이라고 해석해 놓았다. 사전의 낱말 풀이는 옳아야 한다. 그러나 사전에서 북방민족들에 대한 잘못된 해석은 도이 한 단어에 그치지 않는다. 예를 들어 강족羌族의 강羌을 '도이강刀伊羌'이라고 하는데, 강羌의 뜻은 '서북방의 부족명'으로 수정되어야 한다. 같은 예로 이夷는 동방 오랑캐(중국어로 '蠻夷'라는 뜻)로, 만蠻은 남방 오랑캐로, 융戎은 서방 오랑캐로, 적狄은 북방 오랑캐로 해석해 놓았다. 그럼 여기서 오랑캐는 무엇일까? '옛날 만주 지역에 살던 일부 여진족,'[1]이라거나 "야만적이고 미개한 종족을 포괄하는 멸칭蔑稱으로 외이外夷·융적戎狄·융이戎夷·이적夷狄·도이刀伊·호적胡狄 등이 있다."가 정확한 해석일 것이다. 그러나 어원으로 본다면[2] 이 해석은 그다지 정확하지 않다. 오랑캐는 요동지역과 압록강 및 두만강 일대에 거주하면서 농경생활을 한 올량합兀良哈(Orangke)을 가리킨다. 요동변장遼東邊牆 부근에서는 농경과 목축을 하던 종족을 올적합兀狄哈(Wudike)[3]이라고 지칭했다. 이렇게 와전訛傳되고 오전誤傳된 결과가 잘못된 채로 계속 이어 사용되고 있는 것이다.

이 글에서 다루게 될 도이 역시 여진족의 일부인 동여진이다. 이들은 고려와 밀접한 관계에 있어서 삼한三韓 통일전쟁 시기에는 동여진 기병 9,500명이 참전하여 고려의 승리를 도왔다. 현종顯宗 때는 거란과 전쟁을 하던 시기였는데, 고려에 대량의 군수품 보급이 필요해짐

1) 김구진, 「여진사회 농경노예 연구」, 『북방민족사연구』, 북방민족사학회, 1995, 136쪽.
2) 위 논문, 136쪽.
3) 위 논문, 136쪽.

에 따라 동여진으로서는 고려로부터 구하던 생활필수품이 보장되지 않자 마침내 도이가 고려 동해안을 침범하여 약탈을 진행하였던 것이다. 이러한 약탈은 고려 동해안 지역에 국한되지 않고 일본 남해안까지 파급되어 많은 인구와 재물을 쓸어갔다. 그 후 고려 수군의 소탕으로 도이적들이 바다로 나와 약탈하기가 점점 더 어려워지자 마침내 약탈 목표를 바꿔 고려 내륙의 고을들을 노략질했다. 고려 숙종肅宗과 예종睿宗 때에 완안完顏 세력이 남하하여 국경을 넘어오는 소란이 일어나자 고려는 대대적인 토벌전을 벌여 결국 새로 개척한 땅에 9성을 쌓았다. 그러자 오아속烏雅束(아골타의 형)은 한편으로는 공세적 태도를 강화하고 다른 한편으로는 평화회담 수단을 진행함으로써 고려가 9성을 방어하기 어렵게 했다.

이 글에서는 도이의 실체와 그 활동 및 구성 그리고 배를 건조하게 된 배경 등을 살펴보고자 한다.

2. 여진과 동여진

(1) 여진

먼저 여진의 이름을 살펴보기로 한다. 여진이라는 이름은 『요사遼史』에 나타난다. 당나라 소종昭宗 천복天復 3년(903)에 요 태조 야율아보기耶律阿保機가 대질렬부大迭烈府 이리근夷離菫으로서 요동의 여진부女眞部를 공략하여 여진 300호를 사로잡은 것이 첫 번째 기록이다.[4] 그로

4) 『遼史』 卷1 「本紀」 第1, 太祖上; Jing-Shen Tao, *The Jurchen in twelfth-century China*, Seattle, The university of Washington press, 1976, p.18; 홍호(洪皓)는 『松漠記聞』에서 칭하기를 "黑水部自唐朝以來便未間斷朝貢。五代始稱女真。" 이라 하였다.

부터 3년 뒤인 906년에 야율아보기가 요동 여진의 잔여 세력을 격파했다는 기록이 있다.[5]

들은 바에 따르면, 여진의 명칭은 원래 여진이 아니라 주리진朱里眞이며 훗날의 여진女眞으로 와전되었다고 한다.[6] 그러나 여진이라는 명칭 외에도 여정女貞·주리진朱理真·여진慮真·주아지主兒扯·주리선朱理先·철아적徹兒赤·주선朱先 등의 호칭이 있다.[7] 이렇게 와전된 원인은 여진이라는 음이 한자로 표기되는 과정에서 생긴 오기誤記일 가능성이 있다. 이외에 여직女直이라는 명칭이 널리 사용되었는데, 요나라 사람들은 주로 여직이라고 했다. 따라서 『요사』와 요대의 사료들은 모두 여직으로 기술되어 있다. 이는 이른바 피휘避諱를 위해 글자를 고쳐 썼기 때문이다. 즉, 요 흥종興宗의 휘인 종진宗眞의 진眞을 피휘하기 위해 여진을 여직으로 고쳐 쓴 것이다.[8] 그러나 고려와 송나라 기록에는 동일하게 여진이라는 명칭을 사용했다.

다음은 여진족女眞族의 족계族系를 연구 검토하고자 한다. 대체적으로 여진족은 고대 숙신국肅愼國에서 기원하였으며, 시대의 변천에 따라 그 명칭도 끊임없이 변화하였다고 여겨진다. 처음에는 여진을 숙신이라 불렀고 동한東漢 때에는 읍루挹婁가 되었다. 원위元魏 때는 물길勿吉, 수당隋唐 때는 말갈靺鞨이었는데, 이 말갈은 모두 6부이고 그 중에 하나가 흑수부黑水部, 즉 훗날의 여진이었다. 환언하면 숙신은 읍루, 읍루는 물길, 물길은 말갈, 말갈은 다시 발전하여 여진으로 변모하였다. 이후 요나라 때는 생여진生女眞·숙여진熟女眞으로 불렸다. 거란에 등록된 여진 부족을 숙여진이라 불렀고 다른 여진족을 생여

5) 『遼史』 卷1 「本紀」 第1, 太祖上。

6) "金國本名朱里真, 蕃音訛爲女真"(『北風揚沙錄』 卷3, 重和二年正月丁巳條, 徐夢莘 『三朝北盟會編』, 臺北: 文海出版社, 1962)。

7) 李學智, 「釋女真」上, 『大陸雜志叢書』 第1輯 五冊, 174쪽.

8) 앞과 같다.

진이라 불렀다.[9] 또한 여진족의 구성에 대하여 단일래원과 복합래원의 주장이 제기되었다.

단일래원을 주장하는 기록은 『금사』와 『송막기문松漠紀聞』 등의 사적史籍에서 볼 수 있으며, 이 학설에 찬동하는 중화민국 초기의 푸스니엔傅斯年은 "지금 우리들이 여진의 언어를 알고 있으므로, 즉 기록에서 숙신의 족속을 짐작할 수 있다. 여진은 동북의 여러 민족 중 하나의 지파일 뿐이다. 이 족속은 말갈 때부터 커졌는데 그 이전에는 동북에서 중요한 민족은 예맥濊貊이었지 여진이 아니었다."[10]라고 말했다. 진위푸金毓黻 역시 『금사』·『문헌통고文獻通考』·『대금국지大金國志』 등의 사료 기록을 보면서 "여진의 선조는 흑수말갈에서 나왔고 생여진·숙여진으로 나뉜다."라며 찬동하고 있다.

그러나 복합민족설을 주장하는 학자도 있다. 이나바 군잔稻葉君山은 발해渤海 유민과 흑수말갈이 여진을 구성했다고 여겼다. 그는 『만주발달사滿洲發達史』에서 "장백산 동서 지역에는 불가피하게 반독립국의 존재가 용인되었다. 이 반독립국은 어떠한 민족들인가? 거란의 지배를 받게 된 발해 유민 같은 경우와 흑수말갈 부족 등이 모두 이것이다. 그리하여 '여진'이란 이름이 출현했다."[11]라고 설명한다.

자오젠지趙振績도 여진 족계가 다원적으로 형성되었다고 보았다. 그는 「여진족계고女真族系考」라는 논문에서 "전통역사기록에 의하면, 여진족은 선진先秦 시기의 숙신이 원뿌리이며 한위漢魏 때 읍루, 남북조南北朝 때 물길, 수당 때 흑수말갈, 원명元明 때 여진, 근대에 만주족

9) 金毓黻, 『東北通史』, 臺北: 洪氏出版社 1977年版, 491쪽. 홍호(洪皓)는 『송막기문』에서 "혼동강 남쪽에 사는 이들을 숙여진이라 하는데 거란에 복속되어 있다. 강의 북쪽에 있는 이들이 생여진인데 역시 거란에 신속하였다(居混同江之南者謂之熟女真, 以其服屬契丹也, 江之北爲生女真亦臣於契丹)"라고 하였다.

10) 傅斯年, 『東北史綱』 第1卷, 「古代之東北」, 1932, 5쪽.

11) 稻葉君山, 『滿洲發達史』, 東京: 大阪屋號出版部, 1915, p.151쪽.

滿洲族으로 이어진다. 그러나 역사적 사실이 모두 그런 것은 아니어서 …… 여진족의 근원은 다원적인데, 오고부烏古部·고려高麗·흑수말갈黑水靺鞨과 같은 경우도 있다."[12]라고 하였다.

필자도 이러한 복합 민족설에 찬성한다. 요나라 때의 여진이 단일 민족에서 유래했다고 볼 수 없다. 아래의 몇 가지 예를 보자. 우선 지역적으로 보면, 수천년 동안 백산白山·흑수黑水의 수천리 지역에 어찌 여진 한 족속만 살았겠는가? 원래 여진인은 발해에 계적系籍되어 있었다. 10세기에 이르러 발해가 요나라에 의해 멸망되었고 여진족은 생존을 위해 일부는 거란에, 일부는 고려에 의부依附하였으며, 압록강여진을 비롯한 몇몇 여진 부락은 5대 및 송나라와 서로 왕래하였다.

그들은 교역을 주목적으로 하였던 듯하다. 『고려사高麗史』·『요사』·『금사』에 나타나는 여진부는 압록강여진·삼십성여진·갈뢰여진 등이다. 『고려사』에서는 압록강여진을 서여진, 갈뢰여진을 동여진, 삼십성여진을 북여진 혹은 삼십성여진이라고 한다.

그러나 10세기 이전에는 여진부女眞部로만 불렸던 것 같다. 이후 여진의 활동 범위가 나날이 넓어지면서, 동북에 사는 부족을 통칭하여 여진이라고 하였다.[13] 예를 들면, 『요사』에서는 압록강 중류 지역에 발해 유민이 세운 정안국定安國을 여진으로 기록하고 있다. 그러나 송나라는 정안국이라고 불렀지만, 『송사』에서는 발해의 국가로 기록하고 있다.

---

12) 趙振績, 「女眞族系考」, 『中國歷史學會史學集刊』 第7期, 1975, 187쪽.

13) 楊循吉, 「遼小史」, 『遼海叢書』 第1集, 卷1에는 "대대로 동해가에 살며 고려의 북쪽에 있다. 72개 부락이 있는데 서로 통제하지 않는다 …… 그들 사이에 대군장이 없이 산과 골짜기 사이에 흩어져 살며 각자 그 가문을 위주로 ……."(世居東海上, 而在高麗之北, 有七十二部落, 不相統制 …… 其間無大君長, 皆散居山谿之間, 各推其家以爲主……)라고 되어 있다. 金渭顯, 『契丹的東北政策』, 臺北: 華世出版社, 1981, 64쪽.

둘째는 아래에서 논의하고자 하는 완안부完顔部인데, 완안부의 주력 씨족은 원래 여진인이 아닌 신라인(또는 고려인)이었다. 이들은 신라가 멸망한 후 유민들이 북쪽으로 이주하여 여진화된 부족들이었는데, 이들은 나날이 여진 제부에 군림하여 마침내 여진 전역을 통일하고 금나라를 건국하게 되었다.

이 몇 가지 예만 보아도 여진은 단일민족이 아니라 복합민족이었다. 당시의 많은 사료들을 고증해 보면, 발해시대에는 흑수말갈을 여진이라 하였으나, 발해가 멸망한 후에는 발해 유민을 통칭하여 여진이라 하였던 역사적 사실을 잘 알 수 있다.

(2) 동여진

동여진 · 서여진 또는 동번 · 서번이라는 명칭은 고려에서만 사용되었는데, 그중에서도 동여진은 또 갈뢰曷懶라고도 지칭하였으며 때로는 완안부를 포함하기도 했다.[14]

고려 태조 초년에 삭방朔方의 윤선尹瑄이 고려에 귀부歸附하자, 적지 않은 여진인들이 뒤따라 귀부하였다.[15] 비록 자세한 귀부 기록은 없지만, 고려가 후백제를 정벌할 때 여진부족 기병이 대거 참전하였다는 정황으로 미루어 짐작할 수 있다. 그러나 진정한 교섭은 성종成宗 13년(994) 거란의 제1차 고려 정벌 이후 강동 6주江東六州를 고려에 할양하면서 시작되었다. 고려는 새로 얻은 이 지역을 태조 이래 갈망하던 북진정책北進政策의 기지로 삼아 서쪽으로 거란을 방어하는 요충지로 삼고 거란과 동여진의 교통을 차단하는 역할을 함으로써 동서여진에 은위恩威를 베풀어 자신의 동서번東西蕃으로 삼았다. 몇 마디 덧붙이자면, 이 강동 6주는 동북여진을 다스리는 중요한 기지였기 때

14) 『高麗史』 卷12. 肅宗八年七月甲辰條, 東女真太師盈歌遣使來朝.

15) 『高麗史』 卷1. 太祖元年八月庚戌條.

문에 후에 거란과의 분쟁이 끊이지 않았던 지역이라 할 수 있다. 거란은 여진과 고려를 통제하는 전진기지로 삼으려 했고, 고려에게는 북진정책을 펴기에 가장 적합한 기지였기 때문에 거란과 오랫동안 씨름하며 점유해 왔다. 고려가 거란과의 기지 쟁탈전에서 승리를 거둔 후, 많은 여진인들이 고려에 몰려와 번속藩屬을 원하자 고려왕조는 여진인의 내조인來朝人 수를 정하고 거란직첩契丹職帖을 가진 여진인을 고려직첩高麗職帖으로 교체하는 등 한때 기미권羈縻權을 장악하는 데 성공했다. 동여진과 고려의 교섭 내용을 살펴보면 대체로 다음과 같다.

동여진이 고려에 입공入貢하기 시작한 시기는 정종定宗 3년(948)이지만 본격적인 입공은 현종 2년(1011)에 시작되었다. 그 상황을 분류하면, 크게 세 가지로 요약할 수 있다. 첫째는 공물을 바치는 것이고, 둘째는 입조入朝만 하는 것이며, 셋째는 아예 귀화하여 오는 것이다. 그런데 이 입공의 특징은 그 시기가 고정되어 있지 않다는 것이다. 때로는 정월 · 2월 · 3월의 봄철에, 때로는 5월이나 8월에 입공을 하기도 하였다. 이는 그들의 공물이 주로 동물의 가죽이므로 겨울에 사냥하여 말린 후 이듬해 봄철에 입공하러 오기 때문일 수 있다. 5월에 입공한 것은 어찌된 영문인지 모르지만, 8월에 입공한 것은 말을 조공하기에 가장 적절한 시기였기 때문일 것이다. 이뿐만 아니라 공물을 바친 자의 신분도 일정하지 않다. 그러나 대개는 추장임을 밝히고 있으나, 간혹 신분을 표시하지 않고 이름만 있는 경우도 있다. 그럼에도 불구하고 이들 역시 부족의 지배층이었다는 추정이 가능하지만 확실한 증거는 없다. 그러나 현종 연간에 이르러서는 점차 고려의 관직을 받은 여진인들이 왕래하여 입공하게 된다. 그리고 가져온 공물은 주로 말 · 기장器仗 · 병기兵器 · 갑주甲胄 · 궁시弓矢 · 궁노弓弩 · 과선戈船 · 갑무甲鍪 · 철갑鐵甲 · 화살 등의 군수품과 담비가죽貂鼠皮 · 날다람쥐가죽靑鼠皮·초피貂皮·금 등의 토산품이었고, 고려가 반대로 보내는 물품은 의물衣物·소·금백金帛·기명器皿·포백布帛 등의 생활 필수품들이었다. 또한 여러 국왕별로 재위기간 중의 입공 횟수를 살펴보면 정종定宗 연간 1회, 현종 연간 31회, 덕종 연간 12회, 정종靖宗 연간 32회, 문종 연간 63회, 순종 연간 1회, 선종 연간 13회, 헌종 연간 1회, 숙종 8회, 예종 4회가 된다. 앞에서 설명한 바와 같이 현종 연간에 입공 횟수가 급증한 것은 거란과 여진을 둘러싼 전쟁에서 고려가 최종적으로 승리했음을 의미한다. 『요사』를 통하여 이 시기에 여진이 거란에 입공한 정황을 살펴보면, 태종太宗 연간 39회, 목종穆宗 연간 5회, 경종景宗 연간 4회, 성종聖宗 연간 40회, 흥종興宗 연간 4회, 도종道宗 연간 24회이다. 거란에 대한 이러한 입공 횟수는 동서여진·철리鐵利 등 동북의 모든 여진 대소부족의 공물 헌납 횟수가 포함되어 있는데, 이는 동여진 사람들이 고려에 입공한 횟수와 비슷하므로 고려가 여진에 대한 기미권을 실질적으로 장악하였다고 볼 수 있다. 입공납의 또 다른 특징은 조공을 바치러 올 때, 몇 명의 입공자入貢者 대표만 오는 것이 아니라 추장이 소속 부중部衆을 거느리고 고려에 입공하는 것이 일반적이어서 입공자 수가 수백 명에 이르기도 했다.

고려는 이들을 회유하는 수단으로 관직을 내려 주었다. 고려의 입장에서는 동서여진 추장에게 고려 관직을 제수하고 고려에 복속시켜 공물을 받은 다음, 속민屬民의 생활을 돕기 위해 생필품을 공급하는 합리적이고 적절한 방법으로 회유를 하였다. 또한 경제적인 측면에서는 일종의 공개무역公開貿易으로 볼 수 있는데, 변민邊民들에게 생활필수품을 공급하여 변민의 생활을 안정시켜 줌으로써 변방의 불안요인을 미연에 방지할 수 있었다. 여진의 입장에서 보면, 고려에 입공하는 주된 목적은 고려로부터 생필품을 얻는 것뿐만 아니라, 적극이 일어났을 때 고려의 힘을 빌려 자신들의 안전을 도모하는 것 또한 하나의 목적이었다. 그러나 이들은 이해득실에 따라 거란에 입공하여 벼슬을 받기도 하였는데, 이러한 이중 활동을 하는 여진에 맞서 현종 말기에 고려에서는 거란과는 표면적으로는 평화를 유지했지만 실제로는 여진을 기미羈縻하기 위하여 지속적인 암투를 벌여왔다. 예컨대 현종 17년(1026) 4월에, "거란이 어원판관 야율골타를 보내 장차 동북여진을 치고자 길을 빌려주길 요청하였으나 허락하지 않았다."[16]라고 한다. 여진에 대한 회유도 무조건적인 것이 아니었으며, 거란의 벼슬을 받은 자에 대하여는 그 직첩을 제출한 후에야 고려의 벼슬을 내려주었다. 예를 들어 정종 2년(1036) 4월에 동여진 수령 태사太師 아도간阿道間이 원래는 거란 태사의 벼슬을 얻었으나 고려에 귀부하기 위해 그 거란의 직첩을 고려에 갖다 바친 후에 다시 고려로부터 정보正甫의 직책을 받았다.[17] 문종 8년(1054) 10월 동여진 니다불尼多弗·실빈實彬·염한鹽漢·비단比丹·마리불摩里弗 등이 원래는 거란의 벼슬을 받았으나 고려로 귀향하기 위해 다시 고려직첩高麗職牒으로 바꾸었다. 문종 33년(1079) 4월에는 서여진의 수우나須于那 등 6인이 와서 내조來朝를 하여 거란의 직첩을 갖다 바치고 고려의 원보 관직을 고쳐 받았다.[18] 예종睿宗 원년 2월에는 북여진 추장 고란高亂·아어대阿於大 등 42명이 내조를 했는데, 마찬가지로 거란의 직첩을 갖다 바치고 고려의 벼슬을 받았다.[19]

때로는 고려로부터 벼슬을 받고 고려의 혜택을 받은 자가 배반행위로 체포되는 일도 있었다. 예를 들면 정종 3년(1037) 2월에 사이라沙伊羅

---

16) 『高麗史節要』 卷3, 顯宗元文大王十七年四月條, "契丹遣御院判官耶律骨打, 來請假途, 將東北女真。不許。"

17) 『高麗史』 卷6, 靖宗二年四月乙丑條。

18) 『高麗史』 卷9, 文宗三十三年四月條。

19) 『高麗史』 卷12, 睿宗元年二月辛卯條。

등이 일방으로는 고려의 은택恩澤을 누리면서도 다른 한편으로는 거란과 통하였는데, 일이 발각되어 일당 55명이 고려에 체포되었다.[20] 때로는 체포되어 고문을 당하는 일도 발생하였는데, 숙종 8년(1103)에는, "추장 허징과 나불 등을 꾀이 잡아서 광주에 가두고 고문하였는데 과연 우리를 도모하려고 했다(誘執酋長許貞與羅弗等, 囚廣州拷問, 果謀我也)."라고 하였다.[21] 이런 일들을 종합하면 당시 여진을 통제하기 위해 엄청난 힘을 쏟았다는 결론을 내릴 수 있다.

관직의 수여에도 그 등급이 존재하였으며, 문무관직별로 직첩을 하사하였다. 하사된 관직명은 정보·정조正朝·좌윤左尹·원윤元尹·중윤中尹·원보元甫·대상大相·대광大匡·정위正位 등의 문관직과 영새장군寧塞將軍·유원장군柔遠將軍·귀덕장군歸德將軍·회화장군懷化將軍·봉국장군奉國將軍·태국대장군泰國大將軍 등의 무관직이 있었으며, 귀순주歸順州의 총관리자를 도령都領이라 하였다. 벼슬을 내리는 범위를 고찰해 보면 대체로 동서여진 추장으로 한정되었고, 또한 국토를 넓힌 유공자에 대하여 표창하고 장려했으며, 수시로 등급을 높여주거나 작위를 고쳐주었다.

3. 도이적의 활동

(1) 도이의 실체

도이는 '칼을 지닌 무리'라는 뜻이다. 동북아시아에서는 무기를 가진 것을 특징으로 하여 그 종족 이름을 붙인 사례가 몇 건 있다. 이夷

20) 『高麗史』 卷6, 靖宗三年二月乙未條。
21) 『高麗史節要』 卷7, 肅宗明孝大王八年條。

는 큰 활을 잘 쓰는 집단을 말하고, 거란은 칼을 지닌 무리를, 돌궐突厥은 투구 모양의 산(금산金山, 즉 Altai) 밑에 사는 무리를 일컫는다. 고려에서는 도이를 동여진적東女眞賊 또는 동번해적東蕃海賊이라 불렀다. 그렇다면 그들은 과연 실제로 칼을 차고 다녔을까? 지금까지 이들이 사용했던 칼이 발견되었다는 보고는 없으나, 이들이 살았던 지역에서 출토된 발해시대의 칼이나 제철 유적지로 미루어 짐작할 수는 있다. 이들이 무기로 사용했던 칼은 장도長刀였을 것이다. 장도가 출토된 곳은 청해淸海 토성 유적 및 함경남도 함주군과 함흥시 덕산동이다. 또한 야철冶鐵 유적도 여러 곳이 있으나 광석鑛石의 출산지가 어디인지는 단정하기는 어렵다. 어쨌든 야철 유적이 있는 지역은 옌볜조선족자치주延邊朝鮮族自治州 왕칭현汪淸縣의 까오청꾸청高城古城, 푸쏭현撫松縣 씬안新安 및 러시아 연해주 지역 일대의 니꼬라에브-2 도시유적에서 모두 10곳의 연철로煉鐵爐 시설이 출토되었다. 그리고 칼을 만드는 과정에서 질 좋은 고탄소강高炭素鋼을 사용했다고 한다.[22] 이상이 발해 시대의 야련冶煉과 주검鑄劍 유적지이다. 그러나 발해 멸망 이후 거란의 영향을 덜 받은 지역은 동여진 지역이었다. 야철 및 제철산업에 종사하던 철공들은 이곳에 남아 같은 일을 계속하였을 것이다. 또한 생여진 지역에서 철을 얻었던 예도 나타나는데, 완안부를 융성시킨 오고내烏古乃도 인근 부족의 영향을 받아 철 자원을 얻은 후 활을 만들고 무기를 수리하며 기계를 비축하여 군병 세력을 한층 더 강화시켰던 것이다.

1072년(함옹 8년)에 오국몰연부五國沒撚部의 사야謝野가 요나라를 배반하고 군사를 일으켜 응로鷹路를 막았다. 오고내가 요나라를 대신하여 기갑鎧甲을 단속하여 군대를 이끌고 사야를 토벌해서 승리를 거두

---

22) 서길수, 「발해 수공업 연구 - 철기제품을 중심으로」, 『고구려연구』 6, 고구려연구회, 1999, 432~462쪽.

었다. 이때 이미 철제 갑옷과 각종 신식 무기를 장착한 훈련된 군대로 적군을 쉽게 물리칠 수 있었다고 한다.[23]

이는 생여진 지역의 대장장이들도 강철검을 만들 수 있음을 증명한다. 그리고 그들이 만든 군도軍刀의 품질이 뛰어나서 '도이刀伊'라는 이름이 붙은 것으로 보인다.

그 다음으로 그들은 배를 타고 일본까지 갔다고 하는데 그렇다면 과연 그 사람들의 조선술造船術이 그 능력에 도달했을까?

동여진의 조선술을 알아보려면 곧 발해의 조선술을 살펴봐야 한다. 야철과 마찬가지로 남경남해부南京南海府와 서경압록부西京鴨綠府가 위치한 곳이기 때문에 발해시대에도 조선造船 기술자들이 남아서 배를 생산했을 것이다. 또한 발해가 일본과 빈번하게 왕래한 교통 상황을 고려할 때 조선술이 상당히 발달한 수준에 도달했을 것으로 보인다. 어쨌든 당시 상황으로 볼 때 일본으로 동도東渡하는 바닷길이 쉽지 않았는데, 이렇게 왕래가 잦았다는 것은 상당한 수준의 조선기술이 있었다는 증거이다. 그리고 만약 일본으로 가기 위한 목적으로 제조된 배라면 배를 만드는 장소가 서해안이 아닌 동해안 북부지역이어야 한다. 그러나 발해 선박의 정원은 적었는데, 견당사遣唐使의 선박 크기나 정원을 비교해 보면 발해 선박의 규모는 좀 작았다. 조선술이 그리 숙달되지 못한 결과라고 볼 수 있다. 발해의 조선 기술자들은 이전에도 동여진의 배들을 만들어 왔을 것이다.

비록 그 외관과 규모에 대한 기록은 없으나 일본 큐슈섬의 다자이후太宰府에서 도이적이 치쿠젠筑前(일본 기타큐슈의 지명) 해안을 노략질한 상황과 관련하여 기록한 보고문서로 그 윤곽을 알 수 있다.

23) 김위현, 『요금사 연구』, 서울: 유풍출판사, 1985, 143쪽.

> "도둑들의 배는 길이가 혹은 12심(尋, 1심은 8척), 혹은 8~9심이 되며 한 배의 노(櫓)는 30~40개가 있다. 배에 탔던 50~60인 또는 20~30인이 힘을 뽐내며 뛰어 오르면 그 다음에는 궁시(弓矢)를 차고 방패를 등에 진 자 70~80명 가량이 서로 따라 선다."[24]

이것이 도이적들의 배 형태라면 결코 작은 배는 아니다. 비록 조선 기술을 자세히 알 수는 없지만 동해를 왕래하기에는 충분했다.

항해술도 발해의 기술을 그대로 본뜬 것 같고 활동 반경을 살펴보면 주로 연해 항로를 따라 드나든 것으로 보인다. 고려를 침범한 지점은 고성高城과 경주慶州 사이로 보이며, 일본을 침범한 지점은 일본열도 남단에 위치한 쓰시마對馬島 · 이키섬壹岐島 · 기타큐슈北九州의 이또怡土 · 바쿠토쿠만博德灣의 시마志摩 · 사와라早良 · 마쓰우라松浦 등지이다. 그리고 울릉도鬱陵島를 중간 휴식처로 사용한 것으로 보인다. 이 섬을 중간 휴식처로 사용했다는 것은 해류를 이용한 항해를 한 것이 분명하다.

함경도 해안의 한류를 타고 남하하여 북상하는 동한해류東韓海流(난류)와 만나는 위치에서 난류가 동해 내해內海로 흐르는 조류에 힘입어 울릉도에 쉽게 도착하거나 다시 남쪽으로 일본열도 남단에 도달하게 된다.

고려 해안에서 노략질하던 시기는 대체로 여름철이었다. 이용할 수 있는 자료가 많지 않으므로 이를 통계자료로 활용하기에는 충분하지 않으나, 『고려사』에 기록된 고려 동해안을 노략한 정황을 통계해보면 아래 표와 같다.

---

24) 『朝野群載』 卷20, 「太宰府解」(김상기, 『신편 고려시대사』, 서울: 서울대출판부, 1985, 200쪽에서 전재). 참고로 태재부의 해문解文에는 "其盜賊之船, 或長十二個尋, 或八九尋, 一船之檝三四十許, 所乘船五六十人, 二三十人, 耀力奔騰, 次帶弓矢, 負楯者七八十人許相從."이라고 기록되어 있다.

월	1	2	3	4	5	6	7	8	9	10	11	12
침입횟수	0	3	2	2	4	7	4	1	0	2	2	0

위 표의 통계를 통해서 여름철에 노략질한 정황이 가장 많음을 알 수 있다. 그러나 여름철은 해류의 영향이 비교적 적은 시기이기 때문에 해류와는 무관하였던 것으로 보인다.

또한 그들이 과거 발해에 종속되었기 때문에 조선과 항해술이 발달한 발해문화의 영향을 받아 상당한 수준의 조선술·항해술 및 무기 제조기술을 갖추었다는 견해도 있다.[25] 전함·병기 등을 만들 수 있었음을 증명하는 예는 1030년(현종 21)에 동여진의 만투曼鬪 등 60여 명이 고려에 과선戈船 4척과 호시楛矢 117,600점을 진헌進獻하였고,[26] 같은 해 5월에는 동여진 봉국대장군奉國大將軍 소물개蘇勿蓋 등이 말 9필·군선 3척·호시 58,600점 등을 진헌하였으며, 같은 해 12월에는 동여진 영새장군寧塞將軍 목사아골睦史阿骨·유원장군 알나閼那·귀덕장군歸德將軍 아개주래阿個朱來가 내조하여 말·철갑·화살 등을 진헌하였다. 이러한 기록들은 그들이 자신들의 수요를 충족시킬 수 있었을 뿐만 아니라 심지어 수출도 할 수 있었다는 증거이다.

다음은 도이적의 참여 범위와 규모를 조사할 것이다.

도이적이 설마 동여진의 일부 세력만 참여한 것일까? 당시 장백산 주변 지역에서 가장 강력한 부족은 장백산30부 여진이었다. 그들은 송나라와의 말 무역에도 참여하고 있었기에 그들도 참여하였을 것이고, 다른 부족들도 참여하였을 가능성이 매우 높다.

이러한 여신족의 특성상 평소 서로 떨어져 있는 부족들도 이해관계가 있다고 생각하면 서로 참여하게 되는데, 이는 유목사회나 수렵

25) 王承禮主編, 『遼金契丹女真史譯文集』, 吉林文史哲出版社, 1990, 323쪽.

26) 『高麗史』 卷5, 顯宗二十一年四月戊子條。

사회 할 것 없이 모두 포획물은 제대로 분배하기 때문이다.

장백산30부 여진은 동여진과 인접해 있기 때문에 바다와 육지의 양면 노략질에 직접 가담했거나 조력자 역할을 했을 것이다.

이는 도이적의 규모를 보면 알 수 있다. 1011년(현종 2년) 8월 경주에서 도이적 병선 백여 척이 출현하였다. 한 척당 50명씩 탑승한 것으로 계산하면 5~6천 명에 육박한다. 완안부의 영강주寧江州 전투를 앞두고 동북여진이 모두 완안의 세력 밑에 병합되었다. 이 때에 그들의 병력은 "1만 명"도 안 됐다. 그런데 수군 5~6천 명에 병선이 100척까지 이른다니, 이는 결코 동여진 세력만으로는 구성할 수 있는 것이 아님을 증명하는 것이다.

뿐만 아니라 백여 척의 배를 건조하려면 그 소요경비와 조선 기술자를 조달하는 일도 쉽지 않다. 따라서 생여진 사회에서는 부중을 이끌어 갈 수 있는 뚜렷한 지도세력은 없었지만, 경제적 · 정치적 어려움과 공동방어를 위해 서로가 함께 참여하는 연합체로서 상호 지탱하는 역량은 형성되어 있었다.

(2) 고려 침략

도이가 고려 동해안을 침공한 시기는 1011년(현종 2년)부터 1108년(예종 3년)까지이며 88년간 간헐적인 남침을 벌여왔는데, 이는 바다를 통한 침입의 경우이다. 육상에서도 역시 내륙지역을 침범하는 경우가 많았는데, 그와 동시에 고려조정에 토산물을 진상하고 답례하사품賜予物品과 바꾸어가기도 하였다.

1010년(현종 원년)에 요 성종이 고려의 강조康兆가 목종 임금을 살해한 죄를 문책한다는 구실로 직접 40만 대군을 거느리고 고려를 침공하였다. 이렇게 시작된 전쟁은 수차례 반복되다가 1022년(현종 13년)

에 이르러서야 끝이 났다. 이 기간 동안에도 동여진은 계속해서 고려에 입공을 하였으나 답례하사품은 그 이전보다 못하였는데, 고려와 거란 간에 전쟁을 치르던 시기였으므로 양국 모두 물자가 부족하였어서 답례하사품이 자연적으로 축소되었던 것이다. 또한 송과의 교통로도 차단되어 버렸는데, 이로 인하여 960년부터 990년까지 송나라와의 말 무역을 통해 구할 수 있었던 생필품의 운송로도 완전히 봉쇄되어 버렸다. 이 때문에 고려 동해안과 일본 남방의 도서 및 기타 큐슈 지역이 약탈을 진행하는 목표지역이 되었던 것이다.

침입한 인원수가 가장 많았던 경우는 앞서 언급한 1011년(현종 2) 8월의 경주침략으로, 100여 척의 병선으로 전선前線의 후방에까지 나타났기에 해안의 진포鎭浦에서는 이를 막아내지 못하였다. 이에 도부서都部署 문연文演·강민첨姜民瞻·이인택李仁澤·조자기曹子奇 등을 파견하여 주군州郡의 병력을 동원하여 마침내 그들을 몰아냈다. 그 후 도이적 선단이 적게는 8척, 많게는 30척의 규모로 경주慶州·청하淸河·영일迎日·장기長鬐·구두포狗頭浦·평해平海·고성高城·용진龍津·간성杆城·삼척三陟·서곡瑞谷·임도臨道·금양金壤·열산烈山·흥해興海·진명鎭溟 등에 침입하여 마을을 불태우고 살인과 약탈을 자행하였기에 고려의 큰 난국이 되었다. 도이적의 침입경로와 연도는 아래의 「동여진 해적 침구도東女真海賊侵寇圖」에 나타나 있고, 침입 회차의 연도별 정황은 「동여진 해적 침구표東女真海賊侵寇表」에 나타나 있다.

동여진 해적 침구도

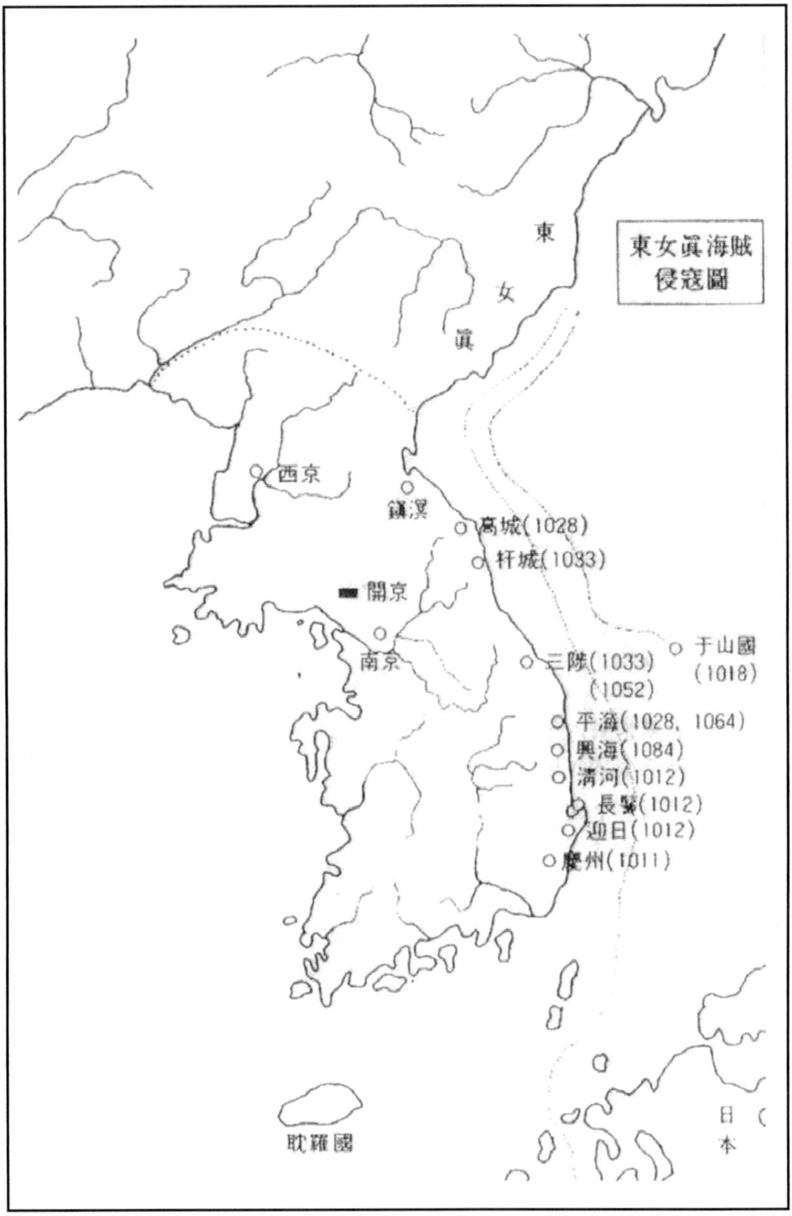
東女眞海賊
侵寇圖
東
女
眞
西京
鎭溟
高城(1028)
杆城(1033)
開京
南京
三陟(1033)
(1052)
于山國
(1018)
平海(1028, 1064)
興海(1084)
淸河(1012)
長鬐(1012)
迎日(1012)
慶州(1011)
耽羅國
日
本

<u>동여진 해적 침구표</u>

시기		내용	침구지	결과
1011	송진종 대중상부 4년 요성종 통화29년 고려 현종2년	8월, 동여진이 배 백여척으로 침입	慶州	도부서 문연·강민첨·이인택·조자기를 파견해 수·진의 병력을 동원하여 격퇴
1012	송진종 대중상부 5년 요성종 개태1년 고려 현종3년	5월, 동여진 침입	清河, 迎日, 長鬐縣	진명도도부서鎭溟道都部署가 격퇴
1015	송진종 대중상부 8년 요성종 개태4년 고려 현종6년	3월, 여진이 배 20척으로 침입	狗頭浦	
1018	송진종 천희2년 요성종 개태7년 고려 현종9년	11월, 우산국이 동북여진의 침입으로 농사 폐지		이원구李元龜를 보내 농기구를 하사
1019	송진종 천희3년 요성종 개태8년 고려 현종10년	4月, 진명선병도부서鎭溟船兵都部署 장위남張渭男 등이 해적선 8척 노획		
1028	송인종 천성6년 요성종 태평8년 고려 현종19년	5월 신축, 여진이 침공하여 이기지 못하고 돌아감	平海郡	뒤쫓아 가서 적 선박 4척을 사로잡고 모두 죽임
		10월, 동여진 해적선 15척 침입	高城, 龍津	중랑장中郎將 박흥언朴興彦 등 70여 명이 사로잡혀 감
1029	송인종 천성7년 요성종 태평9년 고려 현종20년	2월, 여진 해적선 30여척 침입		선병도부서 판관判官 조윤정趙閏貞이 공격해 패주시킴
		3월, 동여진 해적선 10척 침입	溟州	병마판관兵馬判官 김후金厚가 공격하여 물리침
1033	송인종 명도2년 요흥종 중희2년 고려 덕종2년	2월, 해적 침입	杆城縣 白石浦	해적 50명 사로잡아 바침
		4월, 해적 침입	三陟縣	해적 40여명 사로잡음

시기		내용	침구지	결과
1036	송인종 경우3년 요흥종 중희5년 고려 정종2년	2월, 동번 해적선 침입	三陟縣 桐津戍	인민들이 잡혀감. 수장守將이 풀숲에 매복해 틈을 엿보다 북을 치며 기습하여, 40여급을 사로잡고 참수함
1043	송인종 경력3년 요흥종 중희12년 고려 정종9년	6월, 연해분도판관沿海分道判官 황보경皇甫瓊이 홀로 전함을 이끌고 대양 깊숙이 들어가 해적을 공격함		참수한 수가 매우 많음
		10월, 동번 해적이 8척 배로 침입	瑞谷縣	40여 명을 포로로 잡아감 (방비가 부실했다는 이유로 장수와 병졸에게 죄 물음)
1049	송인종 황우1년 요흥종 중희18년 고려 문종3년	6월, 동번 해적이 침입	臨道縣	17인이 사로잡혀감
		7월, 동번 해적이 침입	金壤縣	20인이 사로잡혀감
1050	송인종 황우2년 요흥종 중희19년 고려 문종4년	6월, 동번 해적이 침입	烈山縣 寧波戍	남녀 18인을 약탈하여 감
		11월, 진명도부서부사鎭溟都部署副使 김경응金敬應이 수군을 이끌고 해적선 3척을 열도烈島에서 공격해 패배시킴		목을 베어 바친 것이 수십 급이었고 물에 빠져 죽은 자는 매우 많았음
1052	송인종 황우4년 요흥종 중희21년 고려 문종6년	6월, 동여진 고지문高之問 등이 바다를 건너 공격함	三陟縣 臨遠戍	수장 하주려河周呂가 군사를 거느리고 성을 나와 공격해 10여 급을 사로잡거나 목을 베니 적이 무너져 달아남
1064	송영종 치평1년 요도종 청녕10년 고려 문종18년	윤5월, 동여진적 괴수 마질개麻叱蓋 등 100여 명이 바다를 건너 침입	平海郡 南浦	민가를 불사르고 남녀 9명을 사로잡아감

시기		내용	침구지	결과
1068	송영종 치평5년 요도종 함옹4년 고려 문종22년	6월, 동계병마판관 東界兵馬判官 임희열任希悅 등이 초도椒島를 순행하다 적선 10척을 만나 싸워 무너뜨림		적선 7척을 노획하고 많은 자를 사로잡거나 죽임
		7월, 동계병마판관 임희열 등이 또 초도를 순시하다 밤에 염라포閻羅浦에 이르러 적선 8척과 마주침		적선 3척을 격파하고, 남은 적이 해안에 상륙하여 흩어져 달아나므로 추격하여 30여 급을 죽임
1073	송신종 희녕6년 요도종 함옹9년 고려 문종27년	5월, 동빈 해직이 침입	東京 波潛 部曲	백성들을 약탈했기에 원흥진元興鎭의 군장軍將들이 전함 수십 척을 거느리고 초도에 나가 싸워, 12급을 베고 포로 16명을 빼앗아 옴
1084	송신종 원풍7년 요도종 대강10년 고려 선종1년	6월, 동여진이 침입	興海郡 母山津 농장	수졸戍卒이 격파하고 5명을 사로잡음
1096	송철종 소성3년 요도종 수창2년 고려 숙종1년	6월, 진명도부서사 鎭溟都部署使 문주방어판관文州防禦判官 이순혜李順蹊 등이 해적과 싸움		그들을 패배시키고 17명의 목을 벰
1097	송철종 소성4년 요도종 수창3년 고려 숙종2년	7월, 동여진 해적선 10척이 침입	鎭溟縣	동북면병마사東北面兵馬使 김한충金漢忠이 판관 강증康拯을 보내 그들과 싸워 이겨서 배 3척을 노획하고 48명의 머리를 벰
1108	송휘종 대관2년 요천조제 건통8년 고려 예종3년	7월, 행영병마판관 行營兵馬判官 어사御史 신현申顯 등이 수군으로 적을 물리침	寧仁鎭	20명의 머리를 벰

그렇다면 고려는 도이적에 맞서 어떠한 방어 정책을 취하였을까?

① 수군기지 건설과 병선 증강

고려는 동해와 남해 연안에 원흥진元興鎭 병선도부서兵船都部署(정주定州・금야金野),[27] 진명鎭溟 병선도부서(덕원지구德源地區 원산시元山市) 및 통주通州 병선도부서를 건립하였다. 아울러 동남해안에는 동남해 병선도부서(김해金海) 수군기지를 건립하였다. 이러한 것들은 모두 북쪽의 동여진과 동남방의 왜구를 막기 위한 것이었다.

그렇다면 고려는 이 병선도부서에 어떻게 군사력을 배치했을까? 만약 그것을 육군의 일개 부주진府州鎭으로 본다면 원흥진처럼 도령都領 1인, 낭장郎將 2인, 별장別將 5인, 교위校尉 13인, 대정隊正 29인, 초군招軍・좌군佐軍 각 9대隊, 우군右軍 4대, 영세寧塞 4대・사공沙工 4대가 있어야 한다.[28] 그러나 이를 한 단계 높은 단위의 군사 편제로 보아야 한다는 시각도 있다. 즉 사使・부사副使・판관判官・장군將軍 등 지방 관리들이 인근 진鎭의 방어사를 겸임했다는 견해이다.

군선의 배치는 임무의 경중에 따라 차이가 있을 수 있으나 이에 대한 명확한 사료는 없다. 오직 1009년(목종 12년) 3월에 과선 75척을 건조하여 진명구鎭溟口에 정박시켜 동북해적을 막았다는 기록만이 있다.[29] 수군의 특성을 고려하여 전투병・선원水夫(하급선원)・지휘관 등을 합쳤을 때, 그 규모가 앞서 기술한 도이적의 병선보다 약간 크다고 가정하면 한 척당 최소 100명 이상을 배치하여야 한다. 그중에서 동남해 병선도부서는 비교적 느슨하게 배치되었다. 이들은 동여진 해적을 방어하는 것 외에 일본을 방어하는 목적도 있었다. 또한, 도

27) 원흥진의 위치에 대해 최석남은 그의 『한국 수군 활동사』(명양사, 1965, 85쪽)에서 '정주(定州) 지구'라고 지적하고 있다.

28) 『高麗史』 卷83, 兵1, 東界條。

29) 『高麗史節要』 卷2, 穆宗宣讓大王 12年 3月條。

이적에게 피납되었던 일본인들을 동남해 병선도부서를 통해 일본에 돌려보내기도 하였다. 예를 들어 1019년(현종 10년) 4월, 진명 병선도부서의 장위남張渭男 등이 해적선 8척을 포획하여 포로로 잡혀있던 일본인 259명을 구출하였다. 공역령供驛令 정자량鄭子良이 이들을 인솔하여 돌려보냈는데, 이때 중요한 역할을 한 것이 동남해 병선도부서이다.

② 동해안 각지의 성보 증설

여진인의 침입을 막기 위해 동북지방과 동해안에 성보城堡를 대거 증설하였다.

육지에서는 북방에 천리장성을 쌓아서 여진의 침범을 막았다. 1033년(덕종 2년) 8월 평장사平章事 유조柳詔로 하여금 북새北塞 전역에 성을 쌓게 한 것이 장성의 시초이다. 이 장성의 서쪽은 압록강이 바다로 들어가는 곳에서 시작하여 서쪽으로 16개의 성을 쌓고, 아울러 동해안의 도련포都連浦까지 25척 높이의 석성石城을 쌓았다.[30]

또 동해안 여진의 침입이 빈번했던 원산만元山灣 연안 지대(20개 성), 강원도 해안가(7개 성) 및 경상도 영일만 일대(8개 성)에 집중적으로 성보를 증설하였다.

듣건대 원산만 일대는 여진 해적이 침입하기 가장 가까운 지역이기 때문에 이 지역에 이중 또는 삼중의 방어선이 종횡으로 구축한 것이다. 예를 들어 정평군定平郡(장주長州 · 정주定州), 금야군金野郡(장평진長平鎭 · 화수和州 · 박평진博平鎭 · 현덕진顯德鎭 · 원흥진元興鎭 · 영흥진永興鎭 · 정변진靜邊鎭), 원산, 문주文州(문주 · 진명鎭溟 · 용진진龍津鎭 · 운림雲林 · 의주宜州), 안변군安邊郡(등주登州 · 상양霜陽 · 골암진鶻岩鎭 · 영풍永豐), 고원高原(고주高州 · 풍화風化) 등 많게는 7개의 성과 적게는

30) 『高麗史節要』 卷4, 德宗敬康大王 2年 8月條。

2개의 성이 서로 연결되어 합리적인 방어망이 구성되었다. 이 외에도 주성主城 외에 몇 군데의 수비소戍所를 더 설치하여 오늘날 방어 개념 수준에 거의 근접하였다.

강원도 지역은 대부분 산간지대이기 때문에 여진족이 침입해도 약탈할 재물이 많지 않아 비교적 침입 횟수가 적었다. 이에 금양金壤·익령翼嶺·맹주猛州·울진蔚珍 등에만 성이 축조되었다.

영일만 일대는 도이의 침입이 잦았던 곳으로 경주·팔음조부곡八音助部曲·동래성東萊城·청하·흥해·영일·장기·울주蔚州 등 강원도보다 훨씬 많은 지역에 성이 축조되었다.

이러한 일련의 조치들을 공고히 하기 위하여 고려에서는 성보를 쌓는 동시에 농장을 건설하였는데, 이들 농장이 바로 둔전屯田이다. 예컨대 문종 원년 6월 병부낭중兵部郎中 김경金瓊을 보내 동해를 따라 남해 연안에 성보와 농장을 건설하여 여진 해적의 방어선 돌파를 엄격히 막았다.[31] 또 다른 예로 선종 원년에 동여진이 흥해군 모산진 농장에 침입하였으나 수비대에 패하여 도망하였는데, 그 중 5명이 다섯 수졸戍卒에게 포로가 되었다.[32] 이러한 기록으로 미루어 볼 때 각 성보에는 농장이 있었음을 알 수 있다.

당시 가장 큰 피해를 입은 지역은 우산국于山國이었다. 1018년(현종 9년) 우산국이 동여진의 침입을 받아 농업이 완전히 파괴되자 고려 조정에서 이원구를 보내 농기구를 전달하였다.[33] 1019년(현종 10년)에 고려는 여진족에게 납치되었다가 탈출한 우산국 백성들을 모두 귀환시켰다.[34] 1022년(현종 13년) 7월에는 도병마사都兵馬使의 주청奏請에 따라, 여진족에게 포로로 잡혀갔다가 탈출한 우산국 백성들을

31) 『高麗史節要』 第4卷, 文宗仁者大王即年 6月條。

32) 『高麗史』 卷10, 宣宗元年 6月 壬午條。

33) 『高麗史』 卷4, 顯宗9年 11月條。

34) 『高麗史』 卷4, 顯宗10年 7月 己卯條。

예주禮州에 안치시켜 관에서 그들에게 식량과 물자를 배급하였으며, 아울러 영구적으로 민호民戶로 편입해 주었다.[35]

③ 고려 병선의 개조

현재까지 고려 병선에 대한 기록이 발견되지 않아서 일본의 《소우기小右記》를 통해서만이 그 정황을 대략적으로 이해할 수 있다. 고려 수군이 도이적의 선단을 공격하여 궤멸시켰기 때문에 해적들에게 포로가 되었다가 고려 수군에 의해 구출되어 되돌아간 내장석녀內藏石女가 보고 들은 바를 기록으로 남겼다. 그 기록을 통해서 고려 병선의 구조와 해적선의 성능을 비교할 수 있다.

> "…… 이와 같이 20여 일정을 보냈는데, …… 고려국 병선 수백 척이 습격하여 적을 치매 적들은 비록 힘을 가다듬어 싸웠으나 고려의 형세가 맹렬하여 감당하지 못하였다. 그것은 곧 고려의 선체는 높고 크며 병기와 연장을 많이 쌓아, 배를 엎어버리고 사람을 죽이므로 도적들은 저 맹렬한 형세에 견뎌내지 못하였다. …… 다만 구조되어 배 안에 올라타니 (배 안이) 넓고 커서 보통 것과 같지 아니하였다. ○○을 이중으로 만들고 그 위에 망대를 좌우로 각각 넷을 세웠다. 배질하는 수수(水手)는 5~6명이요, ○를 하는 사람은 20여 명이었다. 달아매지 않은 노가 한 편에 7~8개나 되며 선면에는 철로서 뿔을 만들어 적의 배를 부딪쳐 부수게끔 되었다. 배 가운데에는 갑구, 철갑옷, 그고 작은 창, 갈퀴 등을 쌓이놓고 병사들은 각각 그러한 것들을 손에 쥐고 있으며 또는 큰 돌을 들어다놓고 적선을 쳐부수는데 쓴다. 또 다른 배도 크기와 길이가 앞의 것과 같다."[36]

---

35) 『高麗史』 卷4, 顯宗13年 7月 丙子條。

36) 『小右記』 寬仁3年 8月 10日條(김상기, 전게서 202~203쪽에서 전재). 참고로 『小右記』의 원문에는 "…… 如此送廿餘箇日之程, …… 高麗國兵船數百艘, 襲來擊賊, 爰賊人等, 勵力雖合戰, 依高麗之勢猛, 無敢相敵之者, 卽其高麗國船體, 高大, 兵仗多

이를 통하여 고려 병선의 규모와 전술을 추측할 수 있다.

첫째, 선체의 각 측면에는 7~8개의 노가 있으며, 노 젓는 사람은 20명이고 예비 병력은 5~6명이다.

둘째, 뱃머리에는 적의 배를 공격하기 위한 철 뿔이 장착되어 있다. 이것은 충돌 방식을 사용한 해전의 예이다.

마지막으로 고려배의 선체가 유난히 높고 커서 높은 위치에서 아래로 돌을 던지거나 화살을 쏘는 전술이 가능하였다.

도이적을 막기 위해서는 응당 이런 식으로 했어야 했는데, 전함은 이를 위해 특수하게 건조한 것이었다.

4. 맺음말

이상을 통하여 우리는 도이적의 활동공간과 규모, 선박의 수를 이해할 수 있게 되었다. 그들은 육로를 통하여 고려의 국경 지역을 끊임없이 괴롭혔을 뿐만 아니라 해로를 통하여 오랫동안 고려의 동해안을 대규모로 침략하기도 했다. 심지어는 바다를 건너 일본으로 들어가서 불지르고 죽이고 약탈도 감행하였다.

선박의 수와 침범자의 수로 미루어 볼 때, 이들이 동여진 세력의 일부라고만 여겨서는 안될 것으로 보인다. 통상적으로 생여진은 그 거주지역이 정치적이나 경제적으로 제한을 받지 않기 때문에 여기저기 흩어져 있었다고 한다.

儲, 覆船殺之, 賊徒不堪彼猛, 船中殺害所虜之人等, …… 但見被救乘船之內, 廣大不似例, □□造二重, 上立櫓, 左右各四枝, 別所漕之水手五六人, 所□之士二十餘人許, 不懸檝, 又一方七八枝也, 船面以鐵造角, 令衝破賊船之料也, 舟中儲雜具・鐵甲冑・大小鉾・熊手等也, 兵士面々, 各々執持之, 又入大石, 打破賊船, 又他船長大, 已以同前 ……。"라고 기록되어 있다.

필자가 960년부터 990년까지 압록강과 요동반도 남쪽 해로를 통한 송나라와 여진족의 무역을 연구할 때에, 여진족에게는 이해충돌 해결과 외부로의 침략 수행을 가능하게 하는 동북지역 여진족 특유의 준정치적 연계가 있었을 것이라고 주장한 적이 있다. 그 이유인즉, 해적 함대가 100척의 군함을 보유하고 있다면 그 규모가 매우 크다고 할 수 있는데 일개 부족이 단독으로 조직할 수는 없기 때문이다. 적어도 5~6천 명의 조달·관리 인력이 있어야만 100척을 건조할 수 능력을 갖추게 있고 이에 더해 무기 제조 능력도 있어야하기 때문이다. 따라서 최소한 생여진의 동남지대는 부족들이 공동으로 참여하는 구조가 있었을 것이다.

일본까지 동쪽으로 항해할 수 있는 조선 능력과 항해술을 고려한다면, 상당한 수준의 기술과 문화가 있었음이 틀림없다. 포로로 잡힌 일본인 남녀를 보면, 여진사회에서는 노동에 종사할 노예에 대한 수요가 있었다. 고려 군함은 그들의 약탈을 막기 위해 특수 군함을 설계해 공격하는 전술을 채택했다. 고려의 성보 방위를 담당하는 부서는 오늘날의 전술 전략과도 유사했다.

참고문헌

『遼史』

『高麗史』

『高麗史節要』

『朝野群載』

『小右記』

洪皓, 『松漠記聞』

徐夢莘, 『三朝北盟會編』, 臺北: 文海出版社, 1962.

楊循吉, 「遼小史」, 『遼海叢書』 第1集.

김구진, 「여진사회 농경노예 연구」, 『북방민족사연구』, 1995,

김상기, 『신편 고려시대사』, 서울: 서울대출판부, 1985,

김위현, 『요금사 연구』, 서울: 유풍출판사, 1985,

金毓黻, 『東北通史』, 臺北: 洪氏出版社, 1977.

稻葉君山, 『滿洲發達史』, 東京: 大阪屋號出版部, 1915.

傅斯年, 『東北史綱』 第1卷, 「古代之東北」, 1932.

서길수, 「발해수공업 연구 – 철기제품을 중심으로」, 『고구려연구』 6, 1999.

王承禮主編, 『遼金契丹女真史譯文集』, 吉林文史哲出版社, 1990

李學智, 「釋女真」上, 『大陸雜志叢書』 第1輯 五冊, 臺北: 大陸雜誌社, 1960.

趙振績, 「女真族系考」, 『中國歷史學會史學集刊』 第7期, 1975.

최석남, 『한국 수군 활동사』, 서울: 명양사, 1965.

Ⅳ

고려 · 거란간의 여진 문제

1. 머리말

고려高麗와 거란契丹의 관계는 922년(고려 天授5, 거란 天贊元年)부터 1125년(고려 仁宗3, 거란 保大5)까지의 203년간이다.

1004년에 송宋과 거란 사이에 전연맹약澶淵盟約이 체결되면서 한동안 서로가 무사하였다. 그러나 평화 속에서도 세력균형이 작용하고 있었다. 서북쪽 한 구석에 위치한 서하西夏는 독자적으로 송에 항거할 수가 없어서 거란에 의부依附하여 송에 맞서고 있었는데, 송 조정은 거란과 서하가 기각掎角을 이루는 것을 두려워하여 연려제요책

聯麗制遼策(고려와 연합하여 요를 견제하는 방법)으로 거란을 상대하였다. 이로써 동북아 정세는 양분된 세력집단을 형성하였다.

이때 고려는 송과 거란 사이에 걸쳐 있으면서 양 대국의 모순을 이용하여 중간에서 이익을 취하는 자세를 견지하였다. 그러나 고려와 거란의 영역이 맞닿게 되면서 고려의 북진정책北進政策과 거란의 동진정책東進政策은 충돌을 면하기가 어렵게 되었다. 그리하여 두 나라 사이에는 전쟁과 평화가 교체하였다. 고려와 거란의 관계 중에서 양국이 여진女眞을 회유懷柔하기 위하여 어떠한 정책을 시행하였는가를 아래와 같이 3기로 나누어 논하여 보겠다.

제1기는 922년(고려 天授5, 거란 天贊元年)부터 992년(고려 成宗11, 거란 統和10)까지 도합 71년간이다. 이때 고려 태조는 삼한통일三韓統一을 위한 각축을 벌이면서, 또 한편으로는 5대五代와 교류를 위한 노력도 하였다. 거란 태조는 서방정벌西方征伐에 승리한 후 발해渤海의 동태를 살피면서 원교근공책遠交近攻策을 썼는데, 먼저 지리적으로 좀 떨어진 고려와 후백제後百濟와는 수교를 하여 놓고 얼마 안 되어 발해는 공멸攻滅시켰다. 이로 인하여 고려 태조는 거란의 불의不義를 성토하였고 마침내 거란과는 단교斷交하였다. 고려는 후진後晋과 연합하여 거란을 합공하려 하였으나 후진이 고려의 제의를 받아들이지 않아 계획은 수포로 돌아가고 말았다. 986년 송이 장차 거란을 치려 할 때 고려·정안定安·올야兀惹 등과 기각지세掎角之勢를 이루고자 군사협력을 요청하였으나 여의치 않았고 결국 송의 패배로 끝이 났다. 그러나 거란의 입장에서는 자못 고립감을 느끼게 되어 송과 고려의 긴밀한 관계를 깨트리고자 하였다.

제2기는 993년(고려 成宗12, 거란 統和11)부터 1020년(고려 顯宗11, 거란 開泰9)까지 28년간으로, 이 시기의 정책은 화전和戰 양면정책이였다. 993년(成宗12) 거란이 고려의 북방지역을 침범하여 고려와 화의를 맺고 강동江東 280리 땅을 고려에 양여하고 고려의 조공약속朝貢約束을 받아내었다. 그후 동북지방의 여러 부족을 토벌하였으나 실익이 없이 군사를 돌이켜야 했었다. 그때에 가서야 비로소 강동지역江東地域이 군사상 중요지역이라는 사실을 깨달았다. 그러나 이미 고려에 양여하였으므로 되찾을 구실이 없었다. 그러나 1010년(顯宗元年) 고려에 정변이 발생하였다. 거란 성종聖宗은 정변의 주모자를 벌죄伐罪한다는 구실로 많은 군사를 거느리고 고려로 쳐들어왔다. 그러나 전쟁을 끝내지 못하고 궁지에 몰리자 겨우 고려왕의 친조親朝를 조건으로 군사를 물렸다. 고려는 거란에게 군사를 물리게 하려는 구실로 친조를 내세웠을 뿐 근본적으로 불가능한 일이었다. 고려가 친조를 거절하자 거란은 본심을 들어내어 강동6주江東六州를 되돌려 줄 것을 요구하고 나왔다. 고려가 그 요구도 들어주지 않자 거란은 어찌할 방법이 없어 고려의 평화제의를 받아들이고 말았다.

제3기는 1021년(고려 顯宗12, 거란 太平元年)부터 1125년(고려 仁宗3, 거란 保大5)까지로 이 시기에는 고려와 거란간의 전쟁이 종식되고 양국 관계가 더 한층 개선되었다. 고려는 그래도 거란을 믿지 못하여 도성都城을 개축하고 북쪽 변방의 성벽을 개수함과 아울러, 거란과 송에 대하여는 외교를 강화하여 그 지위를 확보하였다.

이상과 같은 국제환경하에 고려는 여진을 회유하려 하였고, 동시에 거란은 여진 제지역諸地域을 통제하려 하였다. 고려와 거란 양국이 어떻게 여진에 대응하였으며 어떠한 정책을 시행하였는가를 다음에 토론코자 한다.

동북지역의 발해국이 망하자 발해에 복속되었던 군소부족들이 각기 그들의 이름을 나타내었다. 여진 · 압록강여진鴨綠江女眞 · 장백산삼십부여진長白山三十部女眞 · 남여진南女眞 · 북여진北女眞 · 실위室韋 · 철려鐵驪 · 비골덕鼻骨德 · 말갈靺鞨 · 우궐于厥 · 오외烏隈 · 오국五國 · 올야 · 포로모타蒲盧毛朶 등과 같은 부部들이다. 그러나 뒷날에는 이러한 이름들이 다 없어지고 여진이라는 하나의 이름으로 변하게 된다. 그러므로 이 논문 중에는 광의廣義의 여진으로 해석하여 모두 여진의 범위 내에 넣었다. 이론상으로는 상당한 이견이 있겠지만 분별하여 논증하기가 매우 난감하기에 편리한 방법을 채용하여 비록 각부各部의 명칭이 있으나 합하여 여진으로 하였다.

2. 거란 · 고려의 초기(922-992) 관계와 여진문제

(1) 거란 · 고려 관계의 개황

거란과 고려의 관계는 천찬天贊 원년(고려 天授5; 922)에 시작되었다. 거란이 먼저 사신을 고려에 보내서 낙타와 말 · 양탄자를 보내오자,[1] 고려가 사신을 보내어 회보하였다. 이후 수년간 쌍방은 평화리에 왕래하였다. 이것은 아마도 거란이 발해를 침범하기 위한 포석이었을 것이다. 그러나 천현天顯 元年(926) 거란이 발해를 멸망시킨 후 영역이 서로 맞닿게 되면서 피차간에 긴장관계가 형성되었는데, 거란이 비록 고려와 교왕交往코자 하였으나 고려가 받아들이지 않고 절교하면서 거란을 무도無道의 나라라 칭하였다. 즉 회동會同 5년(고려 天授25) 거란 태종太宗이 고려에 사신을 보내어 낙타 50필을 바쳤으나 고려 태조는 진노하면서 거란을 무도지국無道之國이라 칭하면서 교빙을 거절하였다. 『고려사高麗史』에는

---

1) 『高麗史』 卷1, 「世家」 卷1, 太祖5年 2月條.

> "契丹遣使來, 遣橐駝五十匹, 王以契丹嘗與渤海連和, 忽生疑貳, 背盟殄滅, 此甚無道, 不足遠結爲隣, 遂絶交聘。流其使三十人于海島, 繫橐駝萬夫橋下, 皆餓死。"[2)]

라고 하고 있다.

고려 태조의 이러한 강성발언은 국방상의 고려考慮에서 나온 것이다. 발해가 존재하고 있을 때에는 거란의 위협이 직접적인 것이 아니었으나 발해가 망하고나니 고려와 거란 간에 직접 충돌의 위험이 생겨난 것이다. 거란 통화統和 4년(고려 成宗5; 986) 거란이 궐렬厥烈을 보내어 화친할 것을 요칭하였으나[3)] 고려는 이를 받아들이지 않았다. 이로 인하여 양국관계는 경색일로로 치닫게 되었다.

(2) 여진 제 부족의 동태

여진은 거란의 동북지역에 흩어져 살고 있는 많은 부족중의 하나이다. 여진이라 칭한 것이 제일 일찍이 나타나는 것은 『구오대사舊五代史』이다. 즉 "有司自契丹至者言: 女眞 · 回鶻 · 黃頭室韋合勢侵契丹."[4)]이라 하였다.

여진의 본래 이름은 주리진朱理眞이었는데 훗날 와전되어 여진이 되었다. 『삼조북맹회편三朝北盟會編』에 "女眞古肅愼國也. 本名朱理眞, 番語訛爲女眞."[5)]이라 하였다. 주리진 · 여진 이외에도 여진이 전음轉音된 것은 주아치主兒扯 · 주리선朱理先 · 철이적徹兒赤 · 주선朱先 등이 있다. 이 모두가 기록 및 전문傳聞이 와전된 것이다. 또 여직女直이라고

---

2) 『高麗史』 卷2, 「世家」 卷2, 太祖25年 10月條.

3) 『高麗史』 卷3, 「世家」 卷3, 成宗5年 正月條.

4) 『舊五代史』 卷32, 「後唐莊宗本紀」 同光2年 9月 庚戌條.

5) 徐夢莘, 『三朝北盟會編』 卷3.

도 하였는데 이는 거란 흥종興宗의 휘諱가 종진宗眞이기 때문에 진眞자를 피휘避諱하였기 때문이다.[6] 뒷날 이 여직도 전변轉變이 되어서 혹은 여질女質 혹은 여진慮眞이라고도 하였다. 이로써 여진족의 명칭 와전이 심하였음을 알 수 있다.

이상의 논술로써 여진이라는 것이 종족 명칭이라는 것은 알 수 있지만 "이 종족이 대체 어디에 살고 있었는가?"하는 것은 확정지어 말하기 어렵다. 많은 학자들은 모두 여진이 원래 백산·흑수지간白山黑水之間에 살고 있었다고 한다. 그러나 백산·흑수 수만리 땅에 어떻게 여진족이라는 일개 민족만 살았겠는가? 동북지방의 선세先世 역사를 살펴보면 전국戰國·진秦·한漢 때에 이미 한민족漢民族이 요동의 옥야遼東沃野에 이주해 살았고, 그 동쪽지역에는 부여扶餘·숙신肅愼·읍루挹婁·물길勿吉·말갈靺鞨·예맥穢貊·고구려高句麗·발해 등이 먼저부터 살고 있었다. 이와 같이 소위 동북아시아 고민족古民族은 그 흥멸興滅이 무상하였다. 이렇게 많은 종족이 모두 어디로 갔는가? 단 이 종족들이 옮겨 살기도 하고 또 혼합이 되었을 것이므로 분별해 내는 것은 쉽지 않다. 더욱이 군왕君王이 없었으므로 종족국가의 구분이 불명확하다. 『구오대사』에 "黑水·女眞二國, 皆遣使朝貢."[7]이라 하였다. 그러나 그때 흑수·여진 등은 군왕이 없는 상태인데 어떻게 국가조직이 있었을까? 그 당시 여진사회의 정황은 약간 세계군世系群(대대로 이어오는 집단)의 민족중심사회를 형성하고 있었다. 완안씨完顏氏는 12세계군, 도단씨徒單氏는 14세계군이었다. 그러나 11세기경에 각 씨족이 모두 독립하였고, 12세기에 이르러서야 겨우 씨족연맹의 모습을 갖추게 되었다.[8]

6) 李學智, 「釋女眞」(上), 『大陸雜誌叢書』 第1輯 第5冊, 174쪽.

7) 『舊五代史』 卷32, 「後唐莊宗本紀」, 同光3年 5月 乙酉條.

8) 陶晉生, 「金代的政治結構」, 『中央研究院歷史語言研究所集刊』 第41本 第4分, 1969, 568쪽.

11세기 이전의 여진족은 여전히 군소부족群小部族이 각기 독립한 상태였다. 10세기 거란이 발해를 멸망시킨 이후 여진족은 혹은 고려에 의부하고 혹은 오대와 송에 의부하였다. 그때 이 몇몇 부족은 점점 지금의 만주滿洲와 한반도북부 일대로 펴져 나갔다. 여진은 원래 동북의 많은 민족 중의 한 갈래였는데 뒷날 점점 범위가 확대되어 동북에 거주하는 자들을 모두 여진이라 부르게 된 것이다.

거란 일대에 지금의 만주지대에 흩어져 살고 있던 부족은 갈소관부曷蘇館部(지금의 丹東·本溪·營口 중간지점)·압록강부鴨綠江部(지금의 압록강중류 通溝 중심지점)·회발부回跋部(지금의 通化 북방 海龍중심지점)·을전부乙典部(지금의 通州 동북지점)·순화왕부順化王部(지금의 吉林市 남방지점)·황룡부여진부黃龍府女眞部(지금의 農安 중심지점)·달로고부達盧古部(지금의 長春 동북지점)·열자나고부涅剌拏古部(지금의 長春 북부지점)·돌려불실위부突呂不室韋部(지금의 齊齊哈爾市 남동지점)·실위室韋(지금의 黑河市 중심지점)·포로모타부蒲盧毛朶部(지금의 敦化·延吉 중간지점)·완안부完顔部(지금의 哈爾濱市 중심지점)·올야(烏惹; 지금의 通化 중심지점)·철려(지금의 鐵力 중심지점)·월리길越里吉(지금의 依蘭 중심지점)·분노리盆奴里(지금의 佳木斯市 서방지점)·월리독越里篤(지금의 佳木斯市 남방지점)·오리미奧里米(지금의 黑龍江과 松花江 합류지점)·비골덕(奧里米 북방)·오외우궐부烏隈于厥部(越里篤 북방)·동해여진東海女眞(지금의 沿海州 지점)·오국부五國部(東海女眞 서방)·아리미阿里眉(지금의 黑龍江口 남방지점)·옥야屋惹(지금의 黑龍江口 북방) 등등이나(譚其驤 主編, 『中國歷史地圖集』 참조). 그러나 일부 부족은 거란 만기晩期까지 조공관계를 유지하지만 또 일부 부족은 일찌감치 『요사遼史』에서 사라지고 만다. 예컨대 여진·철려·비골덕 등은 전자에 속하지만 압력강여진鴨綠江女眞·빈해여진瀕海女眞·흑거자실위黑車子室韋·횡실위黃室韋·대황실위大黃室韋·소황실위小黃室韋·달로고·말갈靺鞨·우궐리于厥里·우궐于厥·오외우궐·수열랄水涅剌·오리미·월리독

· 월리길越里吉 등의 부족들(대부분 성종 개태開泰 이전에 출현)은 후자에 속한다. 또 일부 부족은 성종 1대에만 나타난다. 예컨대 빈해여진 · 오외우궐 · 오리미 · 월리독 · 월리길이다. 또 성종 이후에 나타나는 부족은 장백산삼십부여진 · 남여진南女眞 · 북여진北女眞 · 동북로여진東北路女眞 · 합소관合蘇館 · 오국 · 완안 · 포로모타 · 회발回跋 등이다.

위의 자료를 보면 두 가지의 원인이 나타난다. 첫째, 성종 이전에 나타나는 부족은 대부분 거란 인근의 부족으로 거란에 정복되어 거란 판적版籍에 편입되었거나 혹은 지배를 받던 부족이다. 둘째, 성종 이후에 나타나는 부는 대개가 먼 곳에 위치한다. 성종 때 거란의 국력이 창성昌盛하여 부득이 입공칭신入貢稱臣하였다. 거란은 동북 제부東北諸部를 농락하기 위하여 작위를 내려 회유하였다. 회유방법은 시대와 부족에 따라 각각 다른 작급爵級과 조공수목朝貢數目을 매겼다.

『고려사高麗史』에 나타나는 여진의 명칭은 흑수黑水 · 달고적達姑狄 · 동여진東女眞 · 여진 · 서북계여진西北界女眞 · 동북여진東北女眞 · 여진말갈女眞靺鞨 · 서여진西女眞 · 철리국鐵利國 · 흑수말갈黑水靺鞨 · 정안국定安國 · 동흑수국東黑水國 · 불내국弗奈國 · 북번北蕃 · 동번東蕃 · 서번西蕃 · 북로北虜 · 숙여진熟女眞 · 생여진生女眞 등이다. 『고려사』 중의 국부國部와 명칭은 3가지로 나누어진다. 첫째는 방위별로 호칭하였다. 예컨대 동 · 서 · 북 · 서북여진으로 불렀다. 둘째는 고려에 귀부한 여진을 번蕃이라 불렀는데 역시 방위별로 분별하였다. 예컨대 동 · 서 · 북 · 동북번으로 불렀다. 셋째는 이미 가지고 있던 고유명칭을 그대로 썼다. 예컨대 철리 · 정안국 · 불내국 · 흑수말갈 등이다.

거란이 여진부족을 부른 명칭과 고려가 여진부족을 부른 명칭이 많이 달랐다. 그러나 꼭 찍어서 대조할 수는 없다. 그래서 한 부족에 거란 · 고려 양국의 정책이 어떠하였다고 고증할 수는 없다. 또 한 가지 문제는 복합부족명칭이다. 『요사』의 오외우궐은 외외부烏隈部와

우궐부于厥部 2부로 해석할 수 있다. 반면에 오외우궐 1부라고 말할 수도 있다. 그러나 나의 소견으로는 2부라 하겠다. 『고려사』 중에 이런 부족명칭이 나온다. 예컨대 흑수말갈 · 여진말갈 · 동북여진 · 서북여진 · 서북번 · 동북번과 같은 것이다. 나의 생각으로는 흑수말갈 · 여진말갈은 2부의 명칭인 것 같고, 동북여진 · 서북여진 · 서북번 · 동북번은 1부의 명칭일 것으로 생각된다.

이와 같이 여러 부족이 흩어져 사는 백산흑수지간에 확실한 정치적 연맹체가 없었다. 그러나 이들이 대송對宋 마무역馬貿易을 살펴보면 공동무역방식이었음을 알 수 있다. 대송 마무역에 주동을 하고 운송을 맡았던 부는 압록강여진이었고, 배후의 중요 협력자는 장백산 삼십성부족이었다. 960년부터 990년까지 여진의 대송 마무역에서의 정액定額은 연간 1만 필이었다.[9] 이와 같은 대량의 말을 수집하고 운송하는 일을 1 · 2개 부족이 할 수 없었을 것이다. 이런 것으로 해서 공동무역방식이라 말할 수 있겠다.

(3) 거란과 고려의 대여진정책

거란 태조 야율아보기耶律阿保機의 출신은 질랄부迭剌部인데, 이 부는 거란의 정통8부正統八部 이외의 별부別部이다. 비록 별부 출신이지만 사람됨이 총명하므로 팔부대인八部大人으로 추대된 것이다. 그는 어린 나이에 관원官員이 되어 서방 정벌전에 참가하여 자못 전공戰功을 세웠다. 903년(後唐 天復3) 봄, 여진을 정벌하여 300호를 사로잡았고 906년(後唐 天祐3) 11월 부대를 보내어 해奚와 습霫의 여러 부와 동북여진의 투항하지 않은 자들을 쳐서 모두 격파하고 항복을 받았다.[10] 그때 이 여진은 요동遼東 일대에 살고 있던 여진이다.

---

9) 金渭顯, 「女眞의 馬貿易」, 『明大論文集』 13, 明知大學校, 1982, 172쪽.
10) 『遼史』 卷1, 「本紀」 第1, 太祖上.

906년 12월, 흔덕근가한痕德堇可汗이 훙서薨逝하자 여러 신하들이 대행가한大行可汗의 유명遺命을 받들어 아보기를 가한可汗으로 세웠다. 다음 해 정월까지 기다렸다가 단壇을 쌓고 팔부대인(『요사』에는 황제위에 올랐다고 했으나 실은 팔부대인이다. 가한이란 바로 팔부대인이다)에 즉위하였다.[11] 이로부터 8부대인의 임기가 시작되었다. 907년부터 916년까지 팔부대인을 3차나 연임하였다. 이 기간 동안 그의 업적은 매우 많다. 916년 2월 아보기가 한제漢制를 모방하여 나라 이름을 거란契丹이라 하고 신책神册이라 건원建元하며 스스로 황제라 칭하고 도읍을 임황臨潢에 정하고 백관을 두었다.[12] 그 당시 중원中原의 정국이 매우 혼란하였기에 거란이 중원정국에 간섭하고자 하였다. 그러나 동쪽에는 발해가 있고 서쪽에는 돌궐突厥·당항党項 등이 노리고 있어서 거란이 비록 강한 군사를 가지고 있었으나 앞뒤에 적을 맞게 되는 것에는 위협을 느끼고 있었다. 더욱이 돌궐·당항·발해·고려가 모두 북방계의 강한 민족이므로 거란이 중원을 경영코자 한다면 필히 먼저 이들 배후세력을 제거해야 했었다. 그래서 아보기는 중원침입 전에 두 가지 책략을 정하였다. 그 하나는 당항·돌궐·토혼吐渾 등의 부를 평정하는 것이고, 그 둘째는 발해를 정토征討하는 것이었다.[13] 그는 916년(神册 元年) 정월에 황제위에 즉위한 후 곧바로 원방공략遠方攻略을 시작하였다. 같은 해 7월에 돌궐·토혼·당항 등을 친정親征하여 단번에 평정하고 수많은 포로와 물화를 얻었다.[14] 그 후 몇 년 동안 발해의 동정을 살피다가 발해 내부의 갈등을 포착하고는 925년말 전군全軍이 상령商嶺에 진주하고 승승장구하여 홀한성忽汗城을 포위한 후 얼마 안 되어 항복을 받아냈다. 이로써 아보기가 정하였던 두 가지

11) 『遼史』 卷1, 「本紀」 第1, 太祖元年 正月 庚寅條.

12) 『遼史』 卷1, 「本紀」 第1, 神冊元年 2月 丙戌朔條.

13) 金渭顯, 『契丹的東北政策』, 臺北, 華世出版社, 1981, 17쪽.

14) 『遼史』 卷1, 「本紀」 第1, 神冊元年 7月 壬申條.

책략이 완성되었다. 그때 발해의 영향 하에 있던 여진은 일부는 요양遼陽 일대로 강제 이주되었고, 남은 세력들은 산곡山谷이나 강반江畔의 험조險阻지역으로 도피하여 각자 경역境域을 지켰다.

926년 7월, 승리한 아보기 군단이 부여부扶餘府에 돌아 왔을 때 아보기가 병을 얻어 55세의 나이로 급서急逝하였다.15) 그 후 야율요골耶律堯骨이 차자로써 제위에 올랐다. 그는 황태자였던 인황왕人皇王 배倍의 세력신장을 몹시 꺼려하여 동란국東丹國 관료官僚를 교사하여 동란국의 수도를 요양으로 옮기고 동란국과 동북의 발해잔부의 동정에는 신경쓰지 않고 계속 중원정국에만 간여하였다. 이 까닭에 발해잔부渤海殘部와 동북제부東北諸部가 스스로 발전할 기회를 얻어서 분분히 독립하는 전기를 마련하게 되었다.

천현 원년天顯元年(926)부터 통화 이전(982)까지는 거란의 동북지구에 대한 간여가 매우 적었다. 그래서 각부의 세력이 자만하였다. 그러나 강력한 연합은 없었으므로 엉성한 성장이었다. 천현 원년부터 통화초統和初까지 여진 · 철려 · 말갈 · 압록강여진 등이 매년 거란에 조공하였다. 그 공품貢品 대부분이 토산물 · 궁시弓矢 · 응골鷹鶻이었다. 태조시대太祖時代에는 이 군소부족들이 순종하였으나 보녕保寧 5년(973) 이후부터는 점점 순복馴服하지 않게 되었다. 보녕 5년에 여진 병사가 돌연 거란경내에 나타나서 도감都監 달리질達里迭과 예랄拽剌 알리로斡里魯를 죽이고 변방 백성들의 소와 말을 빼앗아 갔다.16) 같은 해 6월, 여진국 재상宰相 및 이리근夷離堇이 내조來朝하여 사죄하였다. 보녕 7년(975) 황룡부위장黃龍府衛將 발해인 연파燕頗가 도감 장거張据를 죽이고 반란을 일으켰다. 경종景宗이 창사敞史 야율갈리필耶律曷里必을 보내었는데 2개월여나 걸려서 치하治河에서 패배시켰다. 야율갈리

15) 『遼史』 卷2, 「本紀」 2, 天顯元年 7月 甲戌條.

16) 『遼史』 卷8, 「本紀」 8, 保寧5年 5月 辛未條.

필은 동생 안박安博을 보내어 연파를 추격하니 연파는 무리를 거느리고 올야성兀惹城에 숨어버렸다. 안박이 성을 공격하였으나 이기지 못하고 회군하였다. 그 후 연파는 그 무리 1천호를 이끌고 통주通州로 옮기었다.[17] 그리고 각자 생업에 종사하였다. 보녕 8년(976) 8월, 여진병이 또 귀덕주貴德州의 동쪽 변경을 습격하여 다섯 가장家莊을 약취하여 갔다.[18] 그때 여진·발해 등의 세력이 매우 커져 있었는데 거란의 여진에 대한 정책은 계속 회유로 작위를 내려 안무安撫하는 것이 고작이었다. 보녕 9년(977) 여진 21인이 거란에 와서 재상宰相과 이리근夷離菫의 직을 청하자 허락하고 관직을 내렸다.[19]

통화 원년(982) 거란이 이미 동북여진 지역의 정세를 충분히 알고 동북여진 등 군소부족群小部族에 대하여 더 이상 방과하지 않고 즉각 정벌정책을 취하였다. 그들은 먼저 압록강여진을 정벌하여 고려정벌의 길을 열었다.

거란이 동북제부東北諸部를 정벌하고자 하는 이유는 태종 때에는 인황왕 배의 세력이 강대해지는 것을 싫어하여 동란국 수도를 요양으로 옮겨서 거란의 통제하에 놓이도록 하고 그 후부터는 중원경영에 전심함으로써 동북제족東北諸族에 대한 간여할 겨를이 없었기 때문이다. 또 세종世宗·목종穆宗·경종景宗 때에는 국내에 여러 가지 어려운 사정들이 있어서 계속 동북경영을 포기하였었다. 이로 인하여 발해유민 및 옛 발해국의 속부屬部가 이 기회를 타서 독립하였다. 서남부西南部는 거란에 신복하고 있었지만 동남과 북부 제부는 중원 및 고

17) 『遼史』 卷8, 「本紀」8, 保寧7年 9月條.

18) 『遼史』 卷8, 「本紀」8, 保寧8年 8月條.

19) 『遼史』 卷9, 「本紀」 第9, 保寧9年 5月 己丑條. 또 『遼史』 卷7, 「本紀」 第7, 應曆18년 3월 甲辰에 "女眞詳穩憂陌爲本部夷離菫"라고 되어 있다. 또 『遼史』 卷12, 「本紀」 第12, 統和7年 2月 丙子에 "以女眞活骨德爲本部相"이라 되어 있고, 『遼史』 卷13, 「本紀」 第13, 統和8年 5月 庚寅에 "女眞宰相阿海來貢, 封順和王"이라 되어 있다.

려와 교왕하고 있었다.

통화 원년(982) 10월, 성종은 병마兵馬를 정돈하기 시작하여 장차 고려를 정벌코자 하였다. 먼저 선휘사겸시중宣徽使兼侍中 포령蒲領과 임아林牙 긍덕肯德에게 명하여 여진부를 정벌케 하였다. 이년(983) 4월, 전군全軍이 개선하였다. 그리하여 선휘사동평자사宣徽使同平章事 야율보녕耶律普寧을 겸정사령兼政事令으로 삼고, 도감都監 소근덕蕭勤德을 신무위대장군神武衛大將軍으로 삼아 각각 금기金器와 제물諸物을 하사하였다.[20] 6개월의 경략이 지난 뒤 거란의 세력은 압록강 하류 여진지역까지 확전되었다. 이로부터 압록강하구가 차단되어 고려에 큰 압력을 주게 되었다.

이 1차전 후 1년, 즉 통화 3년(985) 7월, 또 갑병甲兵을 정논토록 조서詔書를 내리고 사신을 보내어 동경제군東京諸軍의 병기 및 동정도로東征道路를 점검시키고 곧이어 군사를 거느리고 고려를 정벌하러 나섰다. 그러나 요동소택遼東沼澤을 지날 때 군마軍馬가 진창에 빠져서 동정東征이 잠시 중단되었다. 같은 해 8월, 추밀사樞密使 야율사진耶律斜軫을 도통都統으로 삼고, 부마도위駙馬都尉 소간덕蕭懇德을 감군監軍으로 삼아 여진을 토벌토록 명하였다. 동정도통東征都統 야율사진이 상주上奏하기를 "路尙陷濘, 未可進討."(길이 늘 진창이라 나아가 토벌할 수 없습니다)라고 하자 성종이 조서를 내려 "侯澤涸深入."(늪지역이 얼기를 기다렸다가 쳐들어가라)[21]라고 하여 다소 시간을 끌게 되었다. 9월이 되자 동정장수東征將帥들에게 조서를 내려 얼음이 얼 때를 이용하여 여진을 경략하라 하였다. 이 토벌전에 승리를 거두어서 포로 10여만 명을 사로잡고 말 20여만 필과 여러 가지 물화를 획득하였다.[22] 이번에 토벌

---

20) 『遼史』 卷10, 「本紀」 第10, 統和2年 4月 丁亥條.

21) 『遼史』 卷10, 「本紀」 第10, 統和3年 8月條.

22) 『遼史』 卷11, 「本紀」 第11, 統和4年 正月 丙子條.

된 부족은 곧 발해유민이 세운 정안국定安國[23]이다. 어떤 사람들은 후발해後渤海라고도 한다.

거란이 여진 제부를 토평하려는 목적은 동북지방에 송 및 고려의 부식扶植 세력을 없애려는 데 있었다. 거란은 반자叛者에 대해서는 정토하고 부자附者는 회유하는 은위恩威 병용정책을 썼다. 거란은 정안국을 토벌한 후 계속 동북 군소부족을 정벌하고 각지에 둔수屯戍를 설치하여 피정복 민중들을 진무하였다.[24] 통화 6년(988), 동로군임아東路軍林牙 소근덕蕭勤德과 통군統軍 석로石老가 여진을 정벌하고 포로들을 헌상하였고,[25] 통화 9년(991) 압록강 하류에 위구威寇·진화振化·내원來遠의 3책柵을 쌓고 수졸戍卒을 주둔시켰으며,[26] 여진과 송 사이의 해상통로를 감시하고 아울러 고려에 대해서도 진일보 압박작용을 형성한 것이다.

거란이 여진 중요부족을 토평하니 인근 제부가 놀라서 분분히 조공하고 수호하기를 청하였다. 빈해제부瀕海諸部 여진이 많이 와서 내조來朝하였고 북여진 4부도 거란에 귀부하였다. 통화 4년(986), 야율휴가耶律休哥가 남정南征할 때에 여진이 종정從征을 청하여 성종의 허가를 받았다. 통화 7년(989) 2월, 남정 여진군에 상을 주고 동으로 돌려보냈다.[27]

거란 태조는 여진을 정벌하여 수백호를 포로로 잡아 용화주龍化州 흥국군興國軍에 채워 넣었다. 그 후 또 여진을 정벌하고, 남쪽으로는 연주燕州와 계주薊州를 공략하여 잡은 포로들로 성을 쌓고 읍을 설치

23) 『宋史』 卷491, 「列傳」 第250, 定安國傳 및 『高麗史』 卷4, 「世家」 卷4, 顯宗9年 正月 丙申條.

24) 金渭顯, 『契丹的東北政策』, 71쪽.

25) 『遼史』 卷12, 「本紀」 第12, 統和6年 8月 丁丑條.

26) 『遼史』 卷13, 「本紀」 第13, 統和9年 2月 甲子條.

27) 『遼史』 卷12, 「本紀」 第12, 統和7年 2月 乙丑條.

하였는데(龍化縣), 그 호수가 자그마치 1,000호나 되었다.[28] 거란 초기부터 포로들을 새로운 땅으로 옮겨 주현州縣을 설치하였다.

거란의 태조가 발해를 멸망시킨 후 발해의 고토에 동란국을 건립하고(926) 황태자 야율배를 왕으로 삼았다. 태조가 붕서하자 황자皇子였던 야율덕광耶律德光이 차자로써 제위를 이었다. 덕광이 비록 제위를 잇기는 하였으나 늘 형 동란왕東丹王이 두려워서 사람을 파견하여 그의 동태를 감시하였다. 928년 덕광은 동란국우차상右次相 야율우지耶律羽之와 모의하여 그 수도를 요양으로 옮기게 했다. 천도한 내면의 이유는 곧 동란국의 특권을 빼앗으려는 데 있었다. 이로 인하여 동란왕 배倍의 마음은 좋지 않아서 후당後唐으로 망명하게 되었다. 이후 동란국은 유명무실하게 되었다. 천도의 파장은 커져서 실제상 발해 고토의 통치권 행사를 버린 것이 되었다. 천도이후 태종은 동북의 발해고토는 돌보지 않고 계속 중원정국에 간여하였다. 이로 인하여 발해의 고토는 자연히 무주화無主化가 되었다. 그러나 이곳의 여러 부족은 정치적으로 통일할 능력이 없어 각자가 움직였을 뿐이다. 그 중 몇몇 부족은 일찍부터 고려와 관계하고 있었다. 이들은 곧 압록강하류 양안의 서북여진 및 갈뢰전曷懶甸의 동북여진이다. 전자를 서여진(뒷날 서번이라 불렸다), 후자를 동여진(뒷날 동번이라 불렸다)이라 일컬었다.

고려 태조의 가장 중요한 목표 중 하나는 고구려高句麗 옛 영토의 회복이었고 그래서 국호도 고려高麗 두 자를 연용沿用하였다. 그러나 그 때 한반도 상에는 삼국이 분립되어 있고 아직 통일이 되지 않아서 고려는 건국 초에 북변개척北邊開拓에 치력하였다. 예컨대 천수天授 원년(918) 9월에는 안전 항무지인 평양平壤 고도古都를 개척하여 대도호부大都護府를 설치하고 성을 쌓고 방수防守하며 북강회복北疆恢復의 전진기지로 삼았다. 그때 평양은 풀과 가시덩굴이 우거져서 번인蕃人들

28)『遼史』卷37,「志」第1, 地理志1, 上京道 龍化州條.

의 유렵지遊獵地로 이용되었다.[29]

태조는 평양에 지대한 관심을 가지고 남방이 평정되기 전에도 가끔씩 서경西京(평양대도호부)을 순행하여 북변北邊의 정세를 관찰하여 주요 거점에 성을 쌓고 수위守衛케 하였다. 그때는 고려·신라·후백제가 각축을 벌여 전쟁이 그치지 않는 와중인데도 태조는 부단히 북변을 순행하였으니 가히 그의 북방정세에 대한 관심을 짐작할 수 있다.[30] 천수 14년(931), 북변에 행차하였을 때 유사有司에게 북변방어에 대한 주의사항을 하조하였다. 그 조서에

> "北蕃之人, 人面獸心, 飢來飽去, 見利忘恥, 今雖服事, 向背無常, 宜令所過州鎭, 築館城外待之。"[31]

라 하였다.

고려 초기의 대외관계는 대부분이 여진과의 관계였다. 여진이 남쪽으로 고려와 접해 있었으므로 충돌을 피하기 어려웠다. 당시 여진은 발해가 망했기 때문에 그 지배에서 벗어나 어떤 부는 거란에 의부하고 혹은 고려에 조공하거나 침탈하기도 하였다. 고려 태조는 여진에 대하여 은위병용정책을 시행하였다. 그래서 어떤 때에는 회유하고 또 어떤 때에는 정벌을 가하였다. 고려 태조는 북변과 여진 접양接壤 지역에 대하여 더욱 경각심을 갖고 서경을 북진의 기지로 삼았다가, 삼국을 통일한 후에는 군사를 거느리고 북방으로 진격하려 하였으나 불의의 병을 얻어 붕서崩逝하였다. 그는 임종 직전에 훈요10조訓要十條를 남겼는데 서경풍수西京風水를 예찬하고 은연중 서경의 중요성을 암

29) 『高麗史』 卷1, 「世家」 第1, 太祖元年 9月 丙申條.

30) 태조의 서경 순행은 다음과 같다. 태조 5년·8년·9년에 각 1차, 11년에 3차, 14~18년에 각 1차가 있었다.

31) 『高麗史』 卷2, 「世家」 第2, 太祖14年 11月 辛亥條.

시하였다.32)

태조는 일찍부터 북진정책을 계획하였다. 그는 일생동안 한 걸음 한 걸음 북진을 향해 개척하여 성진城鎭을 쌓고 관부官府를 설치하였으며 학교를 세웠다. 그 뒤를 이은 왕들도 부조父祖의 북진정책을 승습하여 보다 더 큰 경영을 하여서, 강동6주江東六州를 거란으로부터 양여 받기 이전에 고려의 세력은 이미 청천강까지에 이르렀다.『고려사』중에서 북변에 쌓은 성의 정황을 보면 아래와 같다.

태조 2년(919) 용강현龍岡縣에 성을 쌓고, 3년(920)에는 골암鶻巖·함종현咸從縣에, 4년(921)에는 운남현雲南縣에, 8년(925)에는 성주成州·운주옥산雲州玉山·탕전군湯井郡에 성을 쌓고 진국성鎭國城을 옮겨 쌓았다. 10년(927)에 배산성拜山城을 수축하였고, 12년(929)에 안정진安定鎭·영청진永淸鎭·안수진安水鎭·흥덕진興德鎭 등을 쌓았으며, 13년(930)에는 안북부安北府·조양진朝陽鎭·두차성頭遮城·마산진馬山鎭(安水鎭)·닐어진昵於鎭(神光鎭)의 성을 쌓고, 청주나성靑州羅城과 연주성連州城도 쌓았다. 17년(934)에 통해진通海鎭을, 18년(935)에는 이물伊勿·숙주肅州에 성을 쌓았고, 20년(937)에는 순주順州에, 21년(938)에는 영청진永淸鎭·양암진陽嵒鎭·두차성頭遮城에 성을 쌓고 또 서경나성西京羅城과 용강평원龍岡平原에도 축성하였다. 또 22년(939)에는 숙주肅州·대안주大安州에, 23년(940)에는 은주殷州에 축성하였다.

정종定宗 2년(947)에는 덕창진德昌鎭에 성을 쌓고 또 서경왕성西京王城·철옹鐵甕·삼척三陟·통덕通德에 축성하고, 덕성진德成鎭과 박주博州에도 성을 쌓았다.

광종光宗 원년(950)에는 장청진長淸鎭과 위화진威化鎭에, 2년(951)에는 무주撫州에, 3년(952)에는 안삭진安朔鎭에, 11년(960)에는 습홀濕忽·송성松城에, 18년(967)에는 낙릉군樂陵郡에, 19년(968)에는 위하진

32)『高麗史』卷2,「世家」第2, 太祖26年 4月條.

威化鎭에, 20년(969)에는 장평진長平鎭·영삭진寧朔鎭·태주泰州에, 21년(970)에는 안삭진安朔鎭, 23년(972)에는 운주雲州, 24년(973)에는 화주和州·고주高州·장평진長平鎭·박평진博平鎭·가주嘉州·안융진安戎鎭에 성을 쌓았다.

경종景宗 4년(979)에는 청새진淸塞鎭에 성을 쌓았다.

성종成宗 2년(983)에는 수덕진樹德鎭에, 3년(984)에는 문주文州에 성을 쌓았다.

태조 이래 초기의 왕들은 이와 같이 북변진성北邊鎭城들을 개척하고 이들 신축한 주현州縣 및 진성鎭城을 지키도록 장졸將卒들을 적지 않게 배치하였다. 예컨대 귀주성龜州城의 수성군守城軍을 『고려사』에서는

> "龜州都領中郎將一, 中郎將二, 郎將七, 別將十五, 校尉三十, 隊正六十, 行軍一千六百四十二, 抄軍二十四隊, 內馬四隊, 左軍二十隊, 內馬四, 弩二, 保昌八隊。"[33]

이라 하였다.

고려 건국 초에 흑수黑水·달고達姑 등의 종족과 이미 교섭이 있었다. 태조 4년(921) 2월 흑수추장 고자라高子羅가 170명을 거느리고 와서 고려에 귀부하였다. 같은 달에 달고 171인이 신라에 침입하자 장군 견권堅權을 보내어 격패시켰다. 같은 해 4월, 흑수의 아어한阿於閒이 200명을 거느리고 고려에 투부投附하였다. 태조 19년(936), 후백제와 최후결전 때 흑수·달고·철륵鐵勒 등 부족이 이 전역戰役에 참가하였다. 그때 그들의 경기勁騎 9,500필이 대상大相 유금필庾黔弼 휘하에 편입되어 일리천전一利川戰에 참전하였는데[34] 전군이 선전하여

33) 『高麗史』 卷83, 「志」 第37, 兵3, 北界條.

승리하므로 고려가 삼한일통의 대업을 완성할 수 있었다. 정종 3년(948) 9월, 동여진 대광大匡 소무개蘇無蓋가 고려에 와서 말 700필과 방물을 바치니 고려는 말값을 평가하여 지급하였다.[35] 성종 때에 왕이 여진의 능력을 평가 절하하여 형관어사刑官御事 이겸의李謙宜에게 명하여 압록강 가에 관성關城을 쌓도록 하였으나 여진이 군사로 막고 겸의를 사로잡아 갔다. 이렇게 되어 고려군이 궤멸되자 관성역關城役은 중지되었다.[36] 성종 10년(990), 압록강 밖의 여진을 백두산 밖으로 축출하였다.[37]

태조 · 정종 때에는 그들의 군사력과 말을 이용하였으나 성종 때에 와서는 북변에 관성을 쌓고 압록강 북변으로 내몰았다.

3. 거란 · 고려의 중기(993-1020) 관계와 여진

(1) 거란 · 고려의 화전

이 일단의 시기에는 거란 성종이 12세의 어린 나이로 제위에 오르고 태후 소씨蕭氏가 섭정을 하였지만 군신群臣의 협력으로 거란 일대의 전성기를 이루었다.

송이 어린 황제의 즉위를 기회로 삼아 986년(雍熙3, 統和4), 송 태종이 북벌을 작정하고 천평군절도사天平軍節度使 조빈曹彬을 유주도행영전군마보수륙도부서幽州道行營前軍馬步水陸都部署로 삼고, 시위마군도지휘사侍衛馬軍都指揮使 창화군절도사彰化軍節度使 미신米信을 서북도도부서

34) 『高麗史』 卷2, 「世家」 卷2, 太祖19年 9月條.
35) 『高麗史』 卷2, 「世家」 第2, 定宗3年 9月條.
36) 『高麗史』 卷3, 「世家」 第3, 成宗3年條.
37) 『高麗史』 卷3, 「世家」 第3, 成宗10年 10月 戊辰條.

西北道都部署로 삼아서 웅주雄州로 나가게 하고, 시위보군도지휘사侍衛步軍都指揮使 정난군절도사靜難軍節度使 전중진田重進을 정주로도부서定州路都部署로 삼아 비호飛狐로 나가게 하고, 검교태사檢校太師 충무군절도사忠武軍節度使 반미潘美를 운雲·응應·朔삭 등 주의 도부서都部署로 삼아 안문雁門으로 나가게 하였다. 이렇게 3로로 나누어 북변으로 진격하니 처음에는 자못 전공이 있었다. 그러나 기구관岐溝關에서 야율휴가耶律休哥 군을 만나서 크게 패하였다.38) 이로 인하여 태종의 북진계획은 크게 꺾이고 말았다.

고려 성종시대에 거란과의 관계가 급작스럽게 변하였다. 이때 거란은 압록강 하류의 여진과 중류의 정안국을 정복하여 이미 고려와는 국계國界가 맞닿아 있었다. 고려는 이러한 충격을 받고 압록강 동안으로 나가려 하였다. 이에 전술한 바와 같이 이겸의를 파견하여 관성을 쌓으려 하였으나 여진족이 자기들의 거주지역을 보위코자 완강히 저항하므로 끝내 실패하였다. 고려의 이번 거사는 의심할 것 없이 거란의 동진책에 대한 간접도전이었다. 성종 5년(986), 거란이 궐렬厥烈을 보내어 화친을 청하였으나 고려는 단호히 거절하였다. 이에 거란이 군사를 내어 고려를 공격하였다. 거란은 통화 초년부터 군사를 일으켜 겉으로는 고려를 정벌한다고 소리치면서 먼저 여진을 정벌하여 후고後顧의 환患을 없애서 고려정벌을 용이하게 하려 하였다. 거란이 군사를 일으키고 10년 동안은 대개 여진제부의 토벌에 힘을 쏟았는데, 여진제부가 좀 평정되자 다시 고려정벌에 전념하였다. 986년 대송전對宋戰에 승리하였으나 고려만은 거란에 항거하며 순종치 않으므로 눈에 가시처럼 보였던 것이다.

993년(통화11, 성종12) 윤10월, 거란 성종이 동경유수東京留守 소항덕

---

38) 『宋史』 卷5, 「本紀」 第5, 太宗2, 雍熙3年條; 『遼史』 卷11, 「本紀」 第11, 聖宗2, 統和4年條.

蕭恒德(『고려사』에는 소손녕蕭遜寧이라 하였는데 손녕은 곧 항덕의 자字이다)에게 명하여 군사 80만을 거느리고 고려를 정벌토록 하였다.39) 거란은 근 1년이라는 시간을 군오軍伍 정돈에 보내고 드디어 고려의 북쪽 국경에 진군하였다. 그러나 고려는 이러한 거란의 군정軍情을 전혀 알지 못하고 있었다. 993년(통화11) 5월, 여진이 거란의 군대 움직임을 탐지하고 고려에 통보하였으나 고려조정은 이 정보를 믿지 않고 준비도 하지 않았다.40) 같은 해 8월, 여진이 다시 통보하자 비로소 정세가 급함을 알고 병마제정사兵馬齊正使를 각도各道에 파견하여 창황히 군오를 정돈하였고,41) 10월에 가서야 겨우 군오를 편성할 수 있었다. 전체를 3군으로 나누어 변성요진邊城要鎭에 배치할 수 있었다. 시중侍中 박양유朴良柔를 상군사上軍使로, 내사시랑內史侍郞 서희徐熙를 중군사中軍使로, 문하시랑門下侍郞 최량崔亮을 하군사下軍使로 각각 삼고42) 성종이 친히 독군을 하였다. 10월, 성종이 서경에 행차하였다가 안북부安北府로 가서 독군하려는 참이었는데 소항덕이 봉산군蓬山郡을 공격하고 이미 선봉군사先鋒軍使 윤서안尹庶顔 등이 포로가 되었다는 소식을 듣고 드디어 개경開京으로 돌아왔다.43) 항덕이 초전에 승리하니 오만방자해져서 고려조정에 대하여 말하기를

> "大朝旣已奄有高句麗舊地, 今爾國侵奪疆域, 是用征伐。"44)

이러 하였다. 중군사 서희가 그 글을 보고 화의가 가능함을 알고

---

39) 『遼史』 卷13, 「本紀」 13, 統和10年 12月條 및 『高麗史』 卷3, 成宗12年 閏10月條.
40) 『高麗史』 卷3, 「世家」 第3, 成宗12年 5月條.
41) 『高麗史』 卷3, 「世家」 第3, 成宗12年 8月條.
42) 『高麗史』 卷3, 「世家」 第3, 成宗12年 10月條.
43) 『高麗史節要』 卷2, 成宗文懿大王 12年 閏10月條.
44) 徐居正, 『東國通鑑』 卷14, 成宗文懿大王 12年條.

이에 성종에게 아뢰었다. 성종은 감찰사헌監察司憲 차례빈소경借禮賓少卿 이몽전李蒙戩을 거란군영에 보내어 강화講和코자 하였으나 항덕이 또 서한을 보내어 협박하기를

"八十萬兵至矣, 若不出江而降, 當須殄滅, 宜君臣速降軍前"。[45]

이라 하였다. 이몽전이 거란이 내침한 까닭을 물으니 항덕이 말하기를

"汝國不恤民事, 是用恭行天罰; 若欲求和, 宜速來降。"[46]

이라 하였다. 항덕이 말한 것은 인국隣國을 침입한 구실일 뿐이다. 거란군은 계속 본산군蓬山郡 일대에 진을 치고 있으면서 더 이상 진격할 뜻을 보이질 않았고, 고려군 역시 감히 출전치 못하고 쌍방이 움직이지 않고 각각 성만 굳게 지키고 있었다. 몽전이 거란군영에서 돌아와 거란군정을 아뢰자 성종이 신하들을 소집하여 대거란정책을 논의하니 혹은 걸항乞降을 주장하고 혹은 서경 북쪽 땅을 떼어 주자고 하였다. 성종은 장차 할지론割地論을 따르려고 서경의 미창米倉을 열어 백성들이 마음대로 가져가게 하고, 나머지 양곡은 적의 군량이 될까 두려워서 모두 대동강에 버리라고 하였다. 중군사 서희가 이 소식을 듣고 아뢰기를

"食足則城可守, 戰可勝也。兵之勝負, 不在强弱, 但能觀釁而動耳, 何可遽令棄之乎? 況食者民之命也, 寧爲敵所資; 虛棄江中, 又恐不合天意。"[47]

45)『高麗史節要』卷2, 成宗文懿大王 12年條.

46) 위와 같다.

47) 安鼎福,『東史綱目』卷6, 成宗文懿大王 12年 閏10月條.

이라 하였다. 성종이 이에 그만두고 주전론으로 바꾸었다. 항덕은 몽전이 돌아간지 오래 되었으나 회보가 없자 안융진을 공격하였다. 항덕이 적을 가벼이 여겼고 수진랑장守鎭郎將 대도수大道秀의 선전으로 거란군은 퇴각하지 않으면 안 되었다. 고려조정은 중군사 서희를 파견하였다. 서희는 국서國書를 받들고 거란영에 가서 항덕과 담판하였다. 결과적으로 서희의 변론을 당할 수 없었다. 항덕은 서희를 강박으로는 불가한 것을 알고 휴전을 허락하였다. 고려는 보주保州와 압록강의 동쪽 몇 백리 땅을 얻었고, 거란은 조공약속을 받았다. 고려는 땅만 얻어 놓고 시간을 질질 끌며 약속을 이행하지 않자 항덕이 조급하여 고려가 안북부安北府에서 압록강이동 280리 지역에 축성을 하여 공근지로貢覲之路를 개통하라고 독촉하였다.[48] 이에 성종은 994년(성종13)부터 평장사平章事 서희에게 군사를 거느리고 강동江東에 진주하여 새로 얻은 영토를 적극 경영토록 명하였다. 서희는 먼저 장흥長興·귀화歸化 2진과 곽주郭州·귀주龜州에 축성하였다. 996년(성종15)에는 의주宣州·맹주孟州 등지에 성보城堡를 쌓았다. 이 몇몇 지방은 모두 군사상 중요한 전략 요충지로 거란과 여진의 통왕로를 차단할 수 있었다. 이로 인하여 고려가 단독으로 동여진을 회유할 수 있었다. 어찌되었던 간에 이후 고려와 거란의 교왕은 빈번해졌고 관계도 더욱 밀접하여져서 세공歲貢 이외에도 기악妓樂을 바치고 각장榷場을 설치하고 혼인을 청하는 등의 일들이 있었다.

997년(통화15) 고려 성종이 붕서하고 종질從姪 개녕군開寧君 송誦이 즉위하니 이분이 목종穆宗이다. 그는 보령이 겨우 18세로 모후인 천추태후千秋太后가 섭정을 하게 됨으로써 외척이 점점 발호하게 되었다. 천추태후는 별자別子를 세우려는 모의를 하여서 목종 이외의 유일한 왕실 혈통인 대량군大良君 순詢을 증오한 나머지 그를 강박하여

48) 『高麗史節要』 卷2, 成宗文懿大王 13年 2月條.

승려가 되게 하였다. 그리고 그를 삼각산三角山 신혈사神穴寺에 이치시켰다. 목종이 대를 이을 아들이 없이 병으로 눕자 천추태후와 그 당인黨人들이 모변을 한다는 소식을 듣고 한편으로는 중추원부사中樞院副使 채충순蔡忠順과 밀모하여 선휘판관宣徽判官 황보의皇甫義를 파견하여 대량군을 맞이하여 후계자로 삼게 하고 또 한편으로는 서북면西北面 도순검사都巡檢使 강조康兆를 불러들여 호위토록 하였다. 강조가 군사 5,000명을 거느리고 개경으로 오는 도중에 목종의 명이 경각에 달렸으며 태후당인太后黨人 일파가 사직社稷을 빼앗으려 하여 인심이 흉흉하다고 들었다. 이에 제장諸將들과 모의하여 별장別將을 파견해 대량군을 영립하니 이분이 현종顯宗이다.[49]

이때 거란도 섭정을 했던 소태후蕭太后가 붕서하고 성종이 친정을 하게 되었다. 이때 거란의 강역은 서쪽은 천산天山에, 동쪽은 동해東海, 북쪽은 몽고蒙古, 남쪽은 하북河北에 이르는 극성기를 맞이하였다. 성종이 고려정변을 듣고 이를 구실로 삼아 고려를 정벌하고 강동6주를 되찾으려 한 것이다.

목종이 현종 원년(1010) 8월중에 피살되고 고려의 사신이 목종애사穆宗哀事를 거란에 고한 것 이외에 왕래가 매우 빈번하였다. 거란 성종은 강동6주를 찾으려는 생각에 국왕의 폐위를 빌미로 고려정벌을 하려 하였다. 먼저 급사중給事中 양병梁炳과 대장군大將軍 야율윤耶律允을 고려에 보내어 전왕前王의 폐위연유를 책문하였다. 그리고 11월 성종이 몸소 40만군을 거느리고 고려를 정벌하려 하였다. 이때 마침 북변北邊에 사건이 발생하였다. 즉 상서좌사랑중尙書左司郎中 하공진河拱辰이 일찍이 여진부락을 공격하였다가 패하고 돌아왔다. 화주방어사和州防禦使 유종柳宗이 한을 품고 있다가 여진 95인이 내조한 것을 모두 죽였다.[50] 이로 인하여 여진이 고려에 대하여 반감을 가지고

49) 金渭顯, 앞의 책, 88쪽.

있었다. 같은 해 10월 여진이 양마良馬 1만필을 거란에 바치고 고려 정벌에 종정하기를 청하였다. 성종은 이를 받아들이었다. 여진의 진마進馬와 종정은 앞서 기술한 유종 사건과 연관이 있다. 고려는 거란과의 사이에 틈이 생겼음을 알고 우선 1010년(통화28) 5월, 하공진과 유종을 외도外島로 유배보내었고, 같은 해 8월, 내부시랑內史侍郎 평장사平章事 진돈직陳頓直 및 중대상서우승中臺尙書右丞 윤여尹餘를 거란에 보내었다. 이 두 사신의 파견 목적은 아마 성종의 분노를 가라앉히려는 것이었을 것이다. 또 수차 사신을 파견하여 전쟁을 막으려 하였다. 동시에 적극적으로 전쟁준비를 하여 전위부대를 편성하였다. 같은 해 10월, 참지정사參知政事 강조康兆를 행영도통사行營都統使로, 상장군 안소광安紹光을 행영도병마사行營都兵馬使로, 소부감少府監 최현민崔賢敏을 좌군병마사左軍兵馬使로, 형부시랑刑部侍郎 이방李昉을 우군병마사右軍兵馬使로, 예빈경禮賓卿 박충숙朴忠淑을 중군병마사中軍兵馬使로, 형부상서刑部尙書 최사위崔士威를 통군사統軍使로 각각 삼아 30만군을 거느리고 통부通州에서 지키고 있었다.51) 양국이 이미 군사를 일으켰으므로 일전을 피하기 어렵게 되었다. 같은 해 10월 계축일癸丑日, 거란이 급사중 고정高正 등을 고려에 보내어 군사를 일으킨 것을 알렸다. 고려는 두려운 나머지 그날 참지정사 이예균李禮均 등을 거란에 보내어 화의를 청하였으나 성종은 받아들이지 않았다. 같은 해 11월 1일, 거란이 장군 소응蕭凝을 고려에 보내어 친정親征을 알리고 성종 자신은 보기步騎 40만으로 압록강을 건넜다.52) 흥화진興化鎭을 포위하였으나 고려의 순검사巡檢使 형부낭중刑部郎中 양규楊規 등이 성을 굳게 지키며 항복하지 않았다. 성종이 누차 진공進攻하였으나 끝내

50) 『高麗史節要』 卷3, 顯宗元文大王元年 5月條.

51) 『高麗史』 卷4, 「世家」 第4, 顯宗元年 10月 丙午條.

52) 『遼史』 卷15, 「本紀」 第15, 統和28年 11月 乙酉條.

이기지 못하고 물러나서 군사를 통주성通州城 남으로 이동시켰다. 강조가 군사를 이끌고 통주성 남으로 나와서 3군으로 나누어서 물을 사이에 두고 진을 쳤다. 거란군이 여러 차례 접전을 벌렸으나 쉽게 격퇴하였다. 강조가 점점 적을 가볍게 여기는 마음이 생겨 거란군의 공격에도 방심하였다. 결과는 강조와 장령將領들이 포로가 되고 3군의 진채陣砦는 모두 무너져 고려군이 크게 어지러워져 죽은 자가 3만여 명이나 되고 버린 군량과 마초 및 치중이 수 없이 많았다.53)

성종이 강조를 풀어주고 좋은 말로 항복을 권했으나 강조는 굽히지 않다가 피살되었다. 고려 중군의 주력이 무너져 패하니 전황이 매우 불리해졌다. 이에 거란군은 강동지방江東地方을 공격하여 승승 진군하여 가서 같은 해 12월에는 곽주郭州 · 안북도호부安北都護府 · 숙주肅州 등지와 서북의 채砦들이 모두 거란에 점거되었다.

본래 성종의 고려 정벌의 구실이 강조의 죄를 묻는 것이었으니 강조가 주살되었으면 이미 목적은 달성된 것이다. 그러므로 이치상 응당 철군해야 했으나 곧바로 남쪽으로 공격하였으니 군사를 일으켜 침략한 행위가 자세히 나타난다.

같은 해에 거란군이 서경을 연이어 공격하였으나 이기지 못하자 군사를 동쪽으로 향하게 했다. 서경이 포위되기 전날 밤, 흥화진 수장守將 양규가 거란 후방의 보급선을 끊어버렸다. 그는 700여명을 거느리고 통주에 가서 잔여 병졸 1천여 명을 수습하고 곽주로 진격하여 거란의 주둔 병력을 죽이고 성 안에 있던 남녀 7천여 명을 통주로 이치시켰다.54) 거란 성종은 곽주에서의 패배 소식을 듣고 내심 크게 불안하여 진퇴양난에 빠졌다. 그러나 대국의 체면유지를 위하여 부득불 진군을 강행하였다. 그 다음 해(1011) 정월 을해일乙亥日에 개경

53) 『高麗史節要』 卷3, 顯宗元文大王元年 11月 己亥條.

54) 『高麗史節要』 卷3, 顯宗元文大王元年 12月 庚申條.

이 함락되고 현종은 난을 피해 양주楊州에 이르러 하공진과 유종을 불러 관직을 다시 주었다. 공진이 아뢰기를

> "契丹本以討賊爲名, 今已得康兆, 若遣使請和, 彼必班師。"[55]

이라 하였다.

현종이 이 말을 옳게 여기고 하공진 등을 거란영에 보내어 화의를 청하니 성종이 이를 허락하였으나 다만 현종이 친조한다는 조건을 붙였다. 1011년(현종2) 정월 정축일丁丑日에 드디어 거란군이 회군하게 되었다. 이들이 강동지방에 이르렀을 때 그곳에 잔류하던 고려군의 습격을 받아 인마人馬가 피곤한 가운데 사상자가 부지기수였다. 더욱이 큰 비를 만나서 강물이 불고 교통이 두절되어 인마人馬 손실의 양상은 처참하였다.[56] 성종이 압록강을 건너 내원성에 이르자 황후와 동생 초국왕楚國王 융우隆祐가 맞이하여 갔다.[57] 이 전역의 결과를 거란으로 말한다면 승이불승勝而不勝 즉 이겼지만 이긴 것이 아니었고, 또 고려로 말한다면 패이불패敗而不敗 즉 패했지만 패한 것이 아니었다.

이번 성종의 친정은 소득이 없었기에 마음이 매우 편치 못하여 재침의 기회를 찾고자 하였고, 고려는 화전겸비和戰兼備의 양면작전을 전개하였다. 1011년(현종2) 2월, 현종이 나주羅州 피난처에서 개경으로 되돌아왔다.[58] 즉시 조서詔書를 내려 백성들을 진무하고 아울러 거란에 교섭을 시작하였다. 군대를 철수시킴에 감사하는 사신과 하동지사賀冬至使 · 하생신사賀生辰使 등을 보내어 성종을 위로하였다. 그

55) 『高麗史節要』 卷3, 顯宗元文大王元年 12月 甲戌條.
56) 『高麗史節要』 卷3, 顯宗元文大王 2年 正月 壬寅條.
57) 『遼史』 卷15, 「本紀」 第15, 統和29年 正月 乙亥條.
58) 『高麗史』 卷4, 「世家」 第4, 顯宗2年 丁卯條.

러나 성종은 계속 고려에 대하여 좋게 대하지 않았고, 같은 해 12월 불손함을 이유로 하공진을 주살하였다.[59] 1012년(현종3) 4월, 현종의 친조를 요구하였다.[60] 그러나 국왕의 친조는 근본적으로 불가능한 것이었다. 이 조건은 본래 거란의 퇴군을 위한 구실을 주었던 것이다. 고려는 이해 6월 사신을 보내어 문후를 드리고 왕이 병으로 친조가 불가능함을 고하였다. 이에 성종이 대노하여 강동6주를 취하겠다는 조서를 내렸다. 국왕의 친조와 강동6주는 아무런 관계가 없는 것이었다. 이와 같은 성종의 조치를 보면 바로 성종이 생각하고 있었던 본의를 들어낸 것이라 하겠다. 1013년부터 1015년까지 거란이 우감문위대장군右監門衛大將軍 야율행평耶律行平을 고려에 보내어 강동6주를 되찾고자 하였으나 모두 성공하지 못하였을뿐 아니라 도리어 태도가 오만하다 하여 감금되고 말았다.[61] 그러자 거란은 장군 이송무李松茂를 두 차례나 보내어 강동6주의 반환을 요구하였으나 실패하였다.

이에 거란은 다시 군사행동을 취하였다. 1013년(현종4) 5월, 거란병이 여진인 인도하에 압록강을 건너서 고려에 침입하였다. 고려는 대장군大將軍 김승위金承渭를 보내어 격퇴하였다. 1014년(현종5) 10월, 국구상온國舅詳穩 소적렬蕭敵烈이 통주를 공격하였으나 흥화진장군 정신용鄭神勇과 별장 주연周演에 패배하여 700여명을 잃고 돌아가던중 압록강에서 고려군의 협공을 받아 익사자가 수없이 많았다. 규모가 비교적 큰 침략 외에 소규모의 공략은 계속되었다. 거란은 한편으로는 사신을 보내 강동6주를 찾으려 하였고 또 한편으로는 무력으로 탈취하려 하였다. 이런 화전和戰병행의 책략도 결국에 가서는 실

59) 『高麗史』 卷4, 「世家」 第4, 顯宗2年 12月條.
60) 『高麗史』 卷4, 「世家」 第4, 顯宗3年 4月條.
61) 『高麗史』 卷4, 「世家」 第4, 顯宗6年 4月 庚申條.

패하고 말았다. 1015년(현종6) 봄에 거란은 압록강 위에 다리를 놓고 이 다리를 보호하기 위하여 다리의 동서 양면에 성을 쌓기 시작하였다. 고려는 이것을 매우 싫어하여 이 다리를 공격하였으나 이기지 못하고 돌아왔다.[62] 같은 달 거란군이 흥화진을 포위공격하였으나 고려의 장군 고적여高積餘의 반격으로 물러났다. 그 뒤에도 거란군은 고려 북쪽의 여러 성에 공격을 가하여 왔다. 같은 해 정월 통주 · 용주龍州 · 영주寧州를 공격하였으나 모두 이기지 못하고 물러났다. 이해 전쟁에서 군사상 우세였던 거란군이 선화 · 정원定遠 두 개의 진을 취득하였다. 1016년(현종7) 정월, 거란의 장군 야율세량耶律世良 등이 곽주를 공격하여 고려 군민軍民을 참살하고 많은 군수품을 빼앗아 갔다.[63]

그 후 고려는 거란에 대하여 강경정책을 써서 거란 사신을 받아들이지 않았다.[64] 한편으로는 귀순해 오는 거란인들을 보호하였다. 또 한편으로는 동서여진을 회유하여 그들의 조공을 받고 대송외교도 다시 열어서 연합작전을 펴서 대규모 전투를 전개할 작정이었던 것이다.

거란은 대거란對高麗 작전수행을 위하여 여러 차례 총동원령을 내렸기에 병력의 소모가 많아 병력이 갈수록 저열低劣해져서 작전을 하면 할수록 패전의 횟수가 늘어만 갔다. 더욱이 고려는 수세를 취하고 거란은 공세를 취하였는데, 군사학적으로 말하면 공격의 병력수는 수비보다 몇 배가 되어야만 가능하다 하였으니 공격자의 위험성은 수비자에 비하여 매우 높은 것이다. 거란이 동원한 병력 자원은 여진인 및 승려 등이 포괄된 가히 오합지중이라 할 수 있었다. 이로써 거란의 동정전역東征戰役의 곤군상을 알 수 있다. 1017년(현종8) 5월, 추밀사 소합탁蕭合卓을 도통으로, 한인행궁도부서漢人行宮都部署 왕계충

62) 『高麗史』 卷4, 「世家」 第4, 顯宗6年 正月條.
63) 『高麗史』 卷4, 「世家」 第4, 顯宗7年 正月 庚戌條.
64) 『高麗史』 卷4, 「世家」 第4, 顯宗7年 正月 甲寅條.

王繼忠을 부도통副都統으로, 전전도점검殿前都點檢 소굴렬蕭屈烈을 도감都監으로 삼아 고려정벌에 출정시켰다. 이들이 먼저 흥화진을 공격하였으나 9일이 경과하여도 이기지 못하였다. 이때 고려 장군 견일堅一 등의 반격을 받아 많은 장졸을 잃고 물러났다.[65]

전쟁이 연속적으로 실패하자 이 수치를 설욕하고 대국의 명예를 만회코자 다시 대군을 모집하는 등 적극적인 준비를 하였다. 1018년(현종9) 10월, 동평군왕東平郡王 소배압蕭排押을 도통으로 삼고, 전전도점검 소굴렬을 부도통으로, 동경유수 야율팔가耶律八哥를 도감으로 삼아 고려정벌에 출정시켰다.

같은 해 12월, 이들이 10만 대군을 거느리고 압록강을 건넜다. 고려는 이미 대군이 쳐들어올 것을 알고 적극 대비함과 아울러 전시체제로 개편하여 평장사平章事 강감찬姜邯贊을 상원수上元帥로, 대장군 강민첨姜民瞻을 부원수로 삼아 군사 208,300명을 거느리고 영주에 나아가 진을 치도록 하는 한편 기병騎兵 12,000명을 정선精選하여 흥화진에 매복시켰다. 다시 큰 밧줄에 쇠가죽을 꿰어 성동천城東川을 막고 거란병이 오기를 기다리고 있었다. 오래지 않아 거란병이 성동천에 이르자 드디어 쇠가죽으로 막은 보袱를 개통시키니 거란병이 물에 함몰되기도 하고 사방으로 도망을 가던 중 또 복병이 일어나 좌우를 공격하였다. 여기서 천운天雲·피실皮室 2군의 병사들과 상온詳穩 등 익사자가 매우 많았다.[66] 거란군은 여기서 주저앉지 않고 군사를 이끌고 곧바로 개경으로 쳐들어갔다. 1019년(현종10)에 개경이 포위 공격되어 위급함을 고하자 원수 강감찬이 병마판관兵馬判官 김종현金宗鉉에게 군사 1만명을 거느리고 신속히 개경에 들어가 거란군의 공격을 막도록 하였다. 또 동북면병마사東北面兵馬使도 역시 칙지勅旨를 받들

65) 『高麗史』 卷4, 「世家」 第4, 顯宗8年 8月 壬辰條.

66) 『高麗史節要』 卷3, 顯宗元文大王9年 12月 戊戌條.

어 군사 13,300명을 거느리고 개경에 들어와 전투를 도왔다.67) 이렇게 개경방어가 증강되자 전황은 자못 거란에 불리하게 돌아갔다. 소배압이 개경 100여리 밖의 신은현新恩縣에 도착했을 때 고려민들은 모두 성내로 옮기고 견벽청야堅壁淸野의 작전을 전개하여 개경 근교가 모두 텅비어 있었다. 고려는 거란의 후방보급선의 혼란을 탐지하고 거란의 패를 알고 있었다.

거란군은 회군하려 하여도 대국의 위신을 잃을까 두려워 야율호덕耶律好德을 보내어 개경 통덕문通德門에 서신을 전하여 회군을 통고하였다. 대세를 만회할 방법이 없자 그 다음 날 회군하기 시작하였다. 그러나 이들이 연위주漣渭州에 다다랐을 때 강감찬의 기습을 받아 500여명의 군사를 잃었고, 귀주성龜州城을 지날 때에는 양군이 결전을 하였는데 거란군이 궤멸되었다. 그들이 출정시에 10만이라 호칭하였는데 퇴군시에는 생환자가 수천명에 지나지 않았다 하니 거란병의 패배가 이와 같은 적이 일찍이 없었다.68)

이 전역은 성종 일대의 극히 치욕적인 전쟁이였다. 이 전쟁 이후 일단의 기간은 전쟁도 왕래도 없었다. 1020년(현종11) 2월, 고려가 이작인李作仁을 거란에 보내어 표를 올리고 옛 같이 칭신稱臣하기를 원하였다. 그리고 억류중이던 야율행평도 풀어 주었다.69) 그 해 5월, 성종은 야율자충耶律資忠을 고려에 보내어 고려왕의 죄를 사하고 고려왕의 청을 들어 주었다. 그리하여 국교는 또다시 정상화되었다. 이로써 현종의 친조와 강동6주 귀환문제가 해결되었다. 1022년(현종13), 성종은 어사대부상장군御史大夫上將軍 소회례蕭懷禮를 고려에 보내어 현종을 개부의동삼사수상서령상주국고려국왕開府儀同三司守尙書令上柱國高麗國王,

---

67) 『高麗史節要』 卷3, 顯宗元文大王10年 正月 庚申條.
68) 『高麗史節要』 卷3, 顯宗元文大王10年 正月 辛酉條.
69) 『高麗史』 卷4, 「世家」 第4, 顯宗11年 2月條.

식읍食邑 1만호, 식실봉食實封 1천호로 책봉하고 거복의물車服衣物을 하사하였다.[70] 이번 책봉은 비록 공명첩이라고 하지만 전에 비하여 더욱 후한 것이었다. 고려도 양보하여 거란 연호를 채용하고 하여 양국의 관계는 정상화되었다.

(2) 거란의 대여진정책

1) 거란의 올야 경략

거란이 여진제부를 공략하면서 외곽으로 세력확장을 하여 올야兀惹에까지 미쳤다. 올야는 발해유민집단의 하나였는데 광의로 말하면 여진이다. 송과 통왕通往하여 군사동맹을 약속하고 거란을 공격하는데 돕도록 하였으나 막상 송이 거란을 공격하는 날에는 감히 출병하지 못하였다. 995년(통화13), 올야왕 오소도烏昭度와 연파燕頗 등이 연합하여 철려국鐵驪國을 공격하였다.[71] 철려국은 일찍부터 거란에 귀부하고 있었으므로 거란에 구원을 청하였다. 성종은 진노하여 즉시 해왕奚王 화삭노和朔奴를 도부서로, 소항덕을 부부서副部署로, 야율알랍耶律斡臘을 행군도감行軍都監으로 삼아 올야 정벌을 시작하였다. 거란군이 철려에 도착하여 올야의 투항을 명하였으나 올야는 듣지 않았다. 거란군이 급히 성을 공격하였으나 올야왕 오소도는 무리를 거느리고 사수하였다. 거란군이 성을 점거치 못하고 환군하려 하였으나 동경유수 소항덕이 극력 반대하였다. 거란군은 고려북변의 장백산계長白山系를 경유하여 요동으로 돌아갔다. 마침 겨울이라 날씨는 매섭게 추운데다가 길은 멀고 지형은 험한데 양식마저 떨어져서 인마사상人馬死傷이 헤아릴 수 없이 많았다.

그 실패의 원인은 첫째로 지리에 익숙하지 못한데다가 오늘날의

---

70) 『高麗史』 卷4, 「世家」 第4, 顯宗13年 4月條.

71) 『遼史』 卷13, 「本紀」 第13, 統和13年條.

홀한호忽汗湖 부근에서 포로모타부 및 갈뢰전의 여진 거주지를 경유하여 장백험령을 넘었기 때문이다. 이 지역은 동북아의 최저온지역이며 더욱이 겨울은 얼음과 눈이 쌓이어 보통 섭씨 영하 40°가 오르내리는 곳이다. 이번 이들의 회군 경로가 바로 이 지역이었다. 둘째로 그들은 동북정벌을 위한 군수기지軍需基地를 가지지 못하였다. 이 전쟁이후 거란은 이미 고려에 양여한 강동6주에 다시 주목하였다. 이곳을 회수하려 여러 차례 고려와 전쟁을 하였다.

996년(통화14) 4월, 성종은 패배 소식을 듣고 대노하여 패전의 죄를 물어 삭탈관직하였다. 그러나 거란은 올야 정벌을 잊지 못하였다. 이번에는 소항덕에게 명하여 포로모타부를 정토征討토록 하였으나 아무런 소득이 없었다. 그러나 올야왕은 다시 공격해 올까 두려워하여 전 부족을 들어 거란에 항부降附해 오니 거란은 올야정벌의 구실을 잃고 말았다.

2) 거란의 여진 회유

성종聖宗 초년에 여진 정벌을 계속함으로 인하여 대부분의 여진은 거란의 통제를 받게 되었다. 그들은 거란의 원정에 참여하기도 하고 조공을 바치기도 하여 부족의 명맥을 유지하고 그들의 거주지를 보호받았다. 993년(成宗12) 고려와 강화하고 여진이 살고 있던 강동 280리의 땅을 고려에 양여하므로 해서 이곳에 살고 있던 여진의 불만이 많았다. 그러나 어찌할 도리가 없었다. 1010년(통화28) 10월, 여진이 거란에 귀부歸附하여 양마 1만필을 바치고 고려정벌에 종정할 것을 청하여 성종의 허락을 받았다. 1013년(현종4), 여진이 거란병을 인도하여 압록강을 건너 고려경내로 쳐들어오기도 하였다. 그들은 어떤 때에 거란에 정보제공을 하기도 하였다. 예컨대 994년(통화12) 12월 같은 경우에는 여진이 송나라 사람들이 바다를 건너와 여진과 올야를 반란하도록 꾀었다고 보고한 일이 있었고, 또 1013년(개태2)에는 성종이 고려에 대해 정보를 잘 아는 여진인에게 물어서 고려의 지리와 군사정보를 얻은 적이 있었다. 또 어떤 때에는 포로를 헌상하기도 하였다. 즉 1004년(통화22), 여진이 사람을 보내어 사로잡은 오소경烏昭慶의 처자를 거란에 바치기도 하였다.

위에 기술한 여진의 동태를 참고하여 보면 거란은 여진을 이용하여 대개 아래와 같은 정책을 전개하였던 것이다. 첫째, 가만히 앉아서 말과 군사력을 얻어 정벌전에 이용하는 것이고, 둘째, 그들을 이용하여 여진내부 및 국제정보를 얻고자 하였고, 셋째, 세공歲貢을 통하여 귀중한 특산품을 얻을 수 있었다. 여진을 회유하는 방법은 사작賜爵과 사물賜物이다. 그들에게 정식으로 사작한 기사는 없으나 여진재상女眞宰相·이리저夷離底·갈소관대왕曷蘇館大王·여진태보女眞太保 등의 관명官名은 본래 여진에 없는 관명들이다. 이러한 관명이 나오는 것으로 보아 사작의 흔적을 알 수 있는 것이다. 또 1012년(개태원년) 장백산삼십여진 추장이 공물을 바치고 관직 등을 내려 주기를 빌었다는 기사로서도 알 수 있다. 『요사』「백관지百官志」에 순화왕부順化王府·북여진대왕부北女眞大王府·남여진대왕부南女眞大王府·갈소관로여진대왕부曷蘇館路女眞大王府 등의 기사가 있는데 이와 같은 기사로써 당시 거란의 대여진 회유책의 일면을 알 수 있다. 비록 조공과 회사품回賜品의 기록은 없지만 그들이 조공하지 않을 이유가 없었으며 회사품의 이득이 있었을 것이니 아마도 조공과 그에 따른 회사품은 틀림없이 계속되었을 것이다.

철려도 광의의 여진이다. 그들은 좀 일찍부터 거란에 귀부하여 계속 국가의 존립을 유지할 수 있었다. 철려는 매우 공근恭勤히 조공하여 거란의 보호를 받아왔다. 이렇게 한 거란의 내심은 여진제부의 중심에 자기 세력을 부식시켜서 여진을 통제코자 한 것이다.

995년(통화13), 올야의 오소도와 발해의 연파가 철려를 침공하자 거란은 해왕 화삭노를 보내어 토평코자 하였으나 이기지 못하고 물러났다. 그러나 올야는 더 이상 철려를 공격하지 못하였다. 철려도 학문을 숭상하였다. 1012년(개태원년) 8월, 철려의 사나沙那 등이 불상佛像과 유서儒書를 하사하여 달라고 빌자 성종은 호국인왕상護國仁王像 한구와 역易 · 시詩 · 서書 · 춘추春秋 · 예기禮記를 각 1권씩 하사하였다.[72] 반대로 거란도 그들의 특산품을 필요로 하였다. 1018년(개태7) 3월, 성종이 동북의 월리독 · 부아리剖阿里 · 오리미 · 포노리蒲奴里 · 철려 등 5부에 매년 초피貂皮 65,000장과 말 300필을 바치도록 명하였다.[73] 이것이 매년 그 수량대로 바쳐졌는지는 알 수 없으나 상당히 많은 수량이다.

비골덕은 북방의 먼 곳에 있었던 부족인데 계속 1년에 한 번씩 조공을 한 부족이나 관계가 그리 깊지는 않았었다.

이때 고려국 내에는 여러 종류의 여진지역인이 있었다. 첫째는 고려 태조 이래 귀화하거나 투항한 여진인으로 그들은 대부분이 군인이 되어 변지의 진성에 주둔하였으며, 태조가 후백제를 친정할 때 참여한 여진 · 달고 · 철리 등이 바로 그들이다. 둘째는 발해 멸망 후에 귀부歸附한 발해유민이 있다. 이 발해유민중에는 거란의 제1차 고려 침공시에 안융진장安戎鎭將 중랑장이던 대도수와 같은 이가 있다. 그는 발해태자 대광현大光顯의 아들이었다. 대거란전 참가자를 송인宋人 이도李燾나 마단림馬端臨은 고려와 여진의 합병合兵이라 지칭하였다. 그들이 지칭한 것은 이미 귀부한 여진인이다. 그때의 여진인은 몇 가지로 분류할 수 있다. 첫째는 거란에 의부依附하여 종정한 자이다. 일찍이 화주방어랑중 유종이 입조코자 온 여진추장 95명을 죽인으로

72) 『遼史』 卷15, 「本紀」 第15, 開泰元年 8月 丙申朔條.

73) 『遼史』 卷16, 「本紀」 第16, 開泰7年 3月 辛丑條.

해서 고려를 배반하고 거란에 가서 말 1만필을 바치고 종정을 자원했던 이들이 있으며, 둘째는 고려에 회유되어 고려에 조공을 바치던 동서여진이 있다. 이들의 공품貢品은 모두 양마 · 갑무 · 병장 등 군수품이었다. 1010년(현종 원년)부터 1018년(현종9)까지 10년간 여진이 조공한 물화는 대부분 말과 병기이고 진공한 부족은 여진 · 鐵利(려) · 동여진 · 서여진 · 서북여진 등이며 구체적인 공품명은 말 · 갑무 · 철갑 · 병기兵器 · 병장 · 갑주이다. 이 이외에도 초서 · 청서 · 초피 등이 있다. 고려가 회사回賜한 물품은 의대衣帶 · 화물貨物이다. 혹은 사작 · 증직增職 등으로 무위撫慰하기도 하였다. 이는 고려가 대거란 전투를 적극 준비하면서 여진에게 말과 병기를 요구한 것 같다. 이러한 사실은 바로 한가노韓家奴가 발해 · 여진 · 고려가 합종연형하고 있다고 말한 것으로도 증명이 된다. 세 번째 부류는 일부 동여진 해적행위자이다. 그때 고려는 거란과 전쟁중이라서 동서여진인들의 생활을 돌아볼 여가가 없었다. 여진해적들은 고려의 수비이완을 틈타서 왕왕 고려의 동해연읍東海沿邑 등을 노략하였다. 거란이 제1차 고려 침입으로 인하여 동북면 수비가 소홀한 틈을 타서 등주登州에 침구侵寇하여 주진촌州鎭村 30여 곳을 불태우고 물러갔다. 이에 고려는 과선戈船 75척을 만들어 진명구鎭溟口에 정박시키고 해적을 대비하게 하였다.[74]

1011년(현종2)은 거란의 제2차 전쟁이 종식되었을 때인데 동여진 해적 100척이 경주慶州에 침구하였다. 고려는 부득이 청하淸河 · 흥해興海 · 영일迎日 · 울주蔚州 · 장기長鬐 등 고려 동남해안 일대에 성책을 쌓고 해안방비를 삼엄히 하였다. 그러나 1012년(현종3) 동여진 해적들이 또다시 청하 · 영일 · 장기 등지를 침범하였다. 더욱이 1018(현종9)부터 여러 차례 우산국于山國을 침입하여 섬 전체가 비었다. 그들은 한걸음 더 나아가 일본의 하카타만博多灣까지 가서 사람과 물화

74)『高麗史節要』卷2, 穆宗宣讓大王 8年 3月條.

를 약탈하였다. 당시 일본인들이 도이적刀伊賊이라 한 것이 그들이다. 이 여진해적들은 현종 때부터 덕종 때까지 재차 동해안 일대에 창궐하여 그 정황은 매우 걱정스러울 정도였다. 고려 조정은 이곳 동해안 9현의 백성들에게 조부租賦를 면제하여 주고 지방의 관부官府를 산곡山谷으로 이치시키기도 하였다.

4. 거란 · 고려의 만기(1021-1125) 관계와 여진

(1) 거란 · 고려의 평화속의 분쟁

1019년(현종10), 거란과 고려가 화해한 후 한동안 평화상태가 지속되었는데 이 기간 양국의 왕래는 이전보다 빈번하였다. 그러나 다만 고려는 거란에 대하여 경계심을 늦추지 않았다. 거란 역시 고려북면의 수군戍軍을 완전히 철회하지 않고 압록강 안의 보주保州 · 의주宣州 두 진에 상주시켰다.[75] 고려가 거란의 태도를 보니 고려북경에 영구히 주둔하고 기회만 오면 압록강 동안東岸의 땅을 취하려는 것 같았다. 1029년(현종20), 발해인 대연림이 거란 동경東京에서 난을 일으켜 일시 대소동이 발생하여 남북여진이 모두 연림에게 귀부하였다. 이때 고려의 일부 조신朝臣들은 이 기회를 틈타 거란을 공격하자고 주장하였으나 군신의 의견이 분분하였다. 이때 주전론자였던 형부상서 곽원郭元이 이 기회를 이용하여 압록강 동안의 거란 성보를 공격하기를 주장하고 나섰다.[76] 그러나 시중 최사위崔士威, 평장사 채충순蔡忠順 등이 신중론을 전개하기를

75) 金渭顯, 「遼代渤海復興運動的性格」, 『明大論文集』 11, 1978, 227쪽.
76) 『高麗史節要』 卷3, 顯宗元文大王 20年 11月條.

"兵者危事, 不可不愼, 彼之相攻, 安知非我利也? 但可修城池, 謹熢燧, 以觀其變耳。"[77]

라 하자 왕이 드디어 신중론을 쫓았다.

과거에 거란이 침입했을 때 성보城堡가 수축되지 않아서 강동의 여러 성과 수도 개경이 아주 쉽게 함락되었으므로 고려는 이 시기를 이용하여 북방변새北方邊塞에 천리장성을 축조하고 아울러 개경나성開京羅城도 개축하였다.

고려가 먼저 장성을 축조한 것은 그 목적이 거란과 여진 방어에 있었다. 1010년(현종 원년)에 이미 축성이 시작되어 먼저 덕주德州에 쌓고, 1016년(현종7)에는 선주宣州·철주鐵州에 쌓았고, 1017년(현종8)에는 안의진安義鎭에, 1019년(현종10)에는 영평진永平鎭에, 1023년(현종14)에는 요덕진耀德鎭에, 1027년(현종18)에는 현덕진顯德鎭·청새진淸塞鎭에 쌓았고 아울러 고성古城도 수축하였다. 1028년(현종19)에는 용진진龍津鎭에 성을 수축하였다. 1029년(현종20)에는 평장사 유소柳韶를 보내어 위원진威遠鎭·안융진·인주隣州·영덕진寧德鎭에 성을 수축하였다.[78] 또 해안에 인접한 여러 요충지要衝地에도 축성하였다. 예컨대 1011년(현종2)에는 청하·흥해·영일·울주·장기 등지에 축성하였고, 1021년(현종12)에는 동래東萊에 축성하였다.

1031년(덕종 즉위년), 덕종이 즉위하자마자 즉각 압록강 성교城橋를 철훼할 것과 거란에 포로가 된 고려인을 돌려보낼 것을 청하였으나 거란이 듣지 않았다.[79] 이에 고려는 보복할 생각으로 매년 보내던 하정사賀正使를 중지하였고, 익년(덕종원년: 1032), 거란사신이 내원성까

77) 『高麗史節要』 卷3, 顯宗元文大王 20年 12月條.

78) 『高麗史』 卷82, 「志」 第36, 兵2, 城堡條.

79) 『高麗史』 卷5, 「世家」 第5, 德宗卽位年 10月 辛巳條.

지 왔으나 받아들이지 않는 등 강경태도를 취하였다. 이때는 거란 방어를 위한 변성邊城이 이미 완성이 되었으므로 강경태도를 보였던 것이다. 동시에 돌발적인 전쟁도 막기 위하여 삭주朔州 · 영인진寧仁鎭 등에도 성을 쌓았다.[80] 1033년(덕종2), 덕종이 평장사 유소에게 북쪽 국경 전역에 관성關城을 쌓도록 명하였다.[81] 이때 완공된 관성이 장장 1천여 리나 뻗었는데 곧 서해안 압록강의 바다에 접하는 곳에서 시작하여 위원 · 흥화 · 정주 · 영해 · 영덕 · 영삭 · 운주 · 안수 · 청새 · 평로 · 영원 · 안융 · 맹주 · 삭주 등 13개 성에다가 요덕 · 정변 · 화주 3개 성을 연접하여 곧바로 동해 바닷가 도련포都連浦에 이르는 것이다. 성의 높이는 25척이며 전부 석조石造로 이루어졌다. 100만의 군민이 동원되었는데, 이 성들의 주요 공능은 거란방어와 여진 기미羈縻에 있었다.[82]

고려가 처음 축성할 때 거란이 심히 의심하고 나왔다. 시공하자 불과 2개월 만에 거란이 정주靜州를 공격하였으나 이득 없이 물러났다.[83] 1033년(정종 원년) 거란이 고려에 대하여 강경한 항의서를 제출하였다.[84] 대연림의 난 때부터 공로貢路가 막혀서 조공을 바치지 않았으나 서로가 상안무사相安無事하게 수년이 지났다. 거란은 고려가 성채를 쌓는 연유가 무엇인지 알지 못하자 고려로 하여금 입공入貢하도록 협박하고 나왔다. 고려 영덕진寧德鎭이 거란 내원성에 회첩回牒을 하였는데 이 첩의 내용을 보면 거란의 문책에 대하여 조목조목 답변하고 있는데 그 어조가 매우 강경하였다.[85] 거란이 불안히여 고려

---

80) 『高麗史』 卷5, 「世家」 第5, 德宗卽位年 正月 乙酉條.
81) 『高麗史』 卷5, 「世家」 第5, 德宗2年 8月 戊午條.
82) 『高麗史』 卷82, 「志」 第36, 兵2, 城堡條.
83) 『高麗史』 卷5, 「世家」 第5, 德宗2年 10月 丁未條.
84) 『高麗史』 卷6, 「世家」 第6, 靖宗元年 5月 甲辰條.
85) 『高麗史』 卷6, 「世家」 第6, 靖宗元年 6月條.

의 본의를 탐지하고자 1037년(정종3) 병선兵船으로 압록강을 공격하였다. 그러나 아무런 이익이 없이 물러났다. 1039년(정종5) 8월, 옛날같이 수호하고 고려가 거란연호를 받들었다. 이후 거란은 두 번 다시 고려의 축성에 관하여 간여하지 않았고 고려는 편안하게 준공할 수 있었다.

장성완공 이후 또 작은 문제가 발생하였다. 정종 4년(1038)에 수호하고 이어서 문종 초년까지는 아무런 사단이 발생하지 않았다. 다만 1054년(문종8) 7월, 거란이 또 대고려 압박정책을 강화하고 나섰다. 포주성抱州城 동쪽에 궁구문란弓口門欄을 설치하고, 또 우정郵亭도 창설하였다. 고려는 이것이 침략의 전조라 의심하고 조야朝野가 긴장하여 사신을 거란에 보내어 궁구문란과 우정을 철훼토록 요구하였다.[86] 1062년(문종16) 거란이 또 의선군義宣軍 남쪽에 매매원賣買院 설치를 제의하였다. 고려가 이를 이해하지 못하자 마침내 철회하고 말았다. 1074(문종28) 거란이 정융성定戎城 북쪽에 탐수암探守庵을 설치하자 양국의 의견충돌이 그치지 않았다. 1075년(문종29) 거란 추밀원사동경병마도부서樞密院事東京兵馬都部署가 압록강 동쪽 강역疆域에 국경을 다시 협의하자고 고려에 이첩移牒하였다.[87] 고려는 지중추원사知中樞院事 유홍柳洪과 상서우승尙書右丞 이당감李唐鑑을 보내어 공동으로 지계地界를 감정勘定하게 하고 또 박인량朴寅亮을 보내어 압록강을 지계地界로 삼고자 하였으나 의견이 일치되지 못하여 미정인 채로 돌아왔다. 1086년(선종3) 거란이 또 압록강 동안에 각장을 설치하니 고려가 이것도 믿지 못하여 같은 해 5월, 고주사告奏使로 상서우승尙書右丞 한영韓瑩을 거란에 보내어 각장철폐를 요구하였다. 그러나 거란은 허락하지 않았다. 1088년(선종5) 고려가 또 표를 올려 각장을 파할 것

86) 『高麗史』 卷7, 「世家」 第7, 文宗9年 7月 丁巳條.
87) 『高麗史』 卷9, 「世家」 第9, 文宗29年 7月 癸酉 및 乙卯條.

을 요청하였으나 거란은 여전히 허락하지 않았다.88) 고려는 그들의 용의를 알지 못하여 몰래 영을 내려 경계를 더욱 엄하게 하였다. 같은 해 2월, 중추원부사中樞院副使 이안李顔을 귀주에 보내어 계비戒備케 하고,89) 또 1091년(선종8) 정월, 서북면병마사 유홍의 건의로 병차兵車를 만들어 귀주에 설치하였다.90) 고려의 반응이 매우 과격해져 각장 역시 부진해지고 양국의 왕래도 정규 사신 외에는 모두 파하였다.

또 다른 방면으로는 신력神力을 빌려 거란군을 물리치고자 하여 호국기복護國祈福을 위한 각종 법회를 열었는데 그 규모도 크고 횟수도 잦았다. 고려 각 시대에 팔관회를 열었는데 그 횟수는 다음과 같다. 정종 4차, 문종 11차, 선종 3차, 숙종 10차, 예종 7차나 된다. 또 연등회 등도 있었는데 각종 법회의 회차를 보면 현종 때에 연등회 2차 및 인왕도량仁王道場 4次, 덕종 때에 연등회 1차, 정종 때에 연등회 5차 및 인왕도량 1차, 문종 때에 연등회 8차 및 인왕도량 6차, 선종 때에 연등회 1차 및 인왕도량 4차, 헌종 때에 연등회 10차, 숙종 때에 연등회 10차 및 인왕도량 8차, 예종 때에 연등회 9차 및 인왕도량 14차였다. 그밖에 금강도량金剛道場과 기타 도량(제석도량帝釋道場·오백나한재五百羅漢齋 등)이 있었다.91) 또 불교 경전 간행도 있었다. 즉 8만대장경 간행이 그것이다. 고려는 위에 기술한 각종 행사로 백성들의 생활을 안정시킴과 아울러 백성들의 정신을 단결시켜 그들 마음속에 필승의 신념을 심어 준 것이다.

거란 흥종興宗 때 거란에는 흥종의 생모 법천황후法天皇后와 양모 제천황후齊天皇后의 권력 다툼이 일어나 일단의 소란을 일으켰다. 이

---

88) 『高麗史』 卷10, 「世家」 第10, 宣宗3年 5月 丙子條 및 宣宗5年 9月條.

89) 『高麗史』 卷10, 「世家」 第10, 宣宗5年 2月 甲午條.

90) 『高麗史節要』 卷4, 宣宗思孝大王 8年 正月條

91) Roger Leverrier, *Etude sur les rites Bouddhiques à l'époque du Royaume de Koryo* (Printing papers), 1970, p.96.

사건이 지나가고 정치가 안정을 되찾자 남조南朝인 송에 간여하기 시작하였다. 송이 서하에 대하여 이러지도 저러지도 못하고 있을 때 흥종은 그 기회를 타서 남관10현關南十縣을 취하고자 하였다. 그가 군신회의를 소집하자 주전론과 반전론이 맞섰는데 각각 그만한 이유가 있었다. 그러나 흥종은 주전론을 취하고 송을 정벌할 준비를 하였다. 흥종은 먼저 송에 사신을 파견하여 송이 군사를 일으켜 서하를 정벌한 것과 연변에 관성을 수축한 것을 들어서 책문하였다. 송 조정은 사신을 보내어 서하정벌과 설관設關의 정당성을 설명하였다. 이 일로 여러 차례 사신이 통왕한 후에 결국은 세폐로 은견銀絹 20만 량필을 증액하는 것으로 결론이 났다. 아울러 서하국이 송에 신속臣屬하는 것도 인정하였다. 그 후 흥종은 서하국의 태도에 불만을 품고 사신을 서하국에 보내어 서하왕을 책문하였다. 그러나 서하는 진상을 고하지 않았다. 1044년(중희13), 서하정벌에 나섰으나 거란이 패배하였다. 서하가 비록 거란을 이겼으나 나라가 적고 국력이 약하니 지구전에는 불리하므로 거란을 향하여 과거의 우호관계로 돌아가기를 청하므로 거란은 이를 받아들였다. 결과적으로 거란은 전쟁에 패하고 재화도 잃고 위엄마저 떨어졌을 뿐이다.

거란 도종道宗 때에도 내부에 문제가 있었다. 1055년(淸寧 원년), 도종이 흥종의 장자로서 황위에 올랐다. 그러나 황태숙皇太叔과 그 아들 열로고涅魯古가 역모하여 수차례 범궁犯宮을 하다 패하여 대막大漠으로 도주하였다가 세궁로진勢窮路盡하자 자절自絶하고 말았다.

또 야율을신耶律乙辛이 공이 있어서 자못 도종의 총애를 받아 정권을 장악하고 국사를 전횡하였다. 그는 아부하는 자는 발탁하고 충신은 물리치는 전형적인 간신배였다. 심지어 황후와 황태자까지 무고하여 주륙시키는 등 그 정도가 지나쳐서 국가기강이 해이해졌다.

그의 치세에 밖으로는 송과 지계교섭地界交涉이 있었다. 함옹연간

咸雍年間에 이르러서는 국난國難이 수습되자 송에 대하여 도전하였다. 함옹7년(1071) 이후부터 거란이 부단히 송의 국경을 침입하여 나무를 베고 어로를 하였다. 또한 여러 차례 인마人馬를 남쪽 경계에 대거 투입시켰다. 이로 인하여 송 조정이 두려워하여 사람을 파견하여 거란의 동정을 살피었다. 송이 거란에 항의를 하였으나 거란은 상관하지 않고 여전히 웅주雄州에 출입하였다. 1074년(함옹10) 거란이 소희蕭禧를 송에 보내어 다시 국토의 경계를 정하자고 요구하였다. 결과 울蔚·응應·삭朔 3주 연변의 분수령을 경계로 삼았다. 송의 손실이 매우 많았다.

(2) 거란의 여진 회유책

흥·도종의 치세에는 대개 송·서하 방면에 간여하고 동북지역에는 회유징책으로 수장首長들을 어루만졌나. 그 방법을 말할 것 같으면 관직을 내려 여진제부를 농락한 것이다. 예컨대 1027년(太平7) 정월, 여진 백루白縷를 척은惕隱으로 삼고 포마浦馬를 암모부巖母部의 태사로 삼았다. 1041년(중희10) 여진 태사 대압臺押을 갈소관대왕으로 삼고, 1046년(중희15), 여진부장 차모遮母가 무리를 거느리고 내부來附하자 태사로 관직을 추가하였다. 1082년(太康8) 황룡부여진부장黃龍部女眞部長 출내朮乃가 부족민을 거느리고 내부하자 관직과 인수印綬를 하사하였다.

위에 기술한 자료를 살펴보면 귀부 및 유공자에게는 관직을 수여하였는데 그 직명은 대왕·부장·태사 등이었으며 한편으로는 척은·상온 등의 거란 관직을 주기도 하였다. 숙여진왕부熟女眞王府의 관리로 임명된 자는 거란인이었다. 예컨대 1046년(중희15) 북여진상온北女眞詳穩 소고륙蕭高六이 해육부대왕奚六部大王이 되었고, 1060년(청녕6) 동북로여진상온東北路女眞詳穩 고가노高家奴가 척은이 되었으며, 1085년

(大安 원년), 남여진상온南女眞詳穩 소포리蕭袍里가 북부재상北府宰相이 되었다. 소고륙·고가노·소포리 등은 여진인이 아니었다. 고륙과 포리는 거란인이었을 것이며, 소씨蕭氏는 황후족이기에 그들만이 북부재상을 맡을 수 있었다. 고씨高氏는 아마도 발해인이었을 것이다.

대부분은 절도사의 직을 받았는데 예컨대 만섭부滿聶部 발을문拔乙門, 완안부 오고내烏古迺 등의 직이 절도사였다. 그들은 자칭 태사라 하였다.

여진에 왕부王府를 설치한 자도 많았다. 왕부를 설치한 자는 여진국순화왕부女眞國順化王府(보녕9년 그들이 재상직을 청해 와서 통화8년 하해[阿海]를 순화왕[順化王]으로 봉하였고, 천경2년에는 순화왕을 대왕으로 봉하였다)·북여진대왕부北女眞大王府·남여진대왕부南女眞大王府·갈소관로여진대왕부曷蘇館路女眞大王府(합소곤부여진왕[合蘇袞部女眞王]·합소여진왕[合素女眞王]·소관도대왕[蘇館都大王])·장백산여진대왕부長白山女眞國大王府·압록강여진대왕부鴨綠江女眞大王府·빈해여진국대왕부濱海女眞國大王府·황룡부여진대왕부黃龍部女眞大王府 등이 있었다. 비록 문헌상으로는 국왕의 봉작내용이 보이지 않으나 아마 순화왕과 같은 내용의 봉왕封王이 이루어졌을 것이다.

여진의 대거란 공마貢馬는 중희 16년(1047)부터 비교적 많았다. 송 건국 초 30년간은 대송마수출량對宋馬輸出量이 연 1만 필이었다. 거란이 말 수송로를 막으면서 방향을 바꾸어 고려에 공마를 하더니 1033년 고려가 북변에 장성을 쌓고 거란과 강화를 하면서 말의 수요는 더 이상 필요치 않았다. 그들은 다시 방향을 바꾸어 거란에 공마를 하였다. 1047년 이후 여진은 매년 거란에 공마를 하였다. 그 수는 알 수 없다.

거란이 아시아의 최강자로 떠오르면서 황실과 귀족의 생활도 점차 사치스러워져 갔다. 그들은 사냥을 매우 즐기었다. 그리고 이 사냥에서 응골鷹鶻이 필수품이었다. 그러나 응골의 생산지는 여진이다. 여진이 매년 응골을 바치지만 그들의 수요를 충족시키지 못했다. 그래서 거란은 은패사자銀牌使者(포응사[捕鷹使])를 직접 생여진제부에 투입시켜서 응골을 찾아냈다. 소위 은패사자가 여진 전지역을 돌아다니면서 그 횡포가 극심하였다. 그래서 대부분의 여진제부는 은패사자의 진입을 거절하였다. 그들은 중하호中下戶에서 숙식을 하면서 매일 밤 미출가녀의 천침薦枕을 요구하였다. 그러다가 뒤에 와서는 은패사자가 끊임없이 찾아들었고, 마침내 미호부인美好婦人의 천침까지 요구하게 되었다. 이로 인하여 여진제부는 모두 천사를 기피하였다. 그러자 거란이 무력으로 응로鷹路를 개통하려 하였으나 작전이 그리 쉽지 않아서 완안부를 이용하여 쉽게 개통하였다.92) 반대로 완안부는 대국의 위세를 이용하여 인부隣部를 공격하는 수법으로 자기 부의 지위를 제고시킴과 동시에 인부를 병합해나갔다.

1103년(건통3), 거란인 소해리가 거란군사 2천여 명을 거느리고 반란하여 건주성乾州城 창고를 습격하여 병기와 갑주를 탈취하여 생여진지역으로 도망하였다. 천조제天祚帝는 소해리를 포획하려고 대신大臣 사가노郝家奴에게 해리를 추격토록 하였으나 해리를 잡지 못했다. 하는 수 없이 완안영가完顔盈歌에게 위탁하였다. 영가는 여진제부에 통첩하여 경기 1천기를 모집하여 스스로 장수가 되어 거란과 해리의 싸움을 관망하였다. 그러나 거란군이 해리에게 패하였다. 거란이 영가에게 다시 청하니 영가는 곧바로 해리의 군중軍中으로 돌진하였고, 아골타가 장궁長弓으로 해리를 명중시켜서 해리의 수급을 얻었다.93) 이로써 완안부의 명망은 여진제부에서 크게 떨치었다. 그리고 여진제부는 날이 갈수록 거란을 얕보기 시작하였다. 천사들의 횡포와 해리 추포追捕의 실패는 거란의 위세를 점점 잃어가게 하였다.

92) 金渭顯, 「完顔部的女眞統合策」, 『遼金史硏究』, 裕豊出版社, 1985, 152쪽.
93) 위의 책, 147쪽.

(3) 고려의 여진 회유와 정벌

여진제부 중에는 적지 않은 부족이 고려에 접근하였다. 그들은 일찍부터 고려와 교왕한 경험이 있고 또 지역이 서로 가까이 접해 있어서 서로 왕래하였다. 고려는 여진을 동·서여진으로 나누어 불렀다. 동여진은 갈뢰전에 있는 여진이고(혹은 동번이라고도 한다), 서여진은 압록강하류에 있는 여진이다(혹은 서번이라고도 한다).

994년(성종13) 거란이 강동6주를 고려에 양여하였는데 이 지구는 두 가지 중요한 기능을 하였다. 하나는 고려의 대거란 전략기지가 되었으며 또 하나는 거란과 동여진의 통로를 차단하게 되었다는 것이다. 이로 인하여 고려는 쉽게 동서여진을 회유하였다. 거란이 여러 차례 고려를 공격하였으나 모두 실패하자 동서여진은 더욱 고려에 귀부하였다. 그들은 늘 고려에 방물을 바치고 사물賜物을 받아갔다. 어떤 때에는 거란으로부터 받은 직첩을 고려에 바치고는 새로 고려의 직첩을 받아가기도 하고, 어떤 때에는 무리를 거느리고 와서 고려에 귀부하기도 하였다. 고려와 동서여진의 교섭 내용은 대개 아래와 같다.

동여진 : 동여진의 고려에 대한 입공은 이미 정종3년(948)부터 시작되었다. 그러나 정식 입공은 현종2년(1011) 이후이다. 그들이 고려에 오는 명목은 세 가지이다. 첫째는 조공, 둘째는 조근朝覲, 셋째는 귀부이었다. 그중에서도 제일 중요한 것이 조공이다. 먼저 진공시기進貢時期를 보면 입공시점은 일정하지 않았다. 어떤 때는 봄철(정월·2월·3월)이고 어떤 때는 여름철(5월 혹은 8월)이었는데 다만 봄철 진공이 위주였다. 그 이유는 겨울철에 잡은 동물들의 피혁皮革·모물毛物 등을 말리고 가공하여 봄철에 바치기 때문이다. 그들의 공물은 대부분

이 수피獸皮와 모물이었다. 5월 내지 8월의 진공품은 대부분이 말이었다.

내공자의 신분도 일정하지 않았다. 그러나 대부분이 추장이지만 간혹 추장의 아들도 왔다. 현종 연간에 내공자의 신분은 대부분이 고려관직을 가진 자들이었다. 그들의 진공품은 대부분이 말 · 기장器仗 · 병기 · 갑주 · 궁시 · 궁노 · 고시楛矢 · 과선戈船 등의 군수품과 초서피 · 청서피 · 초피 · 금 등의 토산품이다. 고려가 회사回賜하는 물품은 의물衣物 · 소 · 금백金帛 · 그릇 · 포백布帛 등 생활필수품이었다. 고려에 진공한 차수는 다음과 같다(『고려사』에 의거한 것임).

정종(945~949) 1차	순종(1083~1084) 1차
현종(1009~1031) 31차	선종(1084~1094) 13차
덕종(1031~1034) 12차	헌종(1094~1095) 1차
정종(1034~1046) 32차	숙종(1095~1105) 8차
문종(1046~1083) 63차	예종(1105~1122) 4차

위에 기록한 동여진이 고려에 진공한 차수는 동여진 일부가 진공한 수치이다. 이 수치와 여진 등이 거란에 진공한 수치(동북의 군소부족 전체가 진공한 수치)와 비교해 보아도 차이가 많지 않다. 이와 같음을 보면 고려의 대여진 기미력羈縻力이 증강되었음을 알 수 있다.

진공자의 인원수도 일정하지 않았다. 어떤 때에는 추장이 전 부락민을 거느리고 올 때도 있었고 어떤 때에는 2~3명이 올 때도 있었다. 고려가 여진을 회유하는 방법도 사작賜爵 · 회사回賜 등의 방법이다. 먼저 관직을 수여하고(이는 명분상 신복임) 그 다음에 공물을 바치는 절차를 밟았다. 진공의 성격은 일종의 공무역으로 여진이 토산품을 바치면 고려는 생필품을 회사하는 것이다. 고려가 여진의 진공을 허락하는 데에는 2가지 뜻이 있다. 첫째는 여진인들이 필요로 하는 생활필수품을 공여해서 변지의 소요를 미연에 막겠다는 것이고, 둘째는 여진과의 연합을 이용하여 거란의 침입을 제지하고 아울러 정보를 얻을 수 있어서이다. 여진이 고려에 대한 진공의 목적은 생활필수품 획득과 유사시 고려에 의부코자 한 것이다. 바꾸어 말하면 고려와 여진이 상호 이용코자 한 것이다.

여진인들은 비교적 이해타산이 빨라서 자기의 이익을 위해서는 좌우에 기대었다. 어떤 때에는 거란에 진공하여 그들로부터 직첩을 받고, 또 어떤 때에는 고려에 진공하여 고려의 직첩을 받았다. 이러한 행위는 회사품回賜品의 후박厚薄 여부에 기인한 것이다. 고려는 여진에 대하여 좌우로 접근하는 행위를 금지시켰다. 만약에 이미 거란직첩을 받고 있는 자이면 응당 거란의 직첩을 고려에 납부한 후에야 고려의 직첩을 고쳐 받도록 하였다. 예컨대 1036년(정종2) 4월, 동여진 수령 아도한阿道閒이 이미 거란의 태사직첩太師職帖을 받고 또 고려에 귀부코자 하였다. 고려는 그의 거란 태사직첩(여진인들은 늘 절도사를 태사라 칭한다. 사료상 태사는 아마 절도사의 오기일 것이다)을 회수하고 다시 고려의 정보正甫로 개수改授하였다.[94] 또 1054년(문종8) 10월, 동여진의 니다불尼多弗·실빈實彬·염한鹽漢·비단比丹·마리불摩里弗 등이 이미 거란의 관직을 받고도 고려의 직첩을 요구하였다. 고려는 그들의 거란직첩을 회수하고 고려직첩으로 개수하였다.[95] 또 1079년(文宗33) 4월, 서여진 수우나須于那 등 6명이 고려에 와서 스스로 그들이 받은 거란 직첩을 납부하고 고려의 원보元甫로 고쳐 받았다.[96] 또 1106년(예종 원년) 2월, 북여진 추장 고란高亂·아어대阿於大 등 42명

---

94)『高麗史』卷6,「世家」第6, 靖宗2年 4月 乙丑條.
95)『高麗史』卷9,「世家」第9, 文宗8年 10月 乙丑條.
96)『高麗史』卷9,「世家」第9, 文宗33年 4月條.

이 고려에 와서 역시 거란직첩을 스스로 납부하고 고려의 직첩으로 고쳐 받았다.97) 여진인의 이런 행위는 거란에 반역한 것이다. 고려의 이러한 태도는 거란에 도전이다. 거란이 비록 알고는 있어도 어찌할 수 없어서 방임하고 있을 뿐이었다.

고려는 여진의 배은행위를 방치하질 않았다. 여진의 배신에는 즉각 체포하였다. 예컨대 1037년(정종3) 2월, 사이라沙伊羅 등이 고려직첩을 받고도 한편에서는 거란과 내통하다가 그 일이 고려에 발각되자 고려는 군사를 보내어 잡아다가 투옥시켰다.98) 어떤 때에는 잡아다가 고문까지 하였다. 1103년(숙종8) 허정許貞·라불羅弗 등이 고려를 모해하니 고려가 즉각 군사를 보내어 잡아다가 광주廣州에 투옥시키고 고문하었다.99) 위의 사례들을 보면 고려는 여진내정에 깊이 간여하였음을 알 수 있으며 거란세력은 이미 상당히 감퇴하였다고 하겠다.

고려 직첩을 사여하는 데에도 많은 계층이 있었다. 크게 두 계통이 있었다. 정조正朝·좌윤左尹·원보元甫·대상大相·대승大丞 등의 향관직계鄕官職階와 귀덕歸德·회화懷化·유원柔遠·봉국奉國·회원懷遠·영새寧塞·영원장군寧遠將軍 등의 장군직계將軍職階가 있었다.100) 이러한 직계는 고려의 정규직계가 아니고 전문적으로 귀화자들에게 내리던 관계官階이다. 귀순주歸順州에는 별도로 도령都領을 설치하였다. 도령은 주정州政을 통할하는데 여진인으로 임명하며 모두가 추장이다. 도령 관지은 수여하는 대상은 동서여진 제부의 추장들이다. 이외에 변새邊塞를 개척한 유공자들에게 증작增爵하기도 하고 개작改爵하기도 하였다.

97) 『高麗史』 卷12, 「世家」 第12, 睿宗元年 2月 辛卯條.
98) 『高麗史』 卷6, 「世家」 第6, 靖宗3年 2月 己未條.
99) 『高麗史節要』 卷7, 肅宗明孝大王 8年條.
100) 江原正昭, 「高麗の州縣軍に關する一考察」, 『朝鮮學報』 28, 58쪽.

서여진 : 고려가 북방개척 과정 중 제일 먼저 접촉한 민족이 서여진이다. 서여진은 압록강 남북안南北岸에 산거散居하였는데 고려와 서여진이 모두 거란의 침구를 받고 있어서 공통적으로 거란을 미워하는 처지라 늘 고려를 도왔다. 어떤 때에는 정보도 제공해 주고 어떤 때에는 도적도 잡아주었다. 이들은 고려에 진공하였는데 『고려사』에서 서여진이 진공한 차수를 보면 대개 다음과 같다.

현종(1009~1031) 14次　　덕종(1031~1034) 7次
정종(1034~1046) 12次　　문종(1046~1083) 11次
선종(1084~1094) 1次　　숙종(1095~1105) 3次
예종(1105~1122) 1次

공품은 동여진과 대체로 유사하였다. 즉 철갑·말·갑무·궁노·병장·낙타 등 군수품과 초서피 등 토산품이 위주였다. 회사품은 의복·화물 등의 생활필수품이었다.101)

내린 직첩도 동여진과 차이가 없다. 그 직첩은 대상·정조·지인持印·보윤甫尹·원보·대승 등의 향관직과 영새·귀덕·봉국·유원·회화장군 등의 장군직이었다.102)

동서여진의 내조자도 적지 않았다. 내조의 뜻은 곧 성은聖恩에 감화해서 친조한다는 뜻이다. 『고려사』에 실린 동서여진 내조의 차수는 대개 다음과 같다.

현종(1009~1031) 27차　　덕종(1031~1034) 9차
정종(1034~1046) 35차　　문종(1046~1083) 18차

101) 金渭顯, 『契丹的東北政策』, 147쪽.
102) 江原正昭, 앞의 논문, 50쪽.

숙종(1095~1105) 17차　　예종(1105~1122) 13차

전체 고려와 여진관계를 관찰해 보면 진공의 차수보다 내조의 차수가 더 많다. 후기로 내려오면서 내조의 차수가 진공 차수보다 많아진다. 그 원인은 대여진 영향력과 반비례한다. 숙종·예종 연간에 완안부 세력이 이미 팽창되어 오히려 완안부로 귀부하여 갔고, 일부분은 아직도 고려에 의존하고 있었다. 그때 많은 갈뢰전여진이 고려에 진공하지 않고 다만 내조만 할 뿐이었다. 내조시에도 은사품恩賜品을 얻어 갔으며 수직受職이나 증직增職도 있었다. 이밖에 변새에 유공자 및 정보제공자도 사작과 사품을 받았는데 비교적 후대하였다. 사품의 내용은 의물·금백·견·주식酒食 등 이었다.[103] 문종 말년에 이르면 동여진의 많은 부족은 고려문물을 앙모하여 고려에 귀화가 이어졌다. 또 그들은 고려의 주현州縣이 되기를 자원하였으나 고려는 여진의 간계를 의심하여 변관병마邊關兵馬에게 영을 내려서 비록 귀화코자 하는 자라도 먼저 허가를 받아서 조치하라 하였다. 그래서 그 후 내조자는 반드시 먼저 변관邊關에 내조한 뜻을 보고하고 병마사兵馬使가 다시 조정에 보고하여 허가를 받은 뒤에야 입경入境이 가능하였다. 또 내조자의 유경일수留京日數를 정하였는데 15일이 넘지 않게 하고 이것을 항식恒式으로 하였다. 김상기金庠基의 견해는 이때 귀화한 여진은 곧 갈뢰전여진이다. 이때 갈뢰전여진은 이미 완안부의 영향을 받고 있어서 스스로 분열하여 일부는 완안부에 의탁하고 있었고 일부는 고려에 의탁하고 있었다. 이들이 곧 당시 고려 귀화자들이다.[104] 그러나 문종 말년은 곧 오고내 시대인데 당시의 완안세력이 두만강유역에 이르렀으며 오아속烏雅束 시대에는 갈뢰전 남부에 이

103) 金渭顯, 앞의 책, 148쪽.

104) 金庠基, 『高麗時代史』, 東國文化社, 1961, 235쪽.

르렀다.[105]

귀화자가 많아지자 고려가 별도로 고려장성 부근에 귀순주를 설치하였다. 귀순주歸順州의 성립시기는 대략 고려장성 완공 이후이다. 이 때 갈리전여진 내부에 충돌이 생겨서 도적이 횡행하며 살상이 빈번히 일어났다. 이 때문에 일부 여진인들은 그들의 생명과 재산을 보호코자 고려에 귀화하는 사람이 적지 않았다. 이런 류의 귀화자는 문종 때에 더욱 많았다. 고려가 차례대로 주명州名을 하사하고 귀순주를 설치하였다. 귀순주·창주昌州·성주城州·공주恭州·복주服州·온주溫州·성주誠州 등과 같은 주들이다. 이들 주에 도령을 두어 귀순주의 행정을 관할케 하였다. 그러나 그들은 고려의 직할군현直轄郡縣으로 편입되고자 원하였다. 문종27년(1073) 2월, 동여진 귀순주 도령 고도화古刀化가 무리를 거느리고 내조하여 고려의 직할군현이 되기를 빌었다. 그러나 고려는 허락하지 않고 다만 사성사작賜姓賜爵만 하여 달래어 돌려보냈다.[106] 같은 해 5월, 서여진추장 만두불漫豆弗이 와서 청하자 그들도 동번(동여진)의 예에 의하여 주군州郡으로 분치分置하고 영원히 병번屛藩이 되게 하였다.[107] 또 평로진平虜鎭 근경近境의 번수蕃帥 유원장군 골어부骨於夫와 멱해촌覓害村의 요결要結 등이 내조하여 병번이 되기를 청하자 모두 허락하였다.[108] 같은 해 6월, 삼산三山·대란大蘭·지즐支櫛 등 촌의 번호番戶 1,238호가 내조하여 번적蕃籍에 올려주기를 청하므로 주명을 정주定州로 하사하고 주기朱記(일종의 허가증)도 주었다.[109] 그때 동번의 대제자大齊者·고하사古河舍 등 여러 부락이 내부內附를 청해오자 고려조정은 한림원翰林院의 건의를 받

---

105)『金史』卷135,「列傳」第73, 外國下, 高麗條.
106)『高麗史節要』卷7, 文宗仁孝大王 27年 2月條.
107)『高麗史節要』卷7, 文宗仁孝大王 27年 5月條.
108) 위와 같음.
109)『高麗史節要』卷7, 文宗仁孝大王 27年 6月條.

아들여서 대란 등 11촌만 허여許與하고 이들에게 빈주濱州 · 이주利州 · 복주福州 · 항주恒州 · 서주舒州 · 습주濕州 · 민주閩州 · 대주戴州 · 경주敬州 · 부주付州 · 완주宛州로 주명을 하사하고 동시에 주기도 내려주었다.110)

귀화를 한다고 바로 편적되는 것이 아니고 예빈성禮賓省의 심의를 거쳐서 결정되는 것이다. 문종 27년(1073) 가을의 경우 서여진 만두漫豆가 내투來投하였으나 당시 예빈성이 허락하지 않으면서 말하기를 "舊制本國邊被蕃賊所掠, 懷土自來者與宋人有才者外, 若黑水女眞並不可入."111)이라 하였다. 그러나 예부상서禮部尙書 노단盧旦이 말하기를 "漫豆等, 雖無知之俗, 慕義而來, 不可拒也. 宜處之山南縣, 以爲編戶."112)라 하였다. 결과는 노단의 건의를 받아들여서 산남현山南縣에 거주하도록 하였다. 위에 기술한 바에 의하면 고려가 여진을 임의처리 하여도 거란이 고려에 대하여 조금도 상관하지 않고 전대에 비하여 관계는 더 좋아졌다. 거란이 자기 판적에 편입시키려고 포로모타부 및 갈뢰전에 몇 차례 출정까지 하였는데 이곳 부민이 고려에 입적했어도 아무 동정이 없었다. 그렇다면 거란이 이미 이곳에서의 세력이 감퇴된 증거가 아니겠는가?

완안부는 영가盈歌 시대에 비로소 고려와 교통하였다. 영가는 매번 고려를 부모지국父母之國이라 칭하면서 어떤 때에는 고려에 의원醫員과 은장銀匠까지 요구하기도 하는 등 계속 평화관계를 유지하였다. 그러나 영가 만년에 이미 그들의 세력은 남진하여 갈뢰전 북부에 이르렀다. 갈뢰전은 고려장성 이북에 위치하고 있어서 안안부의 남진세력과 고려가 일전一戰을 면키 어렵게 되었다.

완안여진이 갈뢰전을 실제 경영하기 시작한 것은 오아속烏雅束 시

---

110) 『高麗史節要』 卷7, 文宗仁孝大王 27年 9月條.
111) 『高麗史節要』 卷7, 文宗仁孝大王 35年 8月條.
112) 위와 같음.

대이다. 오아속이 일찍이 그 부장 석적환石適歡을 파견하여 미부未附한 갈뢰전여진을 공격하였다. 이 일이 일어난 것은 고려 숙종 9년(1104) 정월 상순의 일이다. 석적환이 군사를 거느리고 미부여진未附女眞을 추격하여 고려장성 부근에까지 이르렀다. 고려는 이들의 내부 사정을 알지 못하고 여진이 국경을 침범한 것으로 의심하였다. 고려 조정에서는 문하시랑 평장사 임간林幹을 보내어 이들을 막으려 하였으나 패퇴당하고 말았다.113) 같은 해 2월, 추밀사 윤관尹瓘을 보내어 이들을 제어코자 하였으나 겨우 적의 머리 30급을 얻고 고려군의 사상자는 과반이나 되었다.114) 이로 보아 완안부가 고려장성 밖을 완전히 통할하고 있었다 하겠다. 이 두 차례의 패전은 숙종의 분노를 일으켜서 서소誓疏를 짓고 분한 마음을 풀 기회를 기다렸으나 저들은 기병騎兵이고 고려는 보병이라서 보병으로 기병을 당해낼 수가 없었다. 그 후 윤관이 병마편성정책을 건의하여 특별히 기병훈련을 하게 하고 군량도 저축하였다. 또 한편으로는 군사조직을 개편하여 정규군 이외에 별무반別武班을 설치하여 거국임전태세를 준비하였다. 그러나 숙종이 붕조崩殂하자 예종이 부왕의 유지를 받들어 계속 군비를 확장하고 군율의 세목細目을 제정하였다. 1107년(예종2) 10월, 장차 여진을 정벌하려고 예종이 순천관順天館 남문南門에 나아가 전군全軍을 검열하였다. 그리고 윤관을 원수로, 오연총吳延寵을 부원수로 삼았다. 같은 해 12월, 복서卜筮에 의하여 서경에서 출사하여 동계東界로 진군하였다. 대군이 각각 동변관새東邊關塞를 출발하고, 수군水軍이 원흥元興 및 진명도부서鎭溟都部署 등에서 출진出進하여 수륙양면작전을 구사하니 군세가 성대하였다. 여진은 싸움도 아니하고 물러서거나 혹 대항을 하여도 중과부적이어서 고려군이 일방적으로 연전연승하

---

113) 『高麗史節要』 卷7, 肅宗明孝大王 9年 正月條.
114) 위와 같음.

여 적당한 지역에 축성을 하였다. 1108년(예종3) 4월, 여진지역에 9성을 쌓고 남계민南界民을 옮겨 채워서 수성책守城策을 보완하였다. 그러나 같은 달부터 여진병이 자기들의 생활터전을 탈환코자 생사를 돌보지 않고 부단히 공격해 왔다. 고려의 전세는 비록 유리하였으나 성 안에 양식이 떨어지고 외부의 지원이 되지 않자 점점 불리하게 돌아갔다. 이때 오아속의 계략은 한편으론 공격하고 또 한편으로는 화의를 청하는 것이었다. 고려가 동여진을 점거한지 한 해를 지나면서 9성을 쌓고 어적禦賊에 진력하였으나 여진의 공격을 감당하지 못했다. 드디어 1109년(예종4) 5월, 왕이 군신을 선정전宣政殿에 모아 놓고 9성 환부還附 문제를 물었다. 그러나 군신들의 의견이 일치되지 않아서 결정을 미루었다. 그러나 오직 간의대부諫議大夫 김연金緣만은 환부를 주동하였다. 예종은 화의를 결정하고 9성을 환부키로 하였다. 같은 해 7월, 예종이 재추宰樞 및 대성제사臺省諸司 · 지제고知制誥 · 시신侍臣 · 도병마판관都兵馬判官 이상을 선정전에서 회견하고 9성 환부를 논의하니 여러 신하들이 가可하다 하여 드디어 환부를 결정하였다.

고려의 여진정벌은 아마도 거란의 묵계가 있었던 듯하다. 이 몇 년간 거란과 고려관계 중에서 몇 가지 문제가 나타난다. 첫째, 고려가 거란에게 먼저 고하고 정벌을 시작했다. 거란은 통화 이후 누차 여진지역을 정벌하였으나 대부분 실패하였고 고려에 가도假道를 빌려 이 여진지방을 경략하려고 고려지도를 색취索取하기도 하였다. 거란은 시종 이 지역을 방기放棄하려 하지 않았고 동시에 이 지역에는 거란에 귀화하여 거란 직첩을 받고 있는 부족이 있었다. 그런데도 고려가 여진에 대하여 용병用兵을 함에도 아무런 조치가 없었음은 주의해 보아야 할 점이다. 둘째, 김연이 상주上奏하는 중에 거란의 문책을 염려한 바 있었으나, 그러나 어떤 문책도 없었음이다. 셋째, 고려가 여진정벌 기간 중 거란과 고려 간의 사절왕래는 아무런 변화가 없었다.

다만 거란이 고려왕에 대하여 이전에 비하여 우대가 더 많았다. 넷째, 거란이 늘 여진 경내의 거란 직첩자들을 간여하였는데 그러나 이 기간 중에는 간여가 없었다. 이때 거란의 국력이 아직 상당한 역량을 가졌는데 계속 동정動靜이 없었다. 이로 보아 아마도 거란이 고려의 여진정벌에 간섭하지 않고 고려와 여진의 국력을 약화시키고자 하는 소위 이이제이以夷制夷의 책략이었을 것이다.

(4) 거란의 여진통제 실패와 여진의 반격

천조제가 정사를 돌보지 않고 사냥과 음주를 좋아하며 충신을 멀리하고 척간戚奸이 집정執政하여 정령政令이 서지 않고 상벌이 일정하지 않았다. 그래서 거란의 위세와 명망은 날로 땅에 떨어지고 인심의 이반을 가져 왔다. 이때 완안은 날로 강해져 갔다. 완안부는 오고내 시대부터 절도사직을 받으며 겉으로는 매우 공순히 하며 응로 개통을 자원하는 등 충신忠信을 표하여 왔다. 그러나 사실은 거란을 이용하여 인근부족을 복속시켰다.

1102년(건통2) 거란 반란자 소해리가 여진지역에 도망해 들어갔을 때 거란병 수만명이 해리를 잡으려 했지만 잡지 못했다. 최후에는 완안부가 이 일을 맡아 그날로 해리의 머리를 베었다. 이로 인하여 동북제부가 점차 완안에 귀부하였다. 완안은 점점 거란을 능멸하기 시작하여 거란의 명령도 듣지 않고 성보를 쌓았다. 1114년(천경4) 7월, 거란이 대신 아식보阿息保를 완안에 보내어 여진의 축성을 책문하니 아골타의 응답이 매우 불손하였다. 아식보가 돌아와 이러한 정황을 보고하였다. 이때 천조제가 여진방어에 대한 필요성을 느끼고 혼하북방渾河北方의 제군諸軍을 동북로통군사東北路統軍司에 합병토록 명하였다. 아골타는 점한粘罕·호사胡舍와 모의하여 은출할銀朮割·이렬移烈

· 누실婁室 · 도모闍母 등을 장수로 삼아 여진제부의 병력을 모집하고 거란 장응관障鷹官을 사로잡고 영강주寧江州를 공격하였다. 거란은 해주자사海州刺史 고선수高仙壽를 보내어 발해군을 거느리고 응원케 하고 소달불야蕭撻不也도 여진과 영강주 동쪽에서 전쟁을 하였으나 모두 패하였다.115) 이에 거란병이 군오를 재편성하여 수사공守司空 소사선蕭嗣先을 동북로도통東北路都統으로, 정강군절도사靜江軍節度使 소달불야를 부도통으로 삼고 여러 부족에서 뽑은 군사 7천명을 얻어 출하점出河店에서 강을 사이에 두고 양군이 대치하게 되었다. 그러나 여진이 야음을 틈타 강을 건너 불의에 거란군영을 습격하니 7천여 정병精兵이 모두 죽고 생존자가 불과 17인이었다.116) 이로 인하여 완안부의 명성은 동북제부에 떨쳤다. 여진제부는 분분이 완안에 귀부하고 또 거란내의 발해유민이 거란에 반하여 독립하면서 거란의 세력은 매우 빨리 위축되었다.

5. 맺음말

11세기 동북아시아의 세력중심이 변동할 즈음 거란 · 고려 · 여진의 관계가 전동아시아 국제관계의 질서에 변화를 가져왔다. 거란과 송의 관계는 이미 평화관계로 변하였지만 평화 속에도 얼마의 균형작용이 있었다.

926년(천현 원년) 거란이 발해를 정벌하고 동란국으로 고쳐 세웠다. 이때 고려와는 지계地界가 서로 접하고 있어서 점점 이해관계가 나타났다. 고려 태조는 계속 거란을 구적시仇賊視하면서 일찍부터 발해유

115) 『遼史』 卷27, 「本紀」 第27, 天慶4年 7月條.

116) 『遼史』 卷27, 「本紀」 第27, 天慶4年 10月 壬寅朔條.

민 및 여진을 수용하였고, 일찍이 여진·흑수·달고 등의 경기勁騎를 이용하였으며, 삼한을 통일한 이후에는 적극적으로 북진정책을 추진하여 고구려의 구토 회복을 시도하였다. 말년에는 후진과 연합하여 거란을 공격코자 하였으나 이루지 못하였다. 정종은 태조의 북진정책을 승습하여 거란을 방어코자 광군 30만을 양성하며 점차 북강北疆을 개척해 나갔다. 광종 때 서쪽으로 후주와 송을 섬기면서 계속 거란을 방비하였다. 거란 태종은 동란왕 배의 세력성장을 기피하여 동란 수도를 요양으로 옮기었다. 동란왕이 후당으로 도망하자 태종은 후당의 정국에도 간여하고 뒷날 석진石晋의 정국에도 간여하면서 동북일대의 경영에는 틈이 나질 않았다. 동북제부는 이 틈에 자만하여져서 점차 거란의 위협이 되었다.

성종 연간에는 성종이 적극적으로 정벌전을 주동하였다. 986년 송 태종이 거란을 정벌코자 고려·정안·올야와 기각지세를 이루어 거란과 전쟁을 하였으나 기구관에서 거란에 패배하였다. 거란이 비록 이 전쟁에서 승리하였으나 고립감을 면치 못했다. 성종은 즉위년에 즉각 동정정책東征政策을 취하였다. 이는 먼저 송의 우익세력을 잘라내고 그 후에 송 정벌을 하겠다는 것이다. 통화 원년부터 10년까지 계속 압록강여진 및 정안국의 정벌에 종사하고 압록강하구에 성보를 쌓아 동북제부와 송의 공마통로貢馬通路를 차단하면서 고려정벌을 개시하였다.

통화 10년부터 개태 9년까지 크고 작은 고려공략이 무릇 10여차나 되었는데 그중에도 비교적 규모가 큰 것만도 3차나 되었다. 통화 10년, 소항덕이 고려 북변에 진공하여 고려를 압박하였다. 그러나 고려와 담판한 결과 거란은 강동6주를 고려에 양여하고 조공약속을 받았다. 고려가 이 땅에 성보를 쌓고 북방진출의 기지를 삼아 거란과 동여진지역의 통로를 차단하였다. 거란이 고려와 호화好和하고 올야를 공격했으나 아무 성과 없이 물러났다. 1004년(통화22) 윤9월, 거란이 대거 송을 침공하여 곧바로 전주澶州에 이르렀으나 결국 강화맹약을 맺고 평등지위와 세폐를 얻었다. 이에 거란은 득의만만하였다. 그러나 동북지역 제압이 미흡한 것이 심리가 편치 않았고 뒷날 동북통제의 중심지역을 깨달았는데 이곳이 바로 이미 고려에 양여한 강동지역이었다. 이때 고려에 강조의 정변이 있었는데 성종은 이를 구실로 삼아 1010년(통화28) 스스로 장수가 되어 고려에 침입하였으나 이득 없이 물러났다. 1018년(개태7), 소배압이 대군을 거느리고 고려에 침구하였으나 다·타하茶陀二河와 귀주에서 패하고 그 후부터는 감히 침입하지 못하였다. 고려의 대첩이 동북여진제부에 전해지자 여진의 다수부족이 모두 고려에 귀부하고 군사정보와 군수품도 제공하였다.

전후 그리 오래지 않아 국교는 회복되었으나 고려는 거란을 믿지 못하여 북변에 천리장성을 쌓고 나성(개경)을 수축하며 거란을 엄히 방어하려 하였다. 또 일면으로는 송과 연합하고 여진과 결합하면서 점차 여진지역에 기미주羈縻州를 확장하여 갔다. 거란도 결코 갈뢰전과 포로모타부 등지를 잊지 못하고 고려에 가도를 청했으나 거절당하자 결국 이 땅을 얻지 못했다. 여진제부를 통해서 동북아정세를 보면 거란이 비록 대국이지만 고려와 서하에 여러 차례 패하면서 이들이 점점 거란을 경시하게 되었으며 완안부가 처음에는 거란을 이용하여 호가호위狐假虎威 격으로 점차 여진제부에 군림하게 되었다. 천조제 때에 이르러서는 천조제가 정무는 보지 않고 늘 사냥에 몰두하여 군도君道를 잃었고 인심 또한 떠난 상태에서 동북의 여진도 명을 듣지 않았다. 완안부가 여진제부의 대거란 반감을 이용하여 겉으로는 거란의 명을 받드는 척하면서 속으로는 듣지 않고 여진제부를 신복시키면서 자기세력을 발전시켜서 종국에 가서는 동북에서 칭패稱霸하게 되어 거란의 경적勁敵이 되었다. 거란은 결국 완안에 의하여 멸망하고 말았다.

契丹與女眞諸國部關係表

廟號	太祖			太宗		世宗		穆宗	景宗		聖宗	
年號	神冊前	神冊	天贊	天顯	會同	大同	天祿	應曆	保寧	乾亨	統和	開泰
年度	907	916	922	926	938	947	947	951	969	979	983	1012
國部名	915	921	925	937	946		950	968	978	982	1011	1020
女眞	○			○	○			○	○	○	●	○
黃龍府羅涅河女眞				○								
鴨綠江女眞					●							
瀕海女眞											●	
長白山三十部女眞												●
南女眞												
北女眞												
東北路女眞												
室韋	○		○	○	○			○			○	
黑車子室韋	○				○							
黃室韋								○				
大黃室韋								○				
小黃室韋								○				
達盧古			○	○								
鐵驪				○	○			○			○	○
曷蘇館												○
鼻骨德				○	○			○	○		○	○
靺鞨				○								
于厥	○											○
于厥里			○									
烏隈					○						○	
烏隈于厥											◎	
涅剌					○						○	
五國												
奧里米											○	○
越里篤											○	○
越里吉											○	
兀惹											○	
完顔												
蒲盧毛朶												
回跋												◎

○朝貢及其他關係　◎節度使受職(女眞稱太師)　●大王受職

廟號	聖宗		興宗	道宗					天祚帝		
年號	太平	景福	重熙	清寧	咸雍	太康	大安	壽隆	乾統	天慶	保大
年度	1021	1031	1032	1055	1065	1075	1085	1095	1101	1111	1121
國部名	1030		1054	1064	1074	1084	1094	1100	1110	1120	1125
女眞	○		○	○		○	○	○	○		
黃龍府羅涅河女眞						●					
鴨綠江女眞											
瀕海女眞											
長白山三十部女眞	○		○								
南女眞	●					○					
北女眞	●		○								
東北路女眞				○							
室韋						○					
黑車子室韋											
黃室韋											
大黃室韋											
小黃室韋											
達盧古											
鐵驪	○		○			○		○	○	○	
曷蘇館	●		○								
鼻骨德									○		
靺鞨											
于厥											
于厥里											
烏隈						○					
烏隈于厥											
涅剌											
五國			◎	○	○	○	○	○	○	○	
奧里米											
越里篤											
越里吉											
兀惹										○	
完顏					○			○	○	○	○
浦盧毛朶	○		●					○			
回跋			○								

○朝貢及其他關係　◎節度使受職(女眞稱太師)　●人王受職

高麗與女眞諸國部關係表

廟號	太祖	定宗	成宗	穆宗	顯宗	德宗	靖宗	文宗	宣宗	獻宗	肅宗	睿宗	仁宗
年度	918	945	981	997	1009	1031	1034	1046	1084	1094	1095	1105	1122
國部名	943	949	997	1008	1031	1034	1046	1082	1094	1095	1105	1122	1146
女眞			2		13	1					1	8	
東女眞		1		1	48	27	60	92	15	12	31	5	1
西女眞					21	14	8	16	1		8	7	
北女眞							1	2					
東北女眞					3		1						
西北女眞					1		9						
鴨綠江外女眞			1										
西北界女眞			1										
龜州女眞					1								
熟女眞												2	
生女眞												1	
東藩							10	8				4	
西蕃							1						
北蕃					1			1	1		1	3	
西北蕃							1						
東北蕃								1					
黑水	2				2			1					
黑水靺鞨					9								
東黑水國					1								
靺鞨					2								
鐵利國					6	3							
達姑狄	1												
定安國					1								
弗奈國					1								
北虜												1	
女眞靺鞨					1								

(除高麗與女眞戰爭及東女眞海賊記事)

十一世紀 女眞分布圖

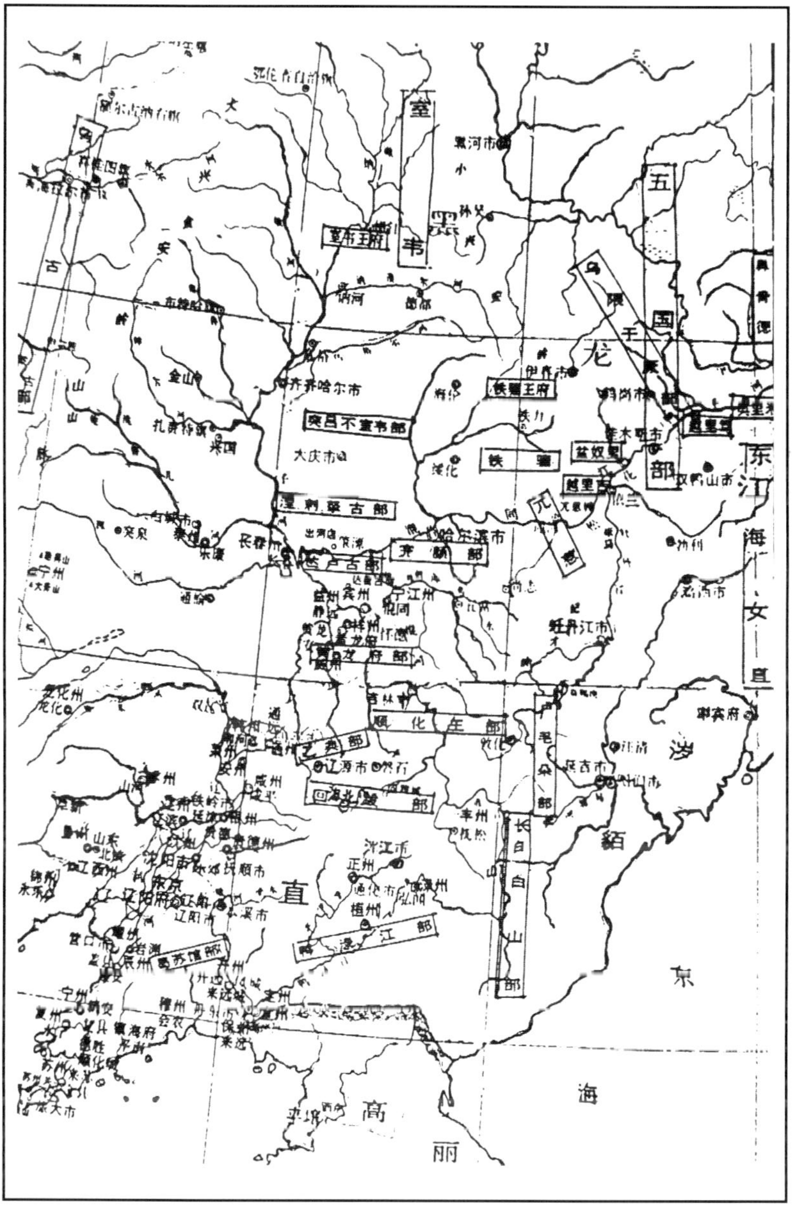

譚其驤主編 中國歷史地圖集改作

참고문헌

『舊五代史』
『遼史』
『宋史』
『金史』
『高麗史』
『高麗史節要』
徐居正,『東國通鑑』
安鼎福,『東史綱目』
徐夢莘,『三朝北盟會編』, 臺北: 文海出版社, 1962.

江原正昭,「高麗の州縣軍に關する一考察 - 女眞人の高麗軍への編入を中心にして」,『朝鮮學報』28輯, 奈良: 天理大學, 1963.
金庠基,『高麗時代史』, 서울: 東國文化社, 1961.
金渭顯,「遼代渤海復興運動的性格」,『明大論文集』11, 서울: 明知大學校, 1978.
金渭顯,『契丹的東北政策』, 臺北, 華世出版社, 1981.
金渭顯,「女眞의 馬貿易」,『明大論文集』13, 서울: 明知大學校, 1982,
金渭顯,「完顔部的女眞統合策」,『遼金史硏究』, 서울: 裕豊出版社, 1985.
陶晋生,「金代的政治結構」,『中央研究院歷史語言研究所集刊』第41本 第4分, 臺北: 中央研究院歷史語言研究所, 1969.
李學智,「釋女眞」上,『大陸雜志叢書』第1輯 五冊, 臺北: 大陸雜誌社, 1960.
Roger Leverrier, Etude sur les rites Bouddhiques à l'époque du Royaume de Koryo (Printing papers), 1970.

제3편

금사金史 연구

Ⅰ. 『금사』 중 고려 관계 기사記事 고이考異

Ⅱ. 중원왕조의 조공 사례 연구
- 특히 요遼 · 금金 시대를 중심으로 -

Ⅲ. 금사의 한국사 편입 가능성

Ⅳ. 중화인민공화국의 금조金朝 연구 개황

I

『금사』 중 고려 관계 기사記事 고이考異

1. 머리말

금조金朝 119년의 역사를 도총재관都總裁官 1명(탈탈脫脫 : 3사三史 겸임), 총재관總裁官 8명(하유일賀惟一 등 3명은 3사 겸임, 1명은 요·금사遼金史 2사 겸임), 찬수관纂修官 6명, 제조관提調官 20명(2명은 3사 겸임)이 1343년(至正3년) 찬수纂修하라는 명을 받고 그해 4월부터 시작하여 20개월 만인 1344년(지정4년) 11월에 총 135권(본기本紀 19권, 지志 39권, 표表 3권, 열전列傳 73권)을 완성하였다.1)

『금사金史』는 이미 여러 차례에 걸쳐 편찬하려는 시도가 있어서 다사他史에 비하여 체제가 정비된 양사良史로 평가받고 있다. 그래서 이 체제는 후대에 편찬된 『원사元史』와 『명사明史』에도 그대로 계승되어졌다.

삼사三史가 한꺼번에 편찬이 시작되고 원 말기 어수선한 국내외 정

1) 『金史』 附錄 「修史官員」, 臺北: 鼎文書局, 1975.

세 하에서 단기간에 완성되다 보니, 내고內庫나 가까운 곳에서 손쉽게 구할 수 있는 사료史料는 수합收合된 것 같으나 광구박채廣求博採는 어려웠던 것 같고, 게다가 해외까지는 색구索求하지 못한 듯하다. 특히 고려관계 기사에 관심을 가지고 『금사』「본기」·「교빙표交聘表」·「외국전外國傳」 고려편을 집중적으로 대조하였다.

금과 고려와의 교섭내용을 살펴보면 대개 다음과 같다.

1116년(금 수국[收國]2) 거란병을 격파하고 날로 그 세력이 커지자 고려에서 금에 사신을 보내어 전승을 축하하고 보주保州를 달라고 하자 완안아골타完顔阿骨打(태조)는 고려가 스스로 취하라는 답을 주었다.[2)]

그리고 10년 뒤 금의 세력이 클 만큼 컸을 때인 1125년(회동3, 거란멸망)에 고려에서 사신을 보냈을 때 '칭신稱臣'을 하지 않았다 하여 받아들이지 않았다. 그다음 해 고려 조정에서는 백관百官 회의를 열어서 '칭신'할 것인지 아닌지를 두고 논쟁을 하였으나 결국 '칭신'하기로 하였다.[3)] 그해부터 보주를 얻고 '하정사賀正使'·'절일사節日使'(황제의 생일) 등을 파견하고, 반대로 금에서는 '고려왕생일축하사高麗王生日祝賀使'·'횡사사橫賜使'등을 파견하기 시작하여 전쟁이나 영토 분쟁 등 무리한 시비 없이 무난히 왕래하였다.

그러나 말년에 몽골의 침입과 거란유민契丹遺民들의 건국, 요동지역의 포선만노蒲鮮萬奴의 웅거雄據 등으로 길이 막히면서 관계가 자연히 단절되었다.

아마도 『금사』 편찬 당시에는 『고려사高麗史』의 기록은 참고가 되지 않은 듯한데, 왕래한 사행使行의 관직이나 이름이 다르게 나타나고 있다.

---

2) 『金史』 卷2, 「本紀」 第2, 收國2年 閏正月條 및 「交聘表」.

3) 『金史』 卷3, 「本紀」 第3, 天會4年 6月 丙申條 및 「交聘表」; 『高麗史』 卷15, 仁宗4年 3月 24日條.

2. 사신의 이름이 서로 다른 경우

금나라 사신의 이름이 『금사』「본기」와 「교빙표」, 「외국전」(고려편)에는 대체로 같으나, 『고려사』에는 성명이 모두 다르거나 일부가 다른 경우가 많다.

이것은 금사金使의 경우이고, 고려사高麗使의 경우는 『금사』에는 ○○ 임무를 띤 사행使行이 왔다고만 적었지 이름은 적지 않았고 다만 『고려사』에는 자세히 적혀있다. 금사행金使行의 이름이 두 나라의 기록인 『금사』의 「본기」·「교빙표」·「외국전」(고려편) 기록과 『고려사』의 기록이 서로 다른 예는 다음과 같다.

천덕天德 4년 9월, 고려 의종毅宗의 생신축하사生辰祝賀使로 '완안마발完顏麻潑'을 정했다고 하였는데, 『금사』의 「본기」와 「교빙표」에는 동일하나 『고려사』에는 '완안지정完顏持正'으로 되어 있다.

정원貞元 원년 9월, 고려 의종의 생신축하사로 '와합산窊合山'을 보내기로 하였다고 하였는데, 『금사』「본기」와 「교빙표」에는 동일하나 『고려사』에는 '아륵근언충阿勒根彥忠'이라 하였다.

정륭正隆 4년 9월, 금이 고려 의종의 생일축하사로 파견한 사신 이름이 『금사』「본기」에는 '완안달기完顏達紀'이고 『고려사』에는 '완안덕온完顏德溫'이다. 『금사』에 따라야 할 것이다.4)

대정大定 3년 10월, 금이 고려 의종의 생일축하사로 '이랄천불유移剌天佛留'를 보냈다고 하였는데 『고려사』에는 '야율장耶律章'이라 하였다. 이 역시 『금사』에 따라야 할 것이다.5)

대정 4년 9월, 『금사』「본기」에는 고려 의종 생일축하사로 '오고

---

4)『金史』卷5,「本紀」第5, 正隆4年 9月條;『高麗史』卷18, 毅宗13年 10月 17日條.

5)『金史』卷6,「本紀」第6, 大定3年 10月 丙寅條;『高麗史』卷18, 毅宗17年 11月 15日條.

론삼합烏古論三合'을 보냈다고 하는데, 『금사』 「교빙표」에는 '오고유삼합烏古論三合'이라 하였고, 『고려사』에는 대부감大府監 '오골론수정烏骨論守貞'이 사신으로 왔다고 하였다.[6] 판별하기 어렵다.

대정 6년 10월, 『금사』 「본기」에 있는 '이랄안답移剌按答'이 『고려사』에는 '야율성耶律成'으로 되어있다.[7] 야율성이 열전에 없으므로 고증이 어렵다.

대정 9년 9월, 『금사』 「본기」에는 '마귀중馬貴中'이 고려 의종 생신축하사로 파견되었다고 하는데, 『고려사』에는 '마귀충馬貴忠'이다.[8] '忠'으로 고쳐야 하겠다.

대정 10년 10월, 『금사』 「본기」에는 고려 의종 생신축하사로 '규糺'를 보냈다고 하였는데, 『고려사』에는 '규糺'가 왔다고 하였다.[9]

대정 15년 11월, 『금사』 「본기」에는 '아전포로호阿典蒲魯虎'를 고려 명종의 생일축하사로 보냈다고 하였는데, 『고려사』에는 '아전부阿典溥'라 하였다.[10]

대정 16년 11월, 『금사』 「본기」에는 '이랄자원移剌子元'을 고려 명종의 생일축하사로 파견하였다고 하는데, 『고려사』에는 그 다음 해 정월 '야율 자원耶律子元'이 도착하였다고 하였다. 이랄이 곧 야율이라 하더라도 통일해야 할 것이다.[11]

---

6) 『金史』 卷6, 「本紀」 第6, 大定4年 9月 辛亥條; 『高麗史』 卷18, 毅宗18年 11月 16日條.

7) 『金史』 卷6, 「本紀」 第6, 大定6年 10月 己卯條; 『高麗史』 卷18, 毅宗20年 11月 17日條.

8) 『金史』 卷6, 「本紀」 第6, 大定9年 9月 甲寅朔條; 『高麗史』 卷19, 毅宗23年 11月 22日條.

9) 『金史』 卷6, 「本紀」 第6, 大定10年 10月 己酉條; 『高麗史』 卷19, 明宗卽位年 10月 4日條. 파견일과 고려도착 기록에 문제가 있는 것은 고려 국경에서 받아들이지 않았기 때문이다.

10) 『金史』 卷7, 「本紀」 第7, 大定15年 11月 戊辰條; 『高麗史』 卷19, 明宗6年 正月條.

11) 『金史』 卷7, 「本紀」 第7, 大定16年 11月 甲子條; 『高麗史』 卷19, 明宗7年 正月 17日條.

대정 17년 4월, 『금사』「본기」에는 '도단오자徒單烏者'를 횡선사橫宣使로 보냈다는데, 『고려사』에는 '도단양신徒單良臣'이라 하였다.[12] 그러나 도단양신은 『금사』에서 찾을 수 없다.

대정 19년 11월, 『금사』「본기」에 고려 명종의 생일축하사로 '노공盧拱'을 보냈다고 하였는데, 『고려사』에는 그 다음 해 정월에 '노공盧珙'이 왔다고 하였다. 「본기」와 「교빙표」에 모두 '盧拱'이라 하였으니 '拱'공으로 고쳐야 하겠다.[13]

대정 22년 11월, 『금사』「본기」에 고려 명종의 생신축하사로 '복산충좌僕散忠佐'를 파견하였다고 하였으나, 『고려사』에는 그 다음 해 정월 '복산연僕散衍'이 왔다고 하였다.[14] 「교빙표」에도 '복산충좌'라 하였으니 『금사』의 기록에 따라야 할 것이다.

대정 23년 4월 『금사』「열전」에 '흘석렬출렬속紇石烈朮列速'을 횡사고려사橫賜高麗使로 보냈다고 하였는데, 「교빙표」에는 '출朮'이 '술述'로 되어 있고, 『고려사』에는 '흘석렬紇石烈'로 되어 있다.[15] 분간하기 어렵다.

대정 24년 2월, 고려칙제사高麗勅祭使를 『금사』「본기」와 「교빙표」에는 '완안진아完顔進兒'이고 『고려사』에는 '완안필完顔韠'이 왔다고 하였다. 또 조위사弔慰使로 '대중윤大仲尹'이라 하였는데 『고려사』에는 '대중윤大仲允'이라 하였다. 「교빙표」에도 '윤尹'이라 하였으니 『금사』에 따라야 할 것이다. 또 기복사起復使로 『금사』「본기」와 「교빙표」에 '영명永明'이라 하였는데 『고려사』에는 '완안삼승完顔三勝'이라 하였으

12) 『金史』 卷7, 「本紀」 第7, 大定17年 4月 戊子條; 『高麗史』 卷19, 明宗7年 6月 13日條.
13) 『金史』 卷7, 「本紀」 第7, 大定19年 11月 戊辰條; 『高麗史』 卷20, 明宗10年 正月 17日條.
14) 『金史』 卷8, 「本紀」 第8, 大定22年 11月 甲申條; 『高麗史』 卷20, 明宗13年 正月 17日條.
15) 『金史』 卷8, 「本紀」 第8, 大定23年 4月 癸丑條; 『高麗史』 卷20, 明宗13年 6月條.

니,[16] 의당 『금사』에 따라야 하겠다.

대정 27년 12월, 『금사』 「본기」와 「교빙표」에는 고려 명종 생일축하사로 '조가趙可'를 선정하였다고 하였는데, 대정 28년 정월에 고려에 온 생일사는 '야율언공耶律彦拱'이다.[17] 바꾸었는지는 몰라도 이해하기 어렵다.

명창明昌 2년 11월에 『금사』 「본기」에는 고려생일사로 '완안광完顔匡'을 삼았다고 하였는데, 『고려사』에서는 다음 해(명창3) 정월 '누완온도설耨盌溫都說'이 왔다고 하였다.[18]

명창 3년 5월, 『금사』 「본기」에 횡사사橫賜使로 고려에 보낸 사신 이름이 '패출로자원孛朮魯子元'인데, 그 때 『고려사』에는 '패출로지충孛朮魯至忠'이라 하였다.[19]

태화泰和 원년 10월, 고려생일사에 『금사』 「본기」에는 '납합현納合鉉'을 삼았다고 하였는데, 『고려사』에는 '현鉉'을 '둔鈍'으로 기록하였다.[20] 『금사』에 따라야 할 것이다.

태화 3년 10월에 금이 고려해 보낸 생일축하사는 『금사』 「본기」에는 '사효師孝'라 하였는데 『고려사』에는 '윤효尹孝'라 하였다.[21]

---

16) 『金史』 卷8, 「本紀」 第8, 大定24年 2月 丙戌條; 『高麗史』 卷20, 明宗14年 4月 7日條.

17) 『金史』 卷8, 「本紀」 第8, 大定27年 12月 庚午條; 『高麗史』 卷20, 明宗18年 正月 17日條.

18) 『金史』 卷9, 「本紀」 第9, 明昌2年 11月 丙寅條; 『高麗史』 卷20, 明宗22年 正月 1日條.

19) 『金史』 卷9, 「本紀」 第9, 明昌3年 5月 壬申朔條; 『高麗史』 卷20, 明宗22年 6月 13日條.

20) 『金史』 卷11, 「本紀」 第11, 泰和元年 10月 戊戌條; 『高麗史』 卷21, 神宗4年 12月 1日條.

21) 『金史』 卷11, 「本紀」 第11, 泰和3年 10月 丙辰條; 『高麗史』 卷21, 神宗6年 11月 28日條.

3. 사행의 관직이 다른 경우

사행使行의 관직官職과 이름이 모두 다른 경우도 있고, 관직만 바뀐 경우도 있다.

그리고 『금사』에는 일반 여러 직사자로 기록된 반면, 『고려사』에는 주로 사신으로 보내는 소부감少府監·대부감大府監 같은 관직으로 바뀌었다. 이것은 고려에서 하나의 관례로 여겨서 적게 한 것인지도 모를 일이다. 그 실례를 보면 아래와 같다.

천회天會 14년 10월에 금이 고려 인종의 생일축하사로 '오격吳激'을 보냈는데, 『금사』「본기」에는 관직을 기록하지 않았고, 「교빙표」에는 '건문각대제乾文閣待制'라고 되어 있고, 『고려사』에는 다음 해 정월조에 '중서사인中書舍人'이라 하였다.22)

정륭 2년 4월 고려에 횡선사橫宣使로 온 장철張喆의 직위가 『금사』「본기」과 「교빙표」에는 '첨서선휘원사簽書宣徽院事'였는데 『고려사』에는 '대부경大府卿'이라 하였다.23) 얼마 사이에 벼슬이 바뀐 것인가?

정륭 4년 9월, 고려 의종의 생일축하사로 완안달기完顏達紀가 뽑혔는데 『금사』「본기」과 「교빙표」를 보면 「본기」에는 '한림대제翰林待制'이고 「교빙표」에는 '선무장군 한림대제宣武將軍翰林待制'이다. 그런데 『고려사』에는 '안원대장군安遠大將軍 완안덕온完顏德溫'이라 하였다.24) 관직이 잘못 기록된 것인지 사람이 바뀐 것인지 알 수 없다.

대정 3년 4월 횡사고려사로 온 한강韓綱은 관직이 『금사』「교빙표」에는 인진사引進使이고 『고려사』에는 소부감이다.25) 또 같은 해 10월

---

22) 『金史』 卷4, 「本紀」 第4, 天會14年 10月 甲寅條; 『高麗史』 卷16, 仁宗15年 正月 7日條.

23) 『金史』 卷5, 「本紀」 第5, 正隆2年 4月 戊戌條; 『高麗史』 卷18, 毅宗11年 6月 15日條.

24) 『金史』 卷5, 「本紀」 第5, 正隆4年 9月조; 『高麗史』 卷18, 毅宗13年 10月 17日條.

25) 『金史』 卷61, 「表」 第3, 交聘表 中條; 『高麗史』 卷18, 毅宗17年 6月 5日條.

고려 의종의 생일축하사로 온 사람은 『금사』 「본기」에는 '허왕부장사許王府長史 이랄천불류移剌天佛留'이었는데 『고려사』에는 '대부감 야율장耶律章'으로 되어 있다.[26]

대정 5년 10월에 고려 의종 생일축하사로 대종정승大宗正丞 장璋을 선정하였는데 『금사』 「본기」와 「교빙표」에는 '대종정승 장璋'으로 기록하였으나 『고려사』에는 '소부감 완안장完顏章'이 왔다고 기록하였다.[27]

대정 6년 10월 고려생일사로 이랄안답移剌按答을 삼았다고 하였는데 『금사』 「본기」와 「교빙표」에는 '상서병부시랑尙書兵部侍郎'으로 기록하였으나, 『고려사』에는 '대부감'으로 기재되어 있다.[28] 사람이 바뀐 것인지 관직이 바뀐 것인지 규명이 어렵다.

대정 7년 9월에 온 의종 생일축하사는 '도수감都水監 이위국李衛國'이라고 『금사』 「본기」에 나오는데 『고려사』에는 '소부감 이위국李衛國'이라 하였다.[29]

대정 8년 10월에 고려 의종 생일축하사로 『금사』 「본기」에는 '한림대제 정靖'을 정하였다고 하였는데, 「교빙표」에는 '한림대제 겸동수국사兼同修國史 종실宗室 정靖'을 정했다고 하고 『고려사』에는 그냥 '완안정完顏靖'이라고만 기록하였다.[30]

대정 9년 9월에 파견하려던 고려생일사 관직이 『금사』 「본기」에

---

26) 『金史』 卷6, 「本紀」 第6, 大定3年 10月 丙寅條; 『高麗史』 卷18, 毅宗17年 11月 15日條.

27) 『金史』 卷6, 「本紀」 第6, 大定5年 10月 辛巳條; 『高麗史』 卷18, 毅宗19年 11月 27日條.

28) 『金史』 卷6, 「本紀」 第6, 大定6年 10月 己卯條; 『高麗史』 卷18, 毅宗20年 11月 17日條.

29) 『金史』 卷6, 「本紀」 第6, 大定7年 9月 辛巳條; 『高麗史』 卷18, 毅宗21年 11月 16日條.

30) 『金史』 卷6, 「本紀」 第6, 大定8年 10月 乙未條; 『高麗史』 卷18, 毅宗22年 11月 17日條.

는 '재점사천대提點司天臺'라 하였고 『고려사』에는 '대부감'이라고 하였다.31)

대정 15년 11월, 『금사』「본기」에 '숙직장군宿直將軍 아전포로호阿典蒲魯虎'를 고려 명종의 생일축하사로 삼았다고 하였는데 다음 해 정월 고려에 도착한 기사를 『고려사』에서는 '대감大監'이라 하였다.32)

대정 17년 4월, 횡사고려사에 『금사』「본기」에는 '등왕부장사滕王府長史 도단오자徒單烏者'를 보내려 했는데 『고려사』에는 '대부감'으로 기록되었다.33)

대정 18년 11월 『금사』「본기」과 「교빙표」에는 '동상합문사東上閤門使 좌광경左光慶'을 고려 명종의 생일축하사로 삼았다고 하였는데 『고려사』에는 '대부대장군大府大將軍 소부감 좌광경'이 왔다고 하였다.34)

대정 19년 11월 『금사』「본기」와 「교빙표」에는 '서상합문사西上閤門使 노공盧拱'을 고려 명종의 생일축하사로 보낸 것으로 되어 있으나, 『고려사』에서는 '소부감 노공'이 왔다고 하였다.35)

대정 20년 4월, 횡사고려사로 온 사신의 직책을 『금사』「본기」과 「교빙표」에는 '서상합문사 곽희국郭喜國'이라 하였는데 『고려사』에는 '소부감'이라 하였다.36)

그해 11월, 고려 명종의 생일축하사로 보냈다는 임척任倜의 관직도 『금사』「본기」에는 '태상소경太常少卿', 「교빙표」에는 '태상경太常卿',

31) 『金史』 卷6, 「本紀」 第6, 大定9年 9月 甲寅條; 『高麗史』 卷19, 毅宗23年 11月 22日條.

32) 『金史』 卷7, 「本紀」 第7, 大定15年 11月 戊辰條; 『高麗史』 卷19, 明宗6年 止月條.

33) 『金史』 卷7, 「本紀」 第7, 大定17年 4月 戊子條; 『高麗史』 卷19, 明宗7年 6月 13日條.

34) 『金史』 卷7, 「本紀」 第7, 大定18年 11月 丙戌條; 『高麗史』 卷20, 明宗9年 正月 17日條.

35) 『金史』 卷7, 「本紀」 第7, 大定19年 11月 丙辰條; 『高麗史』 卷20, 明宗10年 正月 17日條.

36) 『金史』 卷7, 「本紀」 第7, 大定20年 4月 己亥條; 『高麗史』 卷20, 明宗10年 6月 13日條.

『고려사』에는 '대부감'으로 기록되어 있다.[37)]

대정 22년 11월, 고려 명종 생일축하사로 보낸 복산충좌僕散忠佐의 관직이 『금사』「본기」와 「교빙표」에는 '숙직장군'인데 『고려사』에는 '대부감 복산연僕散衍'이다.[38)]

대정 23년 4월, 횡사고려사로 '대리정大理正 흘석렬출렬속紇石烈朮列速'으로 하였다고 하였는데, 『금사』「본기」에는 '출朮'을 '술述'로 하였고, 『고려사』에서는 '대리경大理卿 흘석렬紇石烈'이라 하였다.[39)]

대정 24년 2월, 금에서 파견한 사신들의 관직은 칙제사勅祭使로 동상합문사 완안진아完顏進兒를, 위문사慰問使로 서상합문사 대중윤大仲允을, 기복사起復使로 우왕부장사虞王府長史 영명永明을 삼았다는 것은 『금사』「본기」와 「교빙표」에는 같으나, 『고려사』에서는 제전사祭奠使에 대부감 완안필完顏韠, 조위사弔慰使에 대장군 대중윤大仲允, 기복사에 완안삼승完顏三勝이라 하였다.[40)]

대정 25년 11월, 고려 명종의 생일축하사로 파견된 사신 이랄이移剌履의 관직을 『금사』「본기」에는 '예부원외랑禮部員外郞'이라 하였는데 「교빙표」에는 '상서예부원외랑尙書禮部員外郞'이고 『고려사』에는 '소의대장군昭毅大將軍'이라 하였다.[41)]

대정 26년 11월, 고려 명종의 생일축하사로 보낸 사신 한경무韓景懋의 관직이 『금사』「본기」에는 '공위직부도지휘사拱衛直副都指揮使'였는데 『고려사』에는 '소의대장군'이라 하였다.[42)]

---

37) 『金史』 卷7, 「本紀」 第7, 大定20年 11月 乙亥條; 『高麗史』 卷20, 明宗11年 正月 17日條.

38) 『金史』 卷8, 「本紀」 第8, 大定22年 11月 甲申條; 『高麗史』 卷20, 明宗13年 正月 13日條.

39) 『金史』 卷8, 「本紀」 第8, 大定23年 4月 癸丑條; 『高麗史』 卷20, 明宗13年 6月條.

40) 『金史』 卷8, 「本紀」 第8, 大定24年 正月 丙戌條; 『高麗史』 卷20, 明宗14年 4月 7日條.

41) 『金史』 卷8, 「本紀」 第8, 大定25年 11月 壬寅條; 『高麗史』 卷20, 明宗16年 正月 17日條.

대정 27년 12월, 고려 명종의 생일축하사로 파견한 사신의 관직이 『금사』「본기」과 「교빙표」에는 '한림대제 조가趙可'였는데 『고려사』에는 관직 없이 '야율언공耶律彦拱'이라 하였다.[43]

대정 29년 11월, 고려 명종의 생일축하사로 이랄병移剌邴을 사신으로 보냈는데 『금사』「본기」에는 '서상합문사'이었고, 『고려사』에는 관직 기록이 없이 "야율병耶律邴이 왔다."라고만 적었다.[44]

명창明昌 2년 11월, 고려 명종의 생일축하사로 완안광完顏匡을 보냈다고 하였는데 그의 관직을 『금사』「본기」에는 '근시국부사近侍局副使'라 하였고 『고려사』에는 관직 없이 "누완온도설耨盌溫都說이 왔다."라고만 적었다.[45]

명창 3년 5월, 횡사고려사로 '상서예부원외랑 패출로자원孛朮魯子元'을 보냈다고 『금사』「본기」에 기재되었으나, 『고려사』에는 관직이 없이 "횡선사橫宣使 패출로지충孛朮魯至忠이 왔다."라고만 적었다.[46]

또 같은 해 12월, '동삼합문사 장여주張汝猷'를 고려 명종의 생일축하사로 보냈다고 『금사』「본기」에 기록되어 있으나, 이듬해 정월 고려에 도착하였다는 『고려사』의 기록에는 예부시랑禮部侍郎으로 적었다.[47]

명창 4년 12월, 고려 명종 생일축하사로 파견한 '흘석렬정紇石烈珵'

42) 『金史』 卷8, 「本紀」 第8, 大定26年 11月 戊辰條; 『高麗史』 卷20, 明宗17年 正月 17日條.

43) 『金史』 卷8, 「本紀」 第8, 大定27年 12月 庚午條; 『高麗史』 卷20, 明宗18年 正月 17日條.

44) 『金史』 卷8, 「本紀」 第8, 大定29年 11月 丁丑條; 『高麗史』 卷20, 明宗20年 正月 17日條.

45) 『金史』 卷9, 「本紀」 第9, 明昌2年 11月 丙寅條; 『高麗史』 卷20, 明宗22年 正月 1日條.

46) 『金史』 卷9, 「本紀」 第9, 明昌3年 5月 壬申朔條; 『高麗史』 卷20, 明宗22年 6月 13日條.

47) 『金史』 卷9, 「本紀」 第9, 明昌3年 12月 癸卯條; 『高麗史』 卷20, 明宗23年 正月 17日條.

은 『금사』「본기」에는 관직 기록이 없고 『고려사』에는 '대리경大理卿' 이라 하였다.48)

명창 5년 12월, 고려 명종 생일축하사로 파견한 이경의李敬義는 『금사』「본기」에는 관직이 '호부낭중戶部郎中'이라 하였고 『고려사』에는 관직을 적지 않았다.49)

명창 6년 12월, 고려 명종 생일축하사 가익賈益의 관직을 『금사』「본기」에 '지등문검원知登聞檢院'이라 하였으나 『고려사』에는 관직을 적지 않았다.50)

승안承安 원년 12월, 고려 명종 생일축하사로 '동지등문검원同知登聞檢院 아불한덕강阿不罕德剛'을 보냈다고 『금사』「본기」에 기록되어 있으나 『고려사』에는 관직을 적지 않았다.51)

승안 5월 10월, 고려 신종神宗 생일축하사로 '예부낭중禮部郎中 유공헌劉公憲'을 정했다고 『금사』「본기」에 기록되어 있으나, 『고려사』에는 '예부시랑'이라 하였다.52)

태화泰和 원년 5월 횡사고려사로 온 유규劉頍의 관직을 『금사』「본기」에는 '직동상합문直東上閤門'이라 하였고, 『고려사』에는 '이부시랑吏部侍郎'이라 하였다.53)

같은 해 10월, 신종의 생일축하사로 보낸 납합현納合鉉의 관직을 『금사』「본기」에는 '무위군도지휘사사武衛軍都揮指使司 판관判官'이라 하였고 『고려사』에는 '공부시랑工部侍郎'이라 하였다.54)

---

48) 『金史』 卷10, 「本紀」 第10, 明昌4年 12月 甲辰條; 『高麗史』 卷20, 明宗24年 正月 17日條.

49) 『金史』 卷10, 「本紀」 第10, 明昌5年 12月 辛酉條; 『高麗史』 卷20, 明宗25年 正月 17日條.

50) 『金史』 卷10, 「本紀」 第10, 明昌6年 12月 乙卯條; 『高麗史』 卷20, 明宗26年 正月 17日條.

51) 『金史』 卷10, 「本紀」 第10, 承安元年 12月 庚戌條.

52) 『金史』 卷11, 「本紀」 第11, 承安5年 10月 辛丑條; 『高麗史』 卷21, 神宗3年 11月 29日條.

53) 『金史』 卷11, 「本紀」 第11, 泰和元年 5月 戊寅條; 『高麗史』 卷21, 神宗4年 6月 14日條.

태화 2년 10월, 고려 신종의 생일축하사로 보낸 이중원李仲元의 관직을 『금사』 「본기」에는 '상련국부사尙輦局副使'라 하였는데 『고려사』에는 '호부시랑戶部侍郎'이라 하였다.[55]

태화 3년 10월, 고려 신종 생일축하사로 보낸 사효師孝의 관직을 『금사』 「본기」에는 '상식국사尙食局使'라 하였고, 『고려사』에는 '병부시랑兵部侍郎'이라 하였다.[56]

태화 4년 4월 제전사祭奠使로 고려에 온 장칭張偁은 『금사』 「본기」에는 서상한문사인데 『고려사』에는 소부감으로 기록되어 있고, 위문사 석각石瑴은 『금사』 「본기」에는 '동상합문사'인데 『고려사』에는 '공부시랑工部侍郎'으로 기록되어 있다.[57]

태화 8년 10월 고려 희종熙宗 생일축하사로 곽부郭郛를 보냈는데, 그의 관작을 『금사』 「본기」에는 '이부낭중吏部郎中'이라 하였고 『고려사』에는 '호부시랑戶部侍郎'이라 하였다.[58]

4. 사행의 통행 일수

금과 고려와의 관계 기사는 거의가 의례적儀禮的인 왕래 기사이다. 그 내용은 『금사』에는 「본기」·「교빙표」·「외국전外國傳」(고려)에 실려 있는데 「외국전」에 비교적 상세하다. 『고려사』에는 고려측 사행

---

54) 『金史』 卷11, 「本紀」 第11, 泰和元年 10月 戊戌條; 『高麗史』 卷21, 神宗4年 12月 1日條.

55) 『金史』 卷11, 「本紀」 第11, 泰和2年 10月 壬辰條; 『高麗史』 卷21, 神宗5年 11月 28日條.

56) 『金史』 卷11, 「本紀」 第11, 泰和3年 10月 丙辰條; 『高麗史』 卷21, 神宗6年 11月 28日條.

57) 『金史』 卷12, 「本紀」 第12, 泰和4年 4月 戊午條; 『高麗史』 卷21, 熙宗即位年 6月 8日條.

58) 『金史』 卷12, 「本紀」 第12, 泰和8年 10月 辛未條; 『高麗史』 卷21, 熙宗4年 11月 18日條.

의 관직과 이름, 그리고 금측의 관직과 이름이 자세히 나올 뿐 아니라 『금사』에 없는 기록이 많이 있다. 『금사』에는 금 후기의 기록이 없는 반면 『고려사』에는 계속 기록이 남아 있다. 금에서 고려에 파견한 사절은 「하고려왕생일사賀高麗王生日使」·「횡사사橫賜使」·「선유사宣諭使」·「봉책사封冊使」·「조위사弔慰使」·「낙기복사落起復使」·「제전사祭奠使」 등이고, 고려에서 금에 보내는 사절은 「하정사賀正使」·「절일축하사節日祝賀使」(황제의 생일)·「하전첩賀戰捷」·「청봉책請封冊」인데, 그중 「하정사」·「횡사사」·「고려왕생일축하사」가 가장 많이 왕래 되었으므로 이 3사의 왕래에 걸린 일수를 계산하여 보면 대개 편도 40일부터 60일 사이이다. 그러나 날씨나 또는 다른 환경의 영향으로 더 빠르기도 하고 더 늦기도 하였다. 심지어 20~30일일 때도 있고 70일이 될 때도 있었다.

사행의 횟수나 목적이 불분명한 기록도 있어서 통계를 잡기 어렵다. 예컨대 『고려사』에는 금사金使가 고려왕의 생일에 꼭 축하사祝賀使를 파견한 것으로 기록되어 있으나 『금사』에는 기록되지 않았다거나 기록할 때도 있고 빠트릴 때도 많아서 계량을 할 수가 없다.

또 『요사』에는 고려와의 관계 기사에서 고려왕의 계통이 잘못 설명된 곳이 여러 곳 있었으나 『금사』에는 없었고, 또 『요사』에는 지명이 잘못 기록된 곳이 많았으나 『금사』에는 근본적으로 지명이 나올 수 없으니 고려할 필요가 없다. 다만 보주保州가 압록강 남북에 걸쳐 있던 주이므로 한번 고찰해 볼 필요는 있다.

5. 맺음말

중원 왕조와의 관계에서 가장 단순한 관계가 금이었다. 크게 전쟁을 하거나 영토 문제로 다투거나 한 일이 없었다. 그러나 그 단순한 관계이지만 기록이 소루疏漏한 점은 지적하지 않을 수 없다.

첫째는 『금사』와 『고려사』 모두 기록의 소루한 점이 나타났으므로 상호 보완되어야 할 것이다.

둘째, 사자使者의 관명이나 이름이 2사二史의 기록에서 상치되는 점은 고구考究하여 바로 바루어야 할 점이다.

셋째, 금 후기에 몽골의 침입과 자국 내의 소동으로 『금사』에 빠진 부분은 『고려사』의 기록을 참고로 보충해야 할 부분이다.

넷째, 『금사』 전반에 걸쳐서 고려국왕 생일축하사에 관한 기록을 애써 축소하고 고려의 「하정사」·「질일사」는 『고려사』에 없는 사실도 으레 있었던 것으로 기록한 듯한 곳이 여러 곳에 나온다.

이렇듯 역사 기술의 기본에 어긋나는 부분이 도처에서 산견된다.

II

중원왕조의 조공 사례 연구

- 특히 요遼 · 금金 시대를 중심으로 -

1. 머리말

근년 중국사회과학원 변강사지연구중심邊疆史地研究中心에서 2002년부터 막대한 인원과 예산을 투입하여 동북변강의 역사와 현장에 대한 연속 연구공정東北工程이라는 국가적 프로젝트를 5년 계획으로 추진 중에 있다. 그 내용은 고구려를 비롯한 고조선·발해 등 한국 고대사를 왜곡하여 중국사에 편입시키려는 공작이다.

얼마 전까지만 하여도 평양 천도 이전은 중국 역사이며 평양 천도 이후는 한국사라고 하였으나 이제는 고구려 역사 모두를 중국사로 주장하려고 한다. 그들은 고구려를 중국의 지방정권으로 결론을 내어놓고 억지로 이를 증명하려고 자기주장에 맞는 사료만 나열하면서 부회附會하려고 한다. 그 내용을 보면 종족문제, 조공책봉문제, 영토계승문제 등을 들고 있다.

중국인들은 주변국가가 조공을 바치고 책봉을 받았다 하여 모두 종주국과 복속국 관계이며, 중앙정권과 지방정권이라 주장하고 있다. 그러나 역대 중원국가 중에는 주변 변방국에 봉표칭신奉表稱臣한 일도 있고, 또 형식形式은 조공관계가 아니더라도 내용적으로는 조공을 바친 예가 한두 번이 아니다.

본고에서는 중원왕조가 북방계 왕조에 대하여 봉표칭신한 예와 이에 준하는 종실공주宗室公主 허가許嫁, 물화物貨의 납공納貢 등의 사실事實을 시대별時代別 또는 분류별分類別로 나누어 기술하려고 한다.

2. 조공의 의미

조공의 뜻을 우리말 사전에는 '전날 속국이 종주국에게 때맞추어 예물로 물건을 바치던 일'[1]이라 하였고, 또 『국사대사전國史大事典』에는 "종주국에게 때맞추어 예물로 물건을 바치는 일로 종주국에서는 이에 대한 답례로서 하사下賜·상사賞賜란 뜻으로 많은 은전恩典을 가하여 보답하였다. 조공은 주로 동양사회에 있어서 중국을 중심으로 행하여졌는데 이것은 고대로부터 정치적 이상 즉 왕도사상王道思想에서 나온 대외정책의 한 형식으로 국가간의 공식적인 물품교환을 의미하는 일종의 관무역官貿易이라 할 것이다."[2]라 하였고, 『중문대사전中文大事典』에서는, "諸侯或屬國定期朝拜天子, 貢獻方物, 謂之朝貢。

1) 신기철 등, 『우리말 큰 사전』, 三省出版社, 1987, 2997쪽.
2) 李弘植, 『國史大事典』, 百年社, 1974, 1485쪽.

(제후 혹은 속국이 정기적으로 천자를 배알하고 방물을 바치는 것을 조공이라 한다)"[3]고 하였다. 그러나 이것은 단순한 자구해석에 불과하다. 그 실상은 명왕신덕明王愼德, 사이함빈四夷咸賓이 아니라 약소국이 무력적 약세에 의하여 불가피하게 조근지례朝覲之禮를 이행하게 되었고 그 관례는 정치적 복속을 의미하는 것이지만 이것은 어디까지나 국제정세에 따른 자국의 이해관계에서 출발한다는 이론[4]이 설득력 있다 하겠다.

중국의 수천년 역사의 전개과정에는 한 민족만이 중원을 지배하였던 것도 아니었고 주변 다른 민족도 여러 차례 중원의 주인이 되기도 하였다. 대개는 중원왕조의 주인은 한족이고 그 주변의 다른 민족은 조공이나 바치며 명맥을 유지한 것으로 알고 있지만 사실은 그렇지 않다. 중국의 서북·북방·동북의 유목민족과 반유목민족이 중원의 주인이 되기도 하고 혹은 공생관계 혹은 전쟁관계에서 여러 방면에 영향을 끼친 바 크며, 그 업적과 역사상의 지위는 한족 못지않았다.

북방민족이 중원 일부 또는 전 지역에 왕조를 건설하여 한족왕조를 대신하여 중원을 통치하였다. 예컨대 북위·요·금·원·청이 바로 그들이다. 때로는 남북 대치상태에 있을 때에는 중원왕조가 북방민족에게 신사하기도 하고 혹은 형식상은 아니더라도 실질내용 면에서는 조공하였다고 할 수 있는 예들이 많았다.

3. 형식 및 실질조공

1) 후진後晉과 거란

후당後唐 명종明宗의 양자인 이종가李從珂가 군사를 이끌고 경사京師

---

3) 『中文大事典』 4, 臺北, 華岡出版公司, 1976, 1552쪽.

4) 李春植, 「中國古代 朝貢의 實體와 性格」, 『古代韓中關係史의 硏究』, 三知院, 1987, 28쪽.

에 들어가 스스로 제위帝位에 올라 폐제廢帝가 되었다. 그는 명종의 사위인 석경당石敬瑭과 사이가 좋지 못하였다. 청태淸泰 3년(936년) 폐제는 석경당을 천평절도사天平節度使(지금 山東省 서북부를 다스림)로 옮기고 장경달張敬達에게 군대를 이끌고 가서 부임을 재촉하게 하였다. 이때 석경당의 막료幕僚인 상유한桑維翰이 석경당에게 명을 거역하고 군사를 일으키도록 권하고, 또 거란에 군사원조를 청하도록 건의하였다. 석경당은 이에 따라 거란 태종太宗에게 봉표칭신하고 부례父禮로 섬기기를 청하면서 성공할 것 같으면 노룡절도사盧龍節度使 구역과 안관이북雁關以北의 제주諸州를 거란에 주겠다고 약속하자 거란은 크게 기뻐하면서 중추仲秋 때까지 기다렸다가 경국부원傾國赴援하겠다고 하였다.[5] 935년(天顯 10년) 그해 9월 거란 태종 야율덕광耶律德光은 5만기를 이끌고 양무곡揚武谷에서 진양晉陽에 도착하였다. 그해 11월 진양 남쪽에 단壇을 쌓고 석경당을 황제皇帝로 삼고 나라 이름을 진晉, 천복天福이라 개원改元하였다. 이에 대하여 『요사遼史』에는 태종이 석경당을 만나보고

> "吾三千里擧兵而來, 一戰而勝, 殆天意也。觀汝雄偉弘大, 宜受茲南土, 世爲我藩輔。"[6]

라 하며 진양에 단을 만들고 석경당을 대진황제大晉皇帝로 책봉冊封하였다고 기술하고 있다.

그리고 후진後晉이 공손히 거란 태종을 섬겼고, 또 연운燕雲 16주州의 양여나 봉공을 성실히 이행하자 신용을 하던 참인데, 회동會同 원년 7월 중대성中臺省 우상右相 야율술란耶律述蘭·질렬가迭烈哥를 정사로,

---

5) 葉隆禮, 『契丹國志』 卷2, 太宗紀上, 天顯 10年 7月條.
6) 『遼史』 卷3, 「本紀」 第3, 太宗上, 天贊 11年 11月 丁酉條.

임해군절도사臨海軍節度使 조사온趙思溫을 부사로 삼아 진제晉帝를 영무명의황제英武明義皇帝로 책봉하였다. 대개 황제가 봉왕封王을 하는 예는 흔하지만 황제가 황제를 책봉하는 예는 처음 있는 일이 아닌가 한다. 이는 오대五代 53년 8성姓 13군君이 등락하면서 중국의 전통적 군도君道는 사라지고 오직 강자늑약强者勒弱의 전통만 남아 천하는 일존一尊이 아니라 다원화가 되면서 혼란이 가중되어 갔다.

『거란국지契丹國志』에는

> "契丹帝謂石敬曰: 「吾三千里來赴難, 必有成功, 觀汝器貌識量, 眞中原之主, 吾欲立汝爲大子」。敬塘辭讓數四, 將吏復勸進, 乃許之。契丹帝作策書命敬瑭爲大聖皇帝, 自解衣冠授之築壇卽位。"7)

이라 하여 그 즉위卽位에 대한 정황情況을 자세히 전하고 있다.

진은 유幽(지금의 대흥현[大興縣])·계薊(계현[薊縣])·영瀛(하간현[河間縣])·막莫(임구현[任邱縣])·탁涿(탁현[涿縣])·단檀(밀운현[密雲縣])·순順(순의현[順義縣])·신新(탁록현[涿鹿縣])·규嬀(회래현[懷來縣])·유儒(연경현[延慶縣])·무武(선화현[宣化縣])·울蔚(울현[蔚縣])·운雲(대동현[大同縣])·응應(응현[應縣])·환寰(삭현[朔縣] 동쪽)·삭朔(삭현[朔縣]) 16주州를 거란에 할양하고, 매년 백帛 30만 필을 바치기로 하였다.8)

이렇게 하여 비록 한족이 세운 왕조王朝는 아니더라도 중원에 건국한 황제로 거란에 대하여 ① 거란 태종을 부례로 섬기고, ② 연운燕雲 16주를 거란에 할양하고, ③ 매년 비단 30만 필을 바치는 것으로 하였다. 이와 같은 일은 일찍이 역사상 없었던 일이다. 『거란국지』에

7) 葉隆禮, 『契丹國志』 卷2, 太宗紀上, 天顯 10年 11月條.

8) 葉隆禮, 『契丹國志』 卷2, 太宗紀上, 天顯 10年 11月條 및 『新五代史』 卷8, 本紀 卷8, 晉條.

"八月, 晉上尊號於遼帝及太后, 以同平章事馮道, 左僕射劉昫爲冊禮使。遼帝大悅。晉帝事遼甚謹奉表稱臣。謂遼爲父皇帝, 每遼使至卽於別殿, 拜受詔勅。每歲輸金帛三十萬之外, 吉凶慶弔歲時贈遺相繼於道, 乃至太后元帥太子諸王大臣皆有賂遺, 然所輸金帛不過數縣租賦, 其後, 遼帝屢止晉帝上表稱臣。但令爲書稱兒皇帝, 如家人禮。"[9]

이라 하였다. 후진 고조高祖는 이렇게 성심성의껏 받들고 공물貢物도 끊임없이 바쳤다. 그러나 거란은 조금이라도 뜻대로 되지 않을 때에는 가차 없이 사신을 보내어 문책하였다. 이러한 거란의 행위에 대하여 성덕절도사成德節度使 안중영安重榮이 매우 부끄럽게 여기고 거란과 여러 차례 싸우기도 하였다. 천복天福 7년(942) 고조는 안중영을 사로잡아 죽이고 거란에 사죄하였으나 거란이 이를 받아들이지 않자 걱정을 하다 죽었다.

후진은 고조의 아들이 어리므로 형의 아들 석중귀石重貴를 계위시키고 고조의 붕어崩御를 거란에 애고告哀할 때 봉표칭신하자는 의견이 었으나 경연광景延廣이 칭손稱孫은 하되 칭신稱臣은 안 된다 하여[10] 그대로 하였더니 거란 태종이 대노하여 남침하였다.

경연광의 이론을 『거란국지』에서 보면

"先帝爲北朝所立, 故稱臣奉表, 今上乃中國所立, 所以降志於北朝, 正以不敢忘先帝盟約故耳。爲鄰國稱孫足矣。無稱臣之理, 翁怒則來戰, 孫有十萬橫磨劍, 足以相待。他日爲孫所敗取笑天下毋悔也."[11]

이라 하여 출제出帝는 중국中國 사람이 세웠으니 칭신봉표稱臣奉表할

9) 葉隆禮, 『契丹國志』 卷2, 太宗紀上, 會同 2年 8月條.
10) 葉隆禮, 『契丹國志』 卷2, 太宗紀上, 會同 6年 6月條.
11) 葉隆禮, 『契丹國志』 卷2, 太宗紀上, 會同 7年 9月條.

수 없고 칭손이면 족하다, 칭신하지 않은 것으로 분노한다면 쳐들어 와라, 우리의 10만 횡마검이 기다린다고 하였다.

이로 미루어 본다면 고조의 봉표칭신은 인정하고 있었다 하겠다.

2) 북한北漢과 거란

951년 곽위郭威가 칭제하여 나라 이름을 주周라 하고 광순廣順이라 연호를 정하자 진양晉陽을 지키고 있던 유숭劉崇이 하동河東 12주州를 갖고 칭제하고 나라 이름은 북한北漢의 국호 한漢을 그대로 썼다.

그러나 국토는 편소偏小하고 척박하여 한 국가를 경영하기에는 어려움이 많았다. 후주後周의 공격이 다가오자 다급하여 사신을 거란에 보내어 조카라 칭하면서 군원軍援을 애걸하고 책봉을 요구하였다.

거란 세종世宗은 그들의 청을 들어 주기로 하고 즉시 연왕燕王 야율첩랍耶律牒蠟과 추밀사樞密使 고훈高勳을 보내 유숭을 대한신무황제大漢神武皇帝로 책봉하였다.

그 이후 한은 거란에 수시로 무기(弓矢, 鞍馬 등) · 식품(葡萄酒) · 기타(毬衣, 馬, 藥, 茶, 金器, 鎧甲 등)를 보내기도 하면서 공근하게 섬기었다. 그러면서 후주나 송이 쳐들어올 때마다 군사원조를 청하였다. 거란은 그때마다 군대를 파견하여 도와주었다. 어느 해에는 북한이 대량의 양곡 지원을 요구하였을 때에도 모두 들어주었다.

그러나 중원에 새로 건국한 송의 집요한 공격을 받아 더 이상 버티지 못하고 979년(건형[乾亨] 원년) 6월 북한황제 유계원劉繼元이 송에 항복하면서 북한은 완전히 멸망하였다.

그 간의 국가가 유지된 것은 전적으로 거란의 후원과 보호 아래서 가능하였던 것이다.

3) 남송南宋과 금金

조공제도는 중국이 그 주변의 국가와의 사이에 지녀온 전통적 대외관계의 가장 특징적인 것이다. 전해종은 본질적 조공관계로 ⓐ 경제적 관계(조공[歲幣 · 方物] · 청구[請求] · 사물[賜物] · 견면[蠲免]), ⓑ 의례적 관계(봉전[封典] · 고애[告哀] · 진하[進賀] · 진위[陳慰] · 사제[賜除] · 부휼[賻恤] · 사은[謝恩]), ⓒ 군사적 관계(중국 측 요청, 조선측 요청), ⓓ 정치적 관계 및 기타(신칭[臣稱] · 연호채용[年號採用] · 력채용[曆採用] · 내정간섭[內政干涉] · 진주[陳奏] · 왜정보고[倭政報告] · 양박정형보고[洋船情形報告] · 인질[人質] · 통혼[通婚] · 기타)[12]로 규정지었다. 한족왕조로써 북방민족왕조에 대하여 전형적인 조공을 바친 예는 바로 남송 고종이다.

정강靖康 2년(1127) 정월, 금은 흠종欽宗을 금 진영陣營에 구금하고 금은을 요구하였다. 송은 경사京師를 수색하여 금 30여만 량, 은 700여만 량, 비단 100여만 필을 모았으나 금을 만족시킬 수 없었다. 그 해 2월 휘종徽宗과 제왕후비諸王後妃들도 금 진영에 포로가 되었으며[13] 4월에는 휘 · 흠종 부자父子와 황후皇后 · 태자太子 · 친왕親王 · 비빈妃嬪 · 종척宗戚 및 제신諸臣 등 3,000여 명이 북으로 잡혀갔다.[14] 뿐만 아니라 남녀 백성 중 강제로 끌려간 사람이 10여만 명에 달하였다 한다.

1127년(天會 5년) 금 태종은 휘종 · 흠종 부자를 강등시켜 서인으로 삼았다가[15] 그 다음 해에는 상경上京(길림성 아성현[阿城縣] 남쪽)으로 옮겼다.[16] 그 다음 달에는 소복素服으로 태조묘太祖廟를 배알케 하고 휘종을 혼덕공昏德公, 흠종을 중혼후重昏侯로 봉하였다. 그리고 그 해 10

---

12) 全海宗, 『韓中關係史硏究』, 一潮閣, 1974, 15쪽
13) 『宋史』 卷23, 靖康 2年 2月 辛未條.
14) 『宋史』 卷23, 靖康 2年 4月 庚申朔條.
15) 『金史』 卷3, 天會 5年 2月 丙寅條.
16) 『金史』 卷3, 天會 6年 7月 乙巳條.

월 두 황제는 한주韓州로 옮겨졌다.[17]

한편 1127년(정강 2년) 3월 금은 송신宋臣 장방창張邦昌을 초제楚帝로 삼았었다. 그러나 금이 북으로 돌아가자 스스로 퇴위退位하고 천우황후天祐皇后(철종폐후맹씨[哲宗廢后孟氏])가 궁으로 들어와 수렴청정垂簾聽政을 하였다. 그해 5월 강왕康王(조구[趙構]; 휘종 제9자)이 남경南京(응천부[應天府], 지금의 하남 상구현[商邱縣])에서 즉위하니 이가 고종이다. 개봉開封에서 선전하던 종택宗澤이 죽자 주화파主和派 세력이 우세하였다. 그러나 금이 압박해오자 고종은 양자강을 건너 항주杭州(임안부[臨安府]로 승격)로 옮겨 수도 건설을 준비하였으나 사태가 위급하게 돌아가자 월주越州(절강 소흥현[紹興縣])로 도망하였고, 또다시 명주明州(절강 근현[靳縣] 동쪽)로 도망하였고, 금군이 임안臨安을 점령하고 동시에 절강浙江으로 추격해 오자 고종은 바다로 도망하였다. 1130년(건염[建炎]4) 고종은 온주溫州(절강 영가현[永嘉縣])로 도망하였다. 금군이 물러난 후에 월주로 돌아왔다가 1138년(소흥[紹興]8) 정식으로 임안에 수도를 정하였다.

이때 악비嶽飛·한세충韓世忠·장준張浚 등은 모두가 중원회복을 주장하였다. 그중에서도 악비는 고종의 신임도 상당하였다. 그는 누차 중원회복을 강력히 주장하였다. 그러나 고종은 중원회복에는 흥미가 없고 다만 화의和議에만 마음이 있었다. 그는 여러 차례 패전으로 금에 대한 두려움이 많아 쉽게 전쟁을 일으킬 수 없었다. 이외에도 두 가지 원인이 있었다 한다.

첫째는, 주전파主戰派의 구호대로 양궁兩宮(휘종·흠종)을 모셔오고 강토疆土를 수복한다면 황위문제皇位問題가 필연적으로 일어날 것이므로 황위를 위협받지 않게 하기 위해서는 꼭 금과 화의하여 2제帝를 귀환하지 못하게 하여야 했으며 둘째, 주전파는 대부분이 무인들이기 때문에 전쟁에 승리하면 무인이 발호할 것이고 그러면 통제하기

17)『金史』卷3, 天會 6年 10月 戊寅條.

어려울 것이라 생각했다.[18]

그리하여 고종은 화의를 주장하는 진회秦檜를 믿고 금과 화의코자 하였다. 여러 차례 사신의 내왕이 있은 후 드디어 1141년(소흥11) 11월에 화의가 성립되었다. 그 내용을 『송사』에는

> "是月, 與金國和議成立, 盟書約以淮水中流畫彊, 割唐鄧二州界之。歲奉銀二十五萬兩, 絹二十五萬匹, 休兵息民, 各守境上。"[19]

이라 하였고 또 『금사』에서는

> "宋使曹勛來許歲幣銀絹二十五萬兩匹, 畫淮爲界, 世世子孫, 永守誓言。"[20]

라고 하였는데 같은 내용을 시기적으로도 조금 달리 적고 있고 또 내용도 조금 달리 기술하고 있다. 이 화의 내용을 푸러청傅樂成은 다음과 같이 요약하고 있다.

① 송은 금에 신이라 칭하고 금에게 표를 바치며 금은 송주宋主를 황제로 책봉한다.
② 송은 해마다 은·견 각 25만 량필을 봄에 사주泗州(지금의 안휘[安徽]·우이현[盱眙縣] 동북)에서 교부한다.
③ 송은 금주金主의 생신과 정단正旦에 사신을 보내어 치하한다.
④ 금은 휘종의 재궁梓宮(소흥 5년에 휘종은 붕어)과 위태후韋太后(고종의 생모)를 귀환시킨다.

---

18) 傅樂成(辛勝夏 역), 『中國通史』下, 宇鐘社, 1981, 645~646쪽.
19) 『宋史』 卷29, 紹興 11年 11月條.
20) 『金史』 卷4, 皇統 2年 2月 辛卯條.

⑤ 송 · 금은 동으로 회수淮水, 서로는 대산관大散關(지금의 섬서 보계현[寶鷄縣] 서남)을 국계로 삼는다.21)

이 서맹誓盟의 내용을 살펴보면 형식상으로나 내용상으로나 완전한 주종간의 조공이었다.

4. 내용상 조공

1) 한제국漢帝國과 흉노匈奴

한 고조 6년(BC 201) 태원군太原郡 31현을 한국韓國으로 삼아 한왕韓王 신信을 옮기고 진양晉陽을 도읍都邑으로 삼았다. 그러나 그 해 9월 흉노가 한왕 신을 마읍馬邑에서 포위하자 마읍을 가지고 흉노에 항복하였다.22) 이에 한 고조는 그 다음 해(고조 7년, BC 200) 겨울 고조 스스로 장將이 되어 한왕 신을 동제銅鞮에서 격파하고 그 장수를 베었다. 신은 도망하여 흉노로 달아났다. 그 부하 장수 만구신曼丘臣과 왕황王黃이 옛 조趙의 후예 조리趙利를 왕으로 삼아 신의 흩어진 병사를 수습하여 흉노와 같이 한에 거전하였다. 고조가 진양에서부터 여러 차례 전쟁을 하여 계속 승리하며 북으로 진격하였다. 누번樓煩에 이르렀을 때 큰 추위를 만나서 사졸士卒의 20~30%가 동상에 걸리게 되었다. 평성平城에 이르렀을 때에는 흉노에 포위되어 7일간이나 진퇴양난에 빠졌는데 진평陳平의 비계祕計를 써서 겨우 빠져 나왔다.23) 그 후 흉노의 세력에 무력대항은 불가능함을 깨닫고 화친을 제의하

21) 傅樂成(辛勝夏 역), 『中國通史』下, 宇鐘社, 1981, 647쪽.
22) 『漢書』 卷1下, 高帝紀 第1下, 高祖 6年 9月條.
23) 『漢書』 卷1下, 高帝紀 第1下, 高祖 7年 冬10月條.

였다. 이후 양국은 흉노의 산발적인 도발도 있었지만 무제 즉위까지 대략 60년간은 무양하였다. 고조 9년(BC 198) 유경劉敬의 건의를 받아들여서 흉노와 화친하고 종실 여자宗室女子를 모돈冒頓에게 출가시키고 매년 일정수의 솜과 명주·주식酒食을 보내고, 형제兄弟로 약속하였다.[24] 모돈은 세력이 점점 강대하여져서 고조가 죽은 후에는 더욱 한을 경시하여 여후呂后에게 글을 보내어 구혼求婚까지 하였다.

이러한 공주의 혼가는 고조이래 혜제惠帝·문제文帝·경제景帝 때까지 이어졌으며 재화財貨도 계속 보내어졌다. 이것은 비록 용어를 조공이라 하지 않았을 뿐 실질적으로는 조공이며 신복을 의미하는 것이다.[25] 가의賈誼도

> "天下之勢方倒縣, 凡天子者, 天下之首, 何也? 上也。蠻夷者, 天下之足, 何也? 下也。今匈奴嫚姆侵掠, 至不敬也, 爲天下患, 至亡已也, 而漢歲致金絮采繪以奉之。夷狄徵令, 是主上之操也; 天子共貢, 是臣下之禮也。足反居上, 首顧居下, 倒縣如此, 莫之能解, 猶爲國有人乎?"[26]

라 하여 한의 흉노에 대한 세폐봉헌歲幣奉獻은 납공納貢으로 보았고 한과 흉노와의 관계는 상하上下관계로 설명하고 있다. 어쨌든 한과 흉노의 초기관계는 한이 흉노에 납공하였지만 무제이후 한의 세력이 신장되면서 흉노가 한에 칭신입조稱臣入朝하는 형국으로 바뀌었다.

2) 북송과 거란간의 전연맹약澶淵盟約

송 태종이 979년(태평흥국[太平興國] 4) 정월 북한北漢을 친정親征하자 거란에서 북한을 도와주어서 실패로 끝나고 그 해 5월 송이 북한을

24)『漢書』卷94上, 匈奴傳 第64上.

25) 李春植,「中國古代 朝貢의 實體와 性格」,『古代漢中關係史의 硏究』三知院, 1987, 36쪽 참조.

26)『漢書』卷48, 賈誼傳 第18.

급습하여 멸망시키고 그 여세를 몰아 연燕·운雲을 회복코자 거란을 정벌하였다. 동역주東易州와 탁주涿州를 함락하고 유주幽州에 이르러 10여 일이나 대치하였다. 거란이 야율휴가耶律休哥를 보내 원조하자 송군은 고량하高粱河에서 대패하였다. 태종도 유시流矢를 맞아 도망하여 겨우 생명을 보존하였다.

이 전투 이후 송·거란 국경에는 충돌이 그치지 않았다. 송 태종은 986년(옹희[雍熙] 3) 거란을 다시 정벌하였다. 이때 거란은 경종景宗이 붕崩하고 성종聖宗이 어린 나이로 즉위하였으므로 이 기회를 이용하여 대거 정벌에 나섰다. 그러나 결과는 기구관岐溝關에서 야율휴가耶律休哥에게 크게 패하였다. 이 전역 이후 거란은 보복정책을 취하여 송의 하북河北·하동河東에 군대를 보내어 여러 차례 침략을 하였다. 송은 두어 차례 화의和議를 청하였으나 모두 거절당하였다.

송은 997년(지도[至道] 3) 태종이 붕하고 진종眞宗이 즉위하였다. 진종 즉위 초부터 주화론主和論이 고개를 들기 시작하였다. 그러던 중 1004년(경덕[景德] 원년) 거란 성종은 소태후蕭太后의 뜻을 받들어 대거 송을 침입하여 전연에 바로 다다랐다. 전연은 수도 개봉開封에서 불과 300리 밖에 되지 않는 곳이어서 진종은 물론 조야가 크게 놀랐다.

당시 재상 구준寇準과 필사안畢士安이 친정親征을 주장하고 나서자 할 수없이 전주澶州로 나갔다. 송군의 사기는 크게 진작되었으나 진종은 줄곧 화의만 생각하고 있었다. 거란도 승승장구하였으나 전연에서 소달람蕭撻覽27)이 궁노에 맞아 죽자 진격을 멈추고 물러갔다. 그리고 곧 화의가 이루어졌다. 그러나 누가 먼저 화의를 제의했는가는 사서마다 다르다. 『송사』에는 그해 11월 갑술甲戌에 왕계충王繼忠

27) 『宋史』 卷7, 景德 元年 11月 甲戌條에는 撻覽이라 하였고, 『遼史』 卷14, 統和 22年 閏11월 丁卯條에는 蕭撻凜이라 하였고, 『契丹國志』에는 撻覽이라 하였다. 『遼史』 卷82 列傳15에는 蕭撻凜이다.

이 두어 차례 달려와서 청화請和를 상주하자 진종은 재상宰相들에게 이르기를

"繼忠言契丹請和, 雖許之, 然河冰已合, 且其情多詐, 不可不爲之備。"[28]

라 하면서 거란에 대한 주의를 게을리 하지 않았다고 한다. 거란이 먼저 화의를 청해 온 것으로 기록하고 있다. 그러나 『요사』에는 남원대왕南院大王 야율선보耶律善補가 상주하기를 "송인宋人이 사람을 보내어 왕계충에게 궁시弓矢를 주고 몰래 화의를 청구하였습니다."라고 하니 조서를 내려 계충에게 송사宋使와 만나서 화의를 허락하도록 하였다고 하니 송이 먼저 화의를 청한 것으로 기록하고 있다.

어쨌든 양국 간의 맹약은 그 해 12월 무자戊子에 이루어진 것으로 기록하고 있다. 『요사』에

"宋遣李繼昌請和, 以太后爲叔母, 願歲輸銀十萬兩, 絹二十萬匹。許之。卽遣閤門使丁振持書報聘."[29]

이라 하였으며 『송사』에는

"遣監西京左藏庫李繼昌使契丹定和, 戒諸將勿出兵邀其歸路。…… 乙未, 契丹使丁振以誓書來。"[30]

라 하였다. 이 두 사료중 『요사』에는 비교적 자세히 기록하고 있으나 『송사』에는 자세히 적시하지 않았다. 이는 더 없는 치욕으로 여겼

28) 『宋史』 卷7, 景德 元年 11月 甲戌條.
29) 『遼史』 卷14, 統和 22年 12月 戊子條.
30) 『宋史』 卷7, 景德 元年 12月 乙酉 및 乙未條.

기 때문이라 생각하였기에 자세한 기록을 남기지 않았을 것이다. 그러나 『거란국지契丹國志』에는 비교적 자세히 기록하고 있다.

> "但令曹利用與韓杞口述玆事可也。利用 再往返乃許歲遺絹二十萬匹, 銀一十萬兩, 兩議遂定。契丹且請以兄禮事之。"[31]

라 하였다. 결국 송은 ① 매년 비단 20만 필, 은 10만 량을 거란에 보내고, ② 거란 성종은 송 진종을 형이라 호칭하는 화의가 성립되었다. 이것을 전연澶淵의 맹盟이라 한다.

성종서서聖宗誓書에 의하면 세폐歲幣는 군려軍旅의 비용費用을 돕는 것으로 명목을 정하였으며 통화 23년 10월 계묘癸卯부터 보내져서 매년 그렇게 하였다. 그리고 형제兄弟로 호칭呼稱하는 것은 관남서서關南誓書에 보인다.

이러한 양국관계는 대략 117년간(1005~1121) 평화를 유지하게 된다. 그러나 그 기간 계속 무양했던 것은 아니었다. 1041년(경력[慶曆] 원년) 12월 거란 흥종興宗이 송이 관하關河를 설치하고 호참壕塹을 수리하고 하니 변환邊患이 있을까 두렵다는 말을 듣고 남추밀南樞密 소효목蕭孝穆과 북추밀北樞密 소관녕蕭貫寧이 관남關南 10현지縣地를 취하려는 모의를 하고 소영蕭英과 유륙부劉六符를 송에 파견하였다.[32] 그리고 그 다음 해(1042) 정월 남원선휘사南院宣徽使 소특말蕭特末, 한림학사翰林學士 유륙부를 송에 보내어 진양 및 와교瓦橋이남 10현지를 취하겠다고 하고 또 군사를 일으켜 서하를 정벌한 것과 연변沿邊의 수택水澤을 넓히고 깊이 판 것과 병수兵戍를 늘인 이유를 물었다.[33] 그 해 6월에 송의 부필富弼이 다녀가고 또 8월에 와서 세폐은견歲幣銀絹

31) 葉隆禮, 『契丹國志』 卷7, 統和 22年 11月條.
32) 『遼史』 卷19, 重熙 10年 12月 乙未條.
33) 『遼史』 卷19, 重熙 11年 正月 庚戌條.

을 증액增額토록 하는 것으로 매듭 지우려 하였다.

그리하여 그 해 9월 북원추밀부사北院樞密副使 야율인선耶律仁先과 한인행궁부부서漢人行宮副部署 유륙부가 송에 사신으로 가서 화의를 약속하였다. 이때 부필이 흥종에게 송과 거란의 화의의 대의大意를 말하기를 가만히 앉아서 세폐歲幣를 얻으면 이利는 국가에 있고 신하에게 주지 않아도 되며, 송과 싸움을 한다면 이利는 신하에게 있고 해는 국가에 돌아온다고 하자 흥종이 그 말에 감화되어 비로소 화호和好를 정하였다.[34] 그 해 윤9월 야율인선이 사람을 보내어 보고하기를 송이 매년 은과 비단 10만 량필을 증액하고 문서에 '공貢'이라 하며 백구白溝에서 보내 준다고 하자 흥종이 기뻐하여 군신들과 잔치를 베풀었다.[35] 문서에 헌獻이라 하느냐 납納이라 하느냐를 두고 쟁론爭論을 벌린 듯하나 결국 '공'으로 귀착된 듯하다. 이렇듯 무력의 강약에 의하며 부득이 매년 물화와 돈을 바친 것이라면 이는 조공이라 하지 않을 수 없다.

3) 정강靖康 연간 북송과 금의 강화

1125년(선화[宣化] 7) 금은 마침내 송을 침범하였다. 금군은 두 갈래로 남하하였다. 동로東路는 알리불斡離不(종망[宗望] 금태조의 자)이 지휘하였는데 평주平州를 거쳐 연경燕京으로 들어가고, 서로西路는 점한粘罕(종한[宗翰])이 운중雲中(지금의 산서성 대동[大同])으로부터 태원太原(지금의 산서성 태원)을 공격하였다. 태원을 지키던 동관童貫은 도망하고 지부知府 장효순張孝純의 선방善防으로 금군이 더 나아가지 못하였다. 동로군東路軍은 곽약사郭藥師의 항복을 받고 그를 선도로 하여 황하黃河를 건너게 되었다.

1126년(정강[靖康] 원년) 정월 금군이 개봉을 포위 공격하였으나 이강

34)『遼史』卷19, 重熙 11年 9月 壬寅條.

35)『遼史』卷19, 重熙 10年 閏9月 癸未條.

李綱의 선전善戰으로 쉽게 점거하지 못하였다. 사방의 원군援軍이 패하여 부득이 금과 강화하게 되었다. 화의를 청한 것이 어느 쪽이냐 하는 데는 사료가 서로 엇갈린다. 『송사』에는 정강원년(1126) 정월 갑술甲戌에 금인金人 오효민吳孝民을 보내어 의화議和하였다[36]고 하였고, 『금사』에는 천회天會 4년(1126) 정월 갑술에 송사宋使 이절李梲이 와서 사죄하고 수호修好를 청하였다고 한다.[37] 그리고 그 화의의 내용도 조금씩 달리하고 있다. 『금사』에는

> "宗望許宋修好, 約質, 割三鎭地, 增歲幣, 載書稱伯姪。戊寅, 宋以康王構·少宰張邦昌爲質。辛巳, 宋上誓書·地圖, 稱姪大宋皇帝·伯大金皇帝。"[38]

라 하였다. 『송사』에는

> "李梲與蕭三寶奴·耶律忠·王汭來索金帛數千萬, 且求割太原·中山·河間三鎭, 幷宰相親王爲質, 乃退師."[39]

라 하였다. 두 사료가 조금씩 다르게 기술되고 있음을 알 수 있다. 금이 제의한 강화조약講和條約은 매우 가혹하였다. 그 요점은

① 송은 금 500만 량, 은 5,000만 량, 표단表緞 100만 필, 소말 10,000두를 금에 주고,
② 금주金主를 백부伯父로 예우禮優할 것과
③ 송에 있는 연燕·운인雲人을 돌려보내고,

---

36) 『宋史』 卷23, 靖康 元年 正月 甲戌條.
37) 『金史』 卷3, 天會 4年 正月 甲戌條.
38) 『金史』 卷3, 天會 4年 正月 甲戌·戊寅·辛巳條.
39) 『宋史』 卷23, 靖康 元年 正月 乙亥條.

④ 태원·중산中山·하간河間 3진三鎭을 할양하며,

⑤ 재상과 친왕親王을 인질로 한다.40)

라는 것이었다. 흠종은 이를 수락하고 경사京師의 민간 소유 금 20만 량, 은 400만 량을 모아서 금에게 주고 장방창張邦昌을 금 진영에 보내어 화의하자 알리불斡離不은 포위를 풀고 북으로 돌아갔다.

이 화의의 내용도 비록 봉표칭신은 하지 않았다 하더라도 내용적으로는 그 이상의 굴욕적인 것이라 하겠다.

4) 융흥隆興 연간 남송과 금의 강화조약

1161년(소흥[紹興] 31년) 금 해릉왕海陵王이 스스로 60만군을 이끌고 회수淮水를 건너 남진南進하였다. 그때 금인金人들은 해릉왕의 포악함에 분개하여 이 기회를 틈타 족제族弟 오록烏祿을 요양遼陽에서 옹립하여 세종世宗이 되었다. 해릉왕은 이 소식을 듣고 돌아오는 길에 과주瓜州에서 신하에게 살해당하고 금군은 물러났다. 송은 이 기회에 본토를 회복하고자 하여 회북淮北의 수개 주를 취하였으므로 위세가 진작되었다. 그러나 고종은 제위帝位에 더 이상 미련이 없어서 태자 신愼에게 전위하고 스스로 태상황太上皇이라 하였다. 태자가 즉위하니 곧 효종孝宗이다. 그는 즉위 후 중원을 회복하고 조종의 치욕을 씻을 생각을 하여 악비嶽飛의 관직을 추가 복직하고 또 중외에 조서를 내려 조정의 잘못을 고치려 하는 등 상당한 희망이 있어 보였다. 그러나 진회秦檜가 15년간이나 전횡專橫하는 동안 충신忠臣과 량장良將은 거의 죽임을 당하고 사대부士大夫들은 안정을 바라는 터라 실토회복失土回復은 쉽지 않았다.

40) 傅樂成(辛勝夏 역), 『中國通史』下, 宇鐘社, 1981, 640쪽.

효종 즉위 때 송·금은 전쟁 중에 있었다. 그러나 금은 송이 칭신稱臣하지 않는다 하여 대장大將 복산충의僕散忠義를 변경汴京에 보내어 전쟁준비를 하도록 하였다. 1163년(융흥[隆興] 원년) 5월 장준張浚이 금을 공격하여 한때 성과가 있었으나 금군의 공격으로 소강상태에 머물게 되었다. 이때 조신 중 주화자主和者들이 장준을 공격하여 효종도 할 수 없이 그의 관직을 면하였다. 일반적으로 분위기가 구강회복舊疆回復보다 강화 쪽으로 기울자 효종도 부득이 강화하기로 결심하였다. 그 내용에 대하여 『송사』에는

"遣國信所大通事王抃持周葵書如金帥府, 請正皇帝號, 爲叔姪之國; 易歲貢爲歲幣, 減十萬; 割商·秦地; 歸被俘人, 惟叛亡者不與; 誓目大略與紹興同。"41)

이라 하였고 『금사』에는 전후의 내용은 적시하지 않고 다만

"宋通問使魏杞等以國書來. 書不稱「大」, 稱「姪宋皇帝」稱名, 「再拜奉書于叔大金皇帝」。歲幣二十萬。"42)

이라고만 기술하였다. 이상을 정리하면 그 조건이

① 금·송은 숙질간叔姪間의 국가관계로 송주가 금주를 숙부叔父라고 부를 것,
② 양국 왕래문서는 국서國書라 부를 것(이전의 양국문서는 군신君臣의 예로서 금주는 '하조下詔'라 하고, 송은 '봉표奉表'라 하였다.),

41) 『宋史』 卷33, 隆興 2年 11月 丙申條.
42) 『金史』 卷6, 大定 5年 正月 己未條.

③ 송은 매년 은과 비단 각 5만 량필씩 감하고 세공歲貢을 세폐歲幣라 고쳐 부를 것,

④ 쌍방의 강계疆界는 고종 소흥 때와 같게 한다.43)

송이 이 화약和約에서 신臣이라 부르지 않고 평등지위를 얻은 것이지만 이는 형식논리이고 여전히 물하증여와 숙질간의 국가라는 관계는 청산하지 못하였다.

5) 가정嘉定 연간 남송과 금의 강화조약

1204년(가태[嘉泰] 4) 한탁주韓侂冑는 금을 정벌하고자 결의하고 악비를 악왕鄂王이라 추봉追封하여 군사들을 격려하고 오희吳曦에게 명하여 촉蜀에서 군사를 훈련시켜 전쟁준비를 하였다. 그 다음 해 송은 출병하여 금을 정벌하였는데 다소의 성과를 내었으나 숙주宿州・수주壽州 등지를 공격하다 패하였다. 더구나 오희마저 금에 항복하여 버렸다.

이런 가운데 금의 복산규僕散揆가 남하하여 회남淮南의 중진重鎭을 함락하고 곧바로 강북江北에 도달하였다. 이에 한탁주는 스스로 실책을 후회하고 사신을 금군에 보내어 화의를 교섭하였으나 금은 한탁주의 수급首級을 요구하였다. 한탁주의 화의 내용을 『금사』에

> "宋韓侂冑遣左司郎中王柟以書來乞和, 請稱伯, 復增歲幣, 搞軍錢, 誅蘇師旦函首以獻。"44)

이라 하였다. 그러나 금군은 한탁주의 수급을 요구하였다.

영종황후寧宗皇后 양씨楊氏와 예부시랑禮部侍郎 사미원史彌遠이 평소

---

43) 傅樂成(辛勝夏 역), 『中國通史』下, 宇鐘社, 1981, 649쪽.

44) 『金史』 卷12, 泰和 7年 11月 丙子條.

한탁주에게 나쁜 감정을 가지고 있었던 차에 금이 한탁주의 수급을 요구하자 이에 영종寧宗에게 상주하여 한탁주의 수급을 금에 보내어 사죄하자고 하니 영종도 이를 받아들이었다. 이에 사미원이 밀지密旨를 받아서 전전사공사殿前司公事 하진夏震에게 명을 내려서 옥진원玉津園에서 주살하였다.[45] 그리고 그 다음해(가정 원년) 3월에 한탁주의 수급을 양회兩淮에 효수토록 조서詔書를 내렸다. 그리고 그해 3월 경인庚寅에 화의가 이루어졌다. 그 내용은

① 정강고사靖康故事에 따라 금·송의 제실帝室은 백질伯姪관계로 할 것.
② 세폐를 은견銀絹 각 30만 량필로 증가할 것.
③ 송은 별도로 고군은搞軍銀으로 300만량을 금에 주고 금이 점령한 회협淮陝지방을 송에 귀환시킬 것으로 하였다.[46]

이 역시 명목보다 내용은 이소사대以小事大의 조공이라 하겠다.

5. 기 타

위의 두 범주(형식 및 실질조공, 내용상 조공)에는 들지 않으나 이와 유사한 경우도 있었다.

수말隋末 북방의 군웅들이 모두 돌궐의 원조를 바랬으며 이연李淵도 거병 후 곧 류문정劉文靜을 돌궐에 보내어 시필가한始畢可汗에게 칭신稱臣하고 맹약을 맺었다.[47] 이후 당이 세력이 커지면서 돌궐이 도리

45) 『宋史』 卷38, 開禧 3年 11月 乙亥條.
46) 傅樂成(辛勝夏 역), 『中國通史』下, 宇鐘社, 1981, 652쪽.
47) 傅樂成(辛勝夏 역), 『中國通史』下, 宇鐘社, 1981, 422쪽.

어 당에 칭신하게 되었다.

또 1146년(황통[皇統] 6)의 경우 금 희종熙宗이 몽고蒙古의 합불륵가한合不勒可汗을 정벌하려 하다가 도리어 패하여 부득이 화의하여 서평하西平河 이북의 땅을 할양하여 주고 매년 소·양·쌀·콩 등을 보내었다.[48] 이 두 나라는 같은 북방계 민족이지만 강약이 부동일 때에는 이러한 질서로써 해결하였다.

남송 이종理宗때에는 몽고의 홀필렬忽必烈이 장강長江을 건너 악주鄂州를 포위하자 송 우승상右丞相 가사도賈似道가 몰래 송경宋京을 군중軍中에 보내어 몽고에 칭신하고, 강남江南을 경계로 삼고, 매년 은과 비단 각 20만 량필을 줄 것을 제의한 일도 있었다.[49] 이것은 가씨賈氏의 사적인 뜻이겠으나 관직이 우승상이었다면 전적으로 사의私意로 치부하기에는 문제가 있는 대목이다.

6. 맺음말

어쨌든 봉표칭신하고 조공을 바친 것은 북방민족이 중원 한족국가에 대한 의례정도로 이해하기 일쑤였다. 그러나 중원의 통치자가 북위·요·금·원·청일 때도 있었고, 또 중원에 자리 잡은 한족국가가 북방민족에게 칭신하고 조공을 바친 예도 있었다. 혹은 형제나 숙질간의 관계로 맹약을 하면서 물화를 바치거나 영역을 떼어 주는 등 국가존립의 위기에 몰린 적이 여러 차례 있었다.

구체적으로 예를 들면 후진은 그 건국부터 거란의 후원 하에 이루어졌고 책봉도 거란 태종이 직접 하였을 뿐 아니라 군신관계·부자

48) 傅樂成(辛勝夏 역), 『中國通史』下, 宇鐘社, 1981, 653쪽.
49) 『宋史』 卷474, 列傳 第233, 姦臣4 賈似道傳.

관계로까지 발전되었었다.

남송 고종은 금에 대하여 봉표칭신하며 매년 세공을 바치고 정단正旦에 사신을 보내어 치하하는 등 군신의 예를 다하였다.

형식요건은 다 갖추지 않았어도 실질적으로 조공을 바친 예는 매우 많다. 우선 한제국의 건국 초기에는 흉노의 세력에 밀려서 공주를 혼가시키는가 하면 재화도 정기적으로 보내었다. 북송과 거란 사이에 맺어진 전연맹약은 송이 매년 거란에 비단 20만 필과 은 10만 냥을 보내고, 거란 성종은 송 진종을 형이라 호칭하도록 서약하였다. 또 정강연간 북송과 금이 강화할 때에도 강화내용이 지극히 굴욕적이었다. 송은 수많은 물화를 금에 주고 금주를 백부로 대우하고 삼진을 할양하고 재상과 친왕을 인질로 한다는 것이었다.

융흥연간에도 남송과 금 사이에 강화조약을 맺었는데 이때도 역시 굴욕적이었다. 송주는 금주를 숙부로 부를 것, 송은 매년 세폐를 금에 바칠 것으로 되어있다.

가정 연간 남송과 금사이의 강화조약도 정강고사에 따라 금·송 제실은 백질관계로 할 것, 세폐를 은견 각 30만 량필로 할 것, 송은 별도로 고군은 300만냥을 금에 줄 것 등이다.

이 밖에 당 고조 이연이 돌궐의 시필가한에게 칭신한 것이나, 금 희종이 몽고에 땅을 떼어 주고 가축과 곡물을 몽고에 매년 보낸 일이나, 가사도가 몽고에 칭신하려던 일 등이 있다.

위의 예를 본다면 주종관계이던 조공관계이던 국가 세력의 강약에 의한 질서였지 군왕의 덕화에 감화되어 스스로 조공을 바치고 조근한 예는 찾아볼 수 없다.

설령 주종관계가 성립되었더라도 시대에 따라 많은 변화가 있었으므로 성격규명도 달라야 할 것이다. 또한 종번宗藩관계라는 용어의 종宗이 반드시 한족국가만이 아니었음도 알 수가 있다.

참고문헌

『漢書』

『新五代史』

『遼史』

『宋史』

『金史』

葉隆禮, 『契丹國志』, 臺北, 廣文書局, 1970.

徐夢莘, 『三朝北盟會編』, 臺北, 文海出版社, 1962.

傅樂成(辛勝夏 역), 『中國通史』下, 宇鐘社, 1981.

신기철 등, 『우리말 큰 사전』, 三省出版社, 1987.

李春植, 「中國古代 朝貢의 實體와 性格」, 『古代漢中關係史의 研究』 三知院, 1987.

李弘稙, 『國史大事典』, 百年社, 1974.

全海宗, 『韓中關係史研究』, 一潮閣, 1974.

III

금사의 한국사 편입 가능성

1. 머리말

금사에 관한 관심은 아주 오래전부터 많은 사람들의 입에 오르내렸다. 서양 사람들은 작은 일개 부족이 어떻게 짧은 기간에 강대한 국가를 연이어 두 나라나 정복할 수 있었는가에 관심을 두었고 중국은 예전엔 이적의 국가로 백안시하여 왔으나 소위 다민족 통일국가라는 이론이 대두되기 시작하면서 한족 국가만이 정통국가로 여기던 틀에서 벗어나 많은 민족을 포괄시켜 보려니 과거의 주장과 완전히 다른 학설이 나와서 정치학에 가까운 역사이론을 쏟아내고 있다. 일본은 과거 만주국 건설을 전후하여 만주침략의 당위성을 내세우기 위하여 금을 비롯한 북방사 연구에 중점을 두었던 시기가 있었다.

우리나라는 일제침략기에는 우리가 우리 역사를 연구할 수 있는 여건이 주어지지 않았고 광복 후 오늘날까지도 만몽지역 연구는 거의 전무한 상태이다.

왜 이 지역 연구가 필요한가? 우리국사와는 어떤 관계인가?

이 지역은 고대에는 거의 우리 조상들의 삶의 터전이었기 때문이다. 기원전 수천 년 전에는 고조선이 있었고 기원전 1세기부터 300년간은 부여가 있었으며, 기원전 37년부터는 주몽이 고구려를 세워 668년(보장왕 27) 멸망할 때까지 28대 705년간 북아시아 전역을 차지하였으며 고구려가 멸망한지 30년이 되던 해인 699년에는 고구려 유장 대조영이 발해를 세워 926년 멸망할 때까지 14대 227년간 아름다운 문화를 가진 국가를 유지하였다.[1)]

그러나 만주에서의 우리 역사가 여기서 단절된 것이 아니었다. 금나라는 어느 모로 보나 고구려와 발해 못지않게 우리 역사의 한 부분이라 할 수 있다. 고구려는 신라와 백제와 함께 3국 정립시대에 한 축이였으며 발해는 신라와 남북국을 이루었다. 또 금나라는 고려와 다시 남북국을 이루었다.

여기서는 금에 대해서 한국사 편입의 당위성을 논하고자 한다.

2. 금의 건국 과정과 그 의미

완안부의 아골타가 세운 나라가 금이다. 완안부는 요나라 말년 많은 생여진부족 중의 평범한 일개 부족에 불과하였다.

그러면 이들은 어떤 종족인가? 신라 말 고려 초에 신라로부터 옮겨온 일개 유이민의 자손들이 번창하여 인근 여진의 여러 부족 중에서

1) 김위현, 「滿蒙史 연구에 대한 淺見」, 『근대 100년 한국역사학 연구의 반성과 제언』, 한민족학회, 2011, 135쪽.

점차 두각을 나타내었다.

처음 신라에서 여진 지역으로 이주해 온 금의 시조는 함보이다. 그는 신라 사람이다. 그는 지략이 뛰어난 사람이었는데 여진지역 아지고촌阿之古村(完顔部)에 와서 보니 그들 종족 간에는 투쟁이 그칠 날이 없었다. 이것을 보고 두 부족을 찾아가서 살인을 하면 우마로 변상하는 보상법을 제시하여 부족이 화평하도록 하였다.[2] 그곳에서 여진 여인과 결혼하여 그 자녀들이 이곳에 살기 시작하였다. 이곳에서 3대를 살다가 증손자 수가 때 안출호수按出虎水(海古水)로 이동하여 정착하게 되었고 여기서 농경생활을 하기 시작하였다.[3] 석로石魯 때에는 교조敎條를 만들어 주변 부족들에게 지키기를 강요하고 따르지 않는 부족은 토벌하였다. 그러나 본격적으로 세력을 떨치기 시작한 것은 오고내烏古迺 때 부터였다. 그는 이웃 부족에서 갑주甲冑를 사들이고 철을 구입하고 활과 화살을 정비하고 기계를 준비하는 등 국력신장에 노력하는 한편 외교에도 힘썼다. 이때 거란이 철려鐵驪와 올야兀惹 민호를 옮기려하자 많은 사람들이 완안부로 도망쳐왔다. 거란이 색취索取하려 하자 오고내가 거란을 설복하여 거란군의 진입을 막았다.[4]

핵리발劾里鉢 때에는 그 세력이 점점 강해졌다. 그는 오고내의 둘째 아들로 1074년 절도사 직을 이어받고 부 내의 반대세력을 평정하고 내적 안정을 기하였다.

영가盈歌(오고내의 제 5자)도 절도사 직을 이어받고 거란의 응로개통鷹路開通 문제에 직극 간에하여 실리를 추구하여 왔다.

또 거란의 소해리蕭海里가 난을 일으켜 병기를 탈취하여 무리를 거느리고 여진 지역으로 도망하자 거란이 토벌을 하려 군사를 보냈으

2) 『金史』 卷1, 「本紀」 第1, 世紀條.

3) 金渭顯, 『契丹的東北政策』, 臺北, 華世出版社, 1981, 139쪽.

4) 『金史』 卷1, 「本紀」 第1, 世紀條 및 金毓黻, 『東北通史』, 臺北, 洪氏出版社, 1975, 503쪽.

나 끝내 포살하지 못하였다. 부득이 완안부 영가에게 의뢰하자 아골타를 보내었다. 아골타는 소해리의 군중으로 돌진하여 바로 소해리를 쏘아 죽였다.[5] 이 소문이 주변 부족으로 퍼져 나가면서 여진 여러 부족이 많이 귀부해왔다.

오아속烏雅束 때에는 그 세력이 갈뢰전曷懶甸에까지 미쳤다. 그는 부장 석적환石適歡을 갈뢰전에 보내어 순략하게 하였다. 고려에서는 이들이 국경 너머까지 침입한 것으로 오판하고 문하시랑평장사 임간林幹을 보내 이들을 맞아 싸웠으나 패퇴하고[6] 다시 윤관을 보내 이들을 정벌하고 9성을 쌓아 방어하였으나 방어에 어려움이 있어 되돌려 주는 일이 있었다.[7] 오아속의 뒤를 이은 아골타阿骨打가 천조제의 혼동강 두어연頭魚宴에 참석한 뒤 황제의 불신을 눈치 채고 그 후 자립자강의 길을 걷기 시작하였다. 성보를 구축하고 무기를 수리하는 등 만일에 대비하여 준비하였다. 이 소문을 들은 거란이 완안부에 사람을 보내어 군비를 서두르는 것을 꾸짖었다. 이 완안부의 전비를 살펴본 거란은 영강주 일대의 군사를 조발하여 군사 7천 명을 얻어 소사선을 도통으로 삼아 출하점出河店에 나아가서 강을 끼고 진을 쳤다.[8] 이에 아골타는 각부에서 동원시킨 군사 2,500명으로 대안에 주둔하고 있다가 야음을 타고 도강하여 거란군 진영을 기습하여 몰살시켰다.[9]

그 후 항복해 오는 거란 주현과 정벌하여 차지한 영역이 날로 늘어나서 충분히 국가를 세울만한 영역과 인호를 확보하였다.

드디어 1115년(天慶 5) 정월 초하루 완안아골타가 제위에 오르고, 나라 이름을 대금大金, 연호를 수국收國이라 하였다.[10]

---

5) 葉隆禮, 『契丹國志』, 84쪽.
6) 『高麗史節要』 卷7, 肅宗明孝大王 9年 正月條.
7) 『高麗史』, 世家 第13, 睿宗 4年 7月 乙巳條.
8) 『遼史』 卷27, 天慶 4年 10月 壬寅朔條.
9) 위와 같음

3. 금사를 한국사에 편입해야 하는 논거

1) 역사학적 근거

19세기의 역사학의 거장 랑케Ranke는 그의 저서 『라틴 · 게르만 민족사Geschichte der romanischen und germanischen Völker von 1494 bis 1514』에서 "우리는 역사학이 과거를 재판하고 장래 유익하도록 인류를 선도한다는 따위의 기능을 기대하여 왔다. 이 글은 그런 허황된 기능을 시도하는 것이 아니라 단지 그것이 원래 어떻게 있었는가를 보이려 할 뿐이다. 아무리 제약이 많고 아름답지 못한 사실이라도 그것을 정확히 제시한다는 일이 최상의 원리임을 의심할 바 없는 것이다."라고 주장하였다.[11]

랑케의 학설대로라면 역사 문제로 인한 국가 간의 갈등이나 왜곡은 있을 수 없을 뿐 아니라 모든 진실이 그대로 복원될 수 있을 것이다.

또 역사란 공간적인 것이 아니라 시간적인 산물이므로 과거 어느 시간 속에 살던 사람들이 어떤 활동을 하며 살았는가 하는 사실만 밝히면 되는 것이다.

중국은 한때 1사 2국이니 1사 3국이니 하는 논리들이 나오더니 오늘날에는 현재의 강역 위에 있었던 역사는 그 나라의 역사라는 논리들이 나오고 있다. 이는 이론 이전에 상식에도 맞지 않는다. 발해사를 예로 들면 옛 발해 땅은 중국 · 러시아 · 한국이 그 크기는 다르지만 각각 차지하고 있다. 또 수도를 따진다고 하더라도 남경남해부南京南海府는 한반도 내에 있었고, 주민을 보더라도 고구려 유민이 많은 수를 차지하고 있었다. 이런 경우 부득이 1사 3국일 수밖에 없다. 만약 서

---

10) 『金史』 卷2, 「本紀」 第2, 收國元年 正月 壬申朔條

11) 박성수, 『역사학 개론』, 삼영사, 1988, 130쪽.

양사에서 로마사를 쓸 때 지중해를 둘러싼 전 지역이 로마의 영역이었는데 오늘날 이태리 반도만으로 로마사를 쓸 수 없는 것과 같다. 또 터키는 원래 돌궐에서 기원하여 오스만투르크·셀주크투르크 등 대국을 경영하다가 오늘날의 축소된 터키 반도와 이스탄불만 남았다. 그들의 역사를 과거를 모두 빼고 지금 영역에 국한하여 기술할 수 없는 것과 같다. 또 원제국이 아랍과 동유럽을 모두 차지하기도 하였는데 그 역사를 배제하고 원사를 논할 수 있겠는가?

동양에서는 어떻게 생각하였는가? '역사歷史'의 뜻은 시간과 공간의 절대점에서 일어나는 사실(fact)을 정확히 사실대로 기록한다는 뜻이다. 중국의 근대 역사학자 왕국유王國維나 노간勞幹은 역사를 사서史書라 하였다. 이는 막연한 사서가 아니라 사실을 사실대로 기록한 사서를 의미하는 것이다.

이러한 역사기록의 전통은, 사관이 기록한 사초는 비록 군왕이라 하여도 보여주지 않는 엄격한 규정을 지켜왔다.

이는 결국 역사는 거울(鑑)이 되어 지난날의 잘잘못을 거울삼아 잘못을 고치자는데 있는 것이다. 결국 역사의 왜곡은 역사의 퇴보를 의미하는 것이다. 따라서 역사가 정치의 도구가 되어서는 안 되는 것이다. 이러한 문제에 대하여 랴오닝 사회과학원의 여초呂超는 환구시보環球時報와의 인터뷰에서 "고구려 역사에 대해서는 다른 시각이 있을 수 있으며 역사와 현재의 정치는 분리되어야 한다."12)라고 하였다.

2) 민족적 근거

우리 민족사의 근원이나 국사의 근원도 모두 만몽지역에서 찾아야 한다. 고조선은 그 영역이 한반도와 만주 전역, 그리고 요동이 포함

12) 중국 랴오닝 사회과학원의 여초가 환구시보와 한 인터뷰 기사이다(2012년 10월 30일).

되었다. 그리고 한 동안 쇠퇴하여 군소국가로 전락하였다가 부여와 열국으로 변화하였다. 다시 북쪽 만몽지역에는 고구려, 남쪽 한반도에는 신라와 백제가 있어 삼국시대를 이루고 있었다. 그 후 663년 백제가 나당연합군에 멸망되고 668년 고구려마저 멸망하고 한반도에 신라만이 통일국가로 남게 되었다.

통일신라 영역 내의 주민의 구성은 신라계 · 가야계 · 백제계 · 고구려계가 공존하게 되었다. 그런데 고구려 멸망 30년 만인 699년, 고구려 유장 대조영大祚榮이 고구려 옛 땅에 발해국을 건설하였다.

발해국의 건국에는 고구려계가 중심이 되어 말갈계 · 예맥계 주민들이 모여 백두산 북쪽 동모산東牟山 기슭에서 나라를 세웠다.

이때 발해를 세운 대조영이 고구려인이냐 말갈인이냐를 두고 많은 논란이 있었다. 이는 바꿔 말하면 건국자가 어느 민족이냐에 따라 어느 나라 역사에 속하느냐를 결정하겠다는 용의가 숨어 있는 것이다. 엄격히 말해서 출신민족이 어떠하던 어디에서 정치활동을 하였느냐가 중요한 것이다. 건국자의 출신민족으로 분류하겠다는 논리에 따른다 하더라도 금은 만몽과 하북지역에 웅거하여 당시 남북 여러 나라와 밀접한 교류와 전쟁 등의 관계를 맺어왔다.

금의 족적인 배경을 보면 우선 금 건국자 아골타의 선세에 대해서 앞 장에서 설명했듯이 선조는 신라(혹 고려)에서 옮겨 온 유이민이고 나라를 세울 때 협력한 발해 유민들은 곧 고구려계이다. 또한 아골타 근족들의 후비后妃들은 요양에 거주하던 발해귀족의 여식들이었다. 이들 후손이 금 일대를 통치하였으니 황세는 신라유족, 후비의 상당수는 발해유민들이었다.13)

또 남쪽의 고려는 신라 말에 신라인 궁예가 몹시 방종하자 고구려계의 유민들이라 볼 수 있는 왕건 집단에 의하여 정권이 바뀌고 신라

13) 김위현, 「금대 발해인의 향방」, 『한민족연구』 7, 2009, 96~100쪽.

가 귀부해 오면서 고구려계와 신라계가 합하여진 것이 되었다.

따라서 종족적으로도 남쪽의 고려와 북쪽의 금이 유사점이 많으므로 남북조로 보아야 할 것이다.

3) 영역적 근거

금의 영역은 지금은 한국 · 중국 · 러시아 3국이 3분하고 있다. 물론 면적 점유율이야 중국 〉 러시아 〉 한국이다. 한국이 현재 점유하고 있는 곳은 압록강과 두만강 이남, 의주와 함흥 이북지역이다. 그렇다면 지금 영토와 상관지어 역사를 논한다 하더라도 금사는 한국사의 일부로 논의할 수 있다.

이 지역은 거란의 거의 전 시기를 걸쳐서 거란의 통치가 잘 미치지 않았던 곳이다.

926년 거란이 발해를 멸망시키고 이곳에 동란국東丹國을 세우고 황태자 야율배耶律培를 동란왕으로 삼았다. 그러나 태조가 귀국 도중에 죽자 황제 위를 놓고 형제가 겨루다가 동란왕이 태자임에도 등위하지 못하고 밀려났다. 황제 위를 계승한 태종은 동란왕의 세력부식을 막기 위해 동란국의 수도를 천복성(홀한성)에서 요양遼陽으로 옮기었다. 이렇게 되자 발해고토는 거의 무주상태가 되어 발해유민들이 소위 후발해국을 세워 한 때 그 세력이 막강하였다. 이 세력이 거란의 토평討平으로 위축되자 발해고토는 생여진이란 이름으로 남게 된다. 이 시기, 발해인들이 여진인으로 변화된 것도 상당히 많았다. 이들은 거란의 직접통치를 받지 않는 반독립상태였다.

발해인이 여진화 되어간 일례를 들면 975년(보령 7), 황룡부 위장衛將이었던 발해인 연파燕頗가 도감 장거張琚를 죽이고 반란을 일으키자 창사敞史 야율갈리필耶律曷里必을 보내어 토벌하게 하여 그 해 9월 치하

治河에서 연파를 격패시키고 동생 야율안박耶律安搏을 보내어 추격하게 하였으나 연파가 올야성에 들어가자 더 이상 추격하지 못하고 돌아왔다. 연파는 그들 일천여 호를 거느리고 통주성通州城을 쌓았다.14)

이는 발해인이 생여진 지역에 자리 잡아 거란의 통제를 벗어나 살게 된 하나의 예이다.

그리고 거란의 통치권 밖에 있었던 여러 생여진 지역에는 거란과 고려의 영향 하에 있었으나 거란 후기 거란과 고려 전쟁에서 매번 고려가 승리하자 많은 여진이 거란의 직첩을 고려에 바치고 다시 고려 직첩으로 바꾸는 사례가 늘어났다. 그리고 고려의 백성이 되겠다는 부족도 많이 늘어났으나 행적을 보아 선별하여 받아들이었다. 구체적인 내용은 다음 장에서 다루고자 한다.

4) 관계사적 근거

금은 완안여진이 세운 나라이다. 먼저 여진에 대하여 살펴보겠다. 여진女眞이란 명칭 외에도 여정女貞·주리진朱里眞·여진慮眞·주아지主兒址·주리선朱里先·철아적徹兒赤·주선朱先이라고도 하였으며15)『요사遼史』에서는 여직女直이라 기록하고 있다. 이는 흥종興宗의 휘자가 종진宗眞이므로 피휘避諱하여 진眞을 직直으로 고쳐 쓴 것이다.16) 또 원래는 여진이 아니고 주리진朱理眞이었는데 이것이 와전되어 여진이 되었다고도 한다.17)

그 여진도 여러 갈래이다. 926년 발해가 거란에 의하여 멸망하자 여진족들은 생존을 위해 의부처를 찾아 일부는 거란에 일부는 고려

14)『遼史』 卷8, 保寧 7年 8月·9月條.

15) 李學智, 「釋女眞」, 『大陸雜誌史學叢書』 第1輯 第5冊, 大陸雜誌社, 1960, 174쪽.

16) 위와 같음

17) 徐夢莘, 『三朝北盟會編』 卷3, 重和 2年 正月 丁巳條.

에 의지하였다. 거란에서는 숙여진이라 하여 요동에서 송화강 하구에 이르는 일직선의 서쪽은 주현을 두고 동쪽은 숙여진 여러 부를 포치하였다. 이곳은 대체로 송화강 이동지역이다. 숙여진 이동지역은 생여진 부족이 산재하여 있었다.

고려와 깊은 관계를 가지고 있었던 여진은 생여진과 숙여진 일부이다. 이들은 거란과는 정치와 경제적인 관계, 송과는 주로 말무역, 고려와는 정치와 경제적인 관계로 교왕을 하였다. 여진에 관한 기록을 『요사』·『금사』·『고려사』에 나오는 부를 크게 나누면 압록강여진·삼십성여진·갈뢰전여진이다. 『고려사』에서는 압록강여진을 서여진, 갈뢰전여진을 동여진, 삼십성여진을 북여진 혹은 삼십성여진이라 부른 것 같다.

고려와 여진관계는 어떻게 전개되었는가?

우선 사료부터 살펴보겠다. 『고려사』 중에는 금과 관계되는 기사가 990건 약 12만자이다. 그 중 금 건국 이전인 동여진·서여진·흑수말갈·철리국·북여진 등의 기사가 584조, 금 건국 이후 멸망까지(1115~1234)가 406조이다. 반면에 『금사』 「외국(하)·고려전」에는 양국관계 기사가 모두 52조가 실려 있는데 금과 고려의 기사는 조詔·유諭·하생일賀生日·고告·선문宣問 등 22조, 고려와 금의 기사는 하절일賀節日·하정단賀正旦·하전첩賀戰捷·표表·진방물進方物 등 30조이다.[18]

그들이 조공을 바치러 오는 시기는 정월·2월·3월로 대부분 피혁과 털이다. 또 5월 내지 8월은 대부분 말을 가져왔다.

오는 사람들의 신분은 대부분이 추장이고 간혹 추장의 아들이었다. 현종 연간을 지나면서 점차 고려관직을 받은 자들이었다. 그들의 진공품은 말·병기·갑주·궁시·궁노·고시·과선 등 군수품과 초

18) 金渭顯, 「『高麗史』對於研究遼史金史的貢獻」, 『東吳歷史學報』 15.

서피 · 청서피 · 초피 · 금 등의 토산품이었다.

고려의 회사품은 옷 · 소 · 금백 · 그릇 · 포백 등의 생활필수품이었다.

여진 진공자의 숫자는 일정하지 않았다. 어떤 때에는 추장이 전 부락민을 거느리고 와서 조공하기도 하고 어떤 때에는 2~3명이 오기도 하였다. 고려가 그들을 회유하는 방법은 벼슬을 하사하거나 진공품에 대한 회사품으로 유인하는 것이었다.[19]

고려가 여진의 조공을 받아들인 이유는 대게 두 가지 목적이 있었다. 첫째는 조공과 회사품을 통하여 그들이 필요로 하는 생활필수품을 제공하므로 해서 변경에서의 소요를 미연에 방지하는 것이고, 둘째는 여진과의 연합을 통하여 거란의 침구를 제지하려는 목적이 있었다. 셋째는 정보획득을 위한 정보원으로 이용하기 위함이었다.

여진인들은 이해타산에 밝아서 자기들의 이익추구를 위하여 어떤 때에는 거란에 진공하여 거란관직을 받고, 어떤 때에는 고려에 진공하여 고려관직을 받았다. 고려는 이들이 양쪽에 다 진공하여 관직을 받는 행위를 용인하지 않았다. 만약 거란관직을 이미 받았다면 이 직첩을 고려관부에 바쳐야 고려관직을 받을 수 있었다. 예컨대 1036년(정종 2) 4월 동여진수령 아도간阿道間이 이미 거란관직을 받고 또 고려관직을 받기를 원하자 고려 조정은 그가 이미 거란으로부터 받은 절도사직첩(여진인들은 늘 절도사를 태사라 하여왔다)을 회수하고 정보正甫직을 내렸다.[20] 또 1106년(예종 원년) 2월 북여진 추장 고란高亂과 아이대阿於人 등 42인이 고려에 와서 스스로 거란직첩을 고려에 납부하고 고려관직을 받은 일이 있다.[21]

그러나 여진인의 이러한 행위는 거란에 대한 반역이며 고려의 이

---

19) 金渭顯, 『契丹的東北政策』, 臺北, 華世出版社, 1981, 145쪽.
20) 『高麗史』 卷6, 世家 第6, 靖宗 2年 4月 乙丑條.
21) 『高麗史』 卷12, 世家 第12, 睿宗 元年 2月 辛卯條.

런 태도도 거란에 대한 도전이다. 거란은 알고 있으면서도 징벌하지 않고 방치하고 있었다.

반면에 고려는 여진의 배반행위에 대하여 단호한 조치를 취하였다. 예컨대 1037년(정종3) 2월 사이라沙伊羅 등이 이미 고려직첩을 받고도 거란과 내통하다가 발각되자 고려에서 군사를 보내 잡아와서 투옥시켰다.22) 어떤 때에는 잡아와서 고문하기도 하였다. 1103년(肅宗 8) 허정許貞·나불羅弗 등이 고려를 모해謀害하다가 들켜서 고려가 군사를 보내 잡아와서 광주廣州에 투옥시키고 고문하였다.23)

이러한 예들을 보면 고려가 여진내정에 깊숙이 간여하고 있었음을 알 수 있다.

여진추장들에게 내린 관직은 모두 토관직이다. 초기에는 중윤中尹·보윤甫尹·정조正朝·원윤元尹·정보正甫·대상大相·대승大丞·대광大匡으로 하다가 뒷날에는 영새寧塞·유원遊遠·귀덕歸德·회화懷化·봉국奉國 등 무산계로 대치된 듯하다. 위와 같은 직첩은 동서여진 추장에게 주어졌으며 변방개척·전공자·공적가상자 등에게 수시로 증직하거나 개수하였다.

서여진西女眞과의 관계도 동여진과 별반 다를 바가 없다. 고려가 북방개척과정 중에 제일 먼저 접촉한 종족이 서여진이었다. 서여진은 압록강 남북 안에 흩어져 살았다. 초기에는 영역관계로 싸움도 하였고 거란의 고려원정군으로 참여하기도 했지만 어떤 때에는 고려에 거란에 관한 정보를 제공하기도 하고 어떤 때에는 도적을 잡아 주기도 하는 등 협력을 하였다.

이들도 동여진처럼 고려에 조공하고 회사품을 받아 가는 형태의 교왕이 있었다. 그들의 공품은 철갑·말·투구·궁노·병장기·낙타

---

22) 『高麗史』 卷6, 世家 第6, 靖宗 3年 2月 己未條.

23) 『高麗史節要』 卷7, 肅宗明孝大王 8年條.

등의 군수품과 초서피 등의 토산품이 주였다. 회사품은 의류·물화로 생활필수품이었다.

관직의 사여도 동여진과 별 차이가 없었다.

조공 이외에 내조來朝라는 명목으로 고려에 온 여진이 많다. 이는 여진 추장들이 고려왕의 은덕에 감화를 받아서 조근한다는 뜻인데 진의야 어떻든 표면적으로는 가상히 여겨 우대하여 돌려보냈다.

전반적인 고려와 여진 관계를 정리하여 보면 초기에는 진공하러 온 숫자가 많았고 후기로 가면서 내조가 많아졌다. 이는 고려가 여진에 끼친 영향과 반비례하였다고 하겠다.

고려 숙종과 예종 사이에 완안여진의 세력이 이미 많이 팽창하여서 갈뢰전 여진(동여진)이 동요하기 시작하여 완안여진으로 반부하는 일이 생겨났다. 일부는 여전히 고려에 의존하고 있었으나 진공은 하지 않고 그냥 와서 조근하는 정도로 왕래하였다. 그러나 고려는 이들에게 물화도 하사하고 수직과 증직도 하였다. 또 변방에 공이 있는 자와 정보제공자 등에게는 관직과 하사품이 더 후하게 내리면서 회유하였다.

문종 말년에 완안부의 오고내 세력이 두만강 유역에 이르렀으나 오아속 시대에는 갈뢰전 남부에까지 그 영향이 미쳤다.[24]

고려에 귀화하려는 여진인이 매우 많았으나 고려는 선별적·단계적 조치를 취하였다. 고려는 그들을 위해 장성 부근에 별도로 귀순주를 설치하였다. 귀순주를 설치한 시기는 대략 고려장성이 완공된 이후이다. 이 시기에 갈뢰전 여진 내부에 충돌이 일어나고 도적이 횡행하고 살상이 빈번히 일어나자 일부 여진인들이 그들의 생명과 재산을 보호받으려 귀부하려 하였다. 이런 류의 귀화희망자가 문종 시대에 더욱 많았다.

24) 『金史』 卷135, 列傳 第73, 外國下 「高麗」條.

고려는 점차적으로 주 이름을 하사하고 귀순주를 설치하였다. 예컨대 귀순주 · 창주昌州 · 성주城州 · 공주恭州 · 복주服州 · 온주溫州 등이 있었다. 이곳에 도령都領을 두어 주의 행정을 담당하게 하였다.

그들은 여기에 그치지 않고 고려의 직할 군현에 편입되기를 원하였다. 예컨대 1073년(문종 27) 2월 동여진 귀순주 도령 고조화古刁化가 무리들을 거느리고 조근하러 와서 고려의 직할 군현이 되기를 애걸하였다. 그러나 고려는 허락하지 않고 성姓과 관직만 하사하고 잘 구슬려 돌려보냈다.[25] 같은 해 5월, 서여진 추장 만두불漫豆弗이 와서 동여진의 예에 의하여 주군을 설치하여 주면 영구히 병번屛藩이 되겠다고 하였다. 또 평로진平虜鎭 근방의 번수蕃帥 유원장군柔遠將軍 골어부骨於夫와 멱해촌覓害村 요결要結 등이 조근와서 병번이 되기를 요청하자 모두 허락하였다.[26] 같은 해 6월 삼산三山 · 대란大蘭 · 지즐支櫛 등 촌락의 번호蕃戶 1,238호가 조근하러 와서 고려의 번병藩屛이 되고자 하자 모두 허락하였다. 그리고 주 이름을 정주定州라 하사하고 주기朱記(일종의 신분증)를 지급하였다.[27]

이때 동여진의 대제자大齊者 · 고하사古河舍 등 여러 부락이 내부內附를 청해왔으나 고려는 한림원翰林院의 건의를 받아 대란 등 11개 촌락만 빈주濱州 · 이주利州 · 복주福州 · 항주恒州 · 서주舒州 · 습주濕州 · 민주閩州 · 대주戴州 · 경주敬州 · 부주付州 · 완주宛州라는 주 이름을 하사하고 동시에 주기도 발급하였다.[28]

귀화를 원한다고 모두 받아들이지는 않았다. 예빈성의 심의를 거쳐야 가능하였다. 예컨대 1073년(문종 27) 가을 서여진 만두漫豆가 투귀코자 하였으나 예빈성이 허락하지 않았다. 그 이유는 "옛 제도에

---

25) 『高麗史節要』 卷5, 文宗仁孝大王 27年 2月條.
26) 『高麗史節要』 卷5, 文宗仁孝大王 27年 5月條.
27) 『高麗史節要』 卷5, 文宗仁孝大王 27年 6月條.
28) 『高麗史節要』 卷5, 文宗仁孝大王 27年 9月條.

본국의 변경에 살다가 번적에게 잡혀갔다가 되돌아오는 자와 송나라 사람으로 재예가 있는 자 이외에 흑수여진 등은 결코 받아들일 수 없다."[29]고 하자 예부상서 노단盧旦이 "만두 등이 비록 무지한 무리들이나 의를 숭모하여 왔으니 거부하지 못합니다."라고 하고 "남쪽 주현에 부처하여 민호로 편입시켜야 한다고 생각합니다."라고 하니 결국 이 건의를 받아 들였다. 이렇듯 고려는 여진 여러 부족의 삶에 깊숙이 간예하고 있었음을 볼 수 있는 것이다.

뒷날 금이 건국하고 거란과 송을 차례로 무너뜨리면서 세력이 막강해지자 세가 역전되었다.

어쨌든 금이 건국하기 이전에는 여진이 고려에 대하여 부모의 나라라 하면서 공근하게 방물을 바치고 언행을 삼가왔다. 그리고 완안여진은 영가나 오아속 등이 절도사로 있을 때에도 "우리 조상이 고려에서 왔고" 또는 "고려는 부모의 나라"라고 하였다.[30] 9성을 되돌려 받으면서 하늘에 고유할 때에도 매년 조공을 바치기를 맹세하였다.[31]

그러나 1117년(예종 12) 세력이 점차 커지자 형제의 국이 되기를 희망하였고 이미 스스로 형대여진금국황제兄大女眞金國皇帝라 자칭하였다.[32] 그러다가 1126년(인종 4) 금국이 거란을 멸망시키고 송을 쳐들어가자 그 해 4월 금에 표를 올리고 칭신하게 되었다.[33]

---

29) 『高麗史節要』 卷5, 文宗仁孝大王 35年 8月條.

30) 『高麗史』 卷13, 睿宗 4年 6月 庚子條.

31) 『高麗史』 卷13, 睿宗 4年 7月 辛酉條.

32) 『高麗史』 卷14, 睿宗 12年 3月 癸丑條.

33) 『高麗史』 卷15, 仁宗 4年 4月 丁未條.

4. 맺음말

고조선이라는 거대한 국가가 쇠퇴하여 열국으로 나뉘어졌다가 북방에서는 부여, 남방에서는 삼한으로 재편되고 다시 북방에는 고구려, 한반도 남단에는 신라와 백제가 세워져 이른바 삼국정립 시대가 이루어졌다. 이후 북방에는 발해, 한반도에는 통일신라가 남북조를 이루었다. 신라 말기에는 신라지역이 후삼국으로 나누어져 각축전을 벌이다가 한반도 북방에서 고구려계로 보이는 왕건을 중심으로 한 군사집단이 고구려를 계승한 국가를 자처하며 고려를 세웠다. 그 후 후백제를 멸망시키고 신라의 귀부를 받아 고구려 발해계의 중심국가에 신라계가 합하여진 고려가 이루어졌고, 생여진 완안부는 원래 신라유예들의 집단이었는데 거란의 핍박을 받아 오던 고구려·발해계의 후원을 받아 거란과 송을 멸망시키고 대국가로 성장하였다. 금은 건국 전에는 고려를 부모의 나라로 섬기며 조공을 바쳐오다가 건국 후에는 그 세력의 성장에 따라 형제국에서 주종관계로 그 관계가 바뀌었다. 내용이야 어쨌든 두 나라의 관계는 남조와 북조로 보아서 한국사의 범주 내에서 다루어야 할 것이다. 이는 신라와 발해보다 훨씬 더 설득력이 있다고 생각된다.

참고문헌

『遼史』

『金史』

『高麗史』

『高麗史節要』

葉隆禮,『契丹國志』, 臺北, 廣文書局, 1970.

徐夢莘,『三朝北盟會編』, 臺北, 文海出版社, 1962.

金渭顯,『契丹的東北政策』, 臺北, 華世出版社, 1981.

金渭顯,「『高麗史』對於研究遼史金史的貢獻」,『東吳歷史學報』15期, 2006.

김위현,「금대 발해인의 향방」,『한민족연구』7, 2009.

김위현,「滿蒙史 연구에 대한 淺見」,『근대 100년 한국역사학 연구의 반성과 제언』, 한민족학회 학술회의 발표논문, 2011.

金毓黻,『東北通史』, 臺北, 洪氏出版社, 1975.

박성수,『역사학개론』, 삼영사, 1988.

李學智,「釋女眞」,『大陸雜誌叢書』第1輯 第5冊, 臺北, 大陸雜誌社, 1960.

Ⅳ

중화인민공화국의 금조金朝 연구 개황

1. 머리말

금金이라면 시간적으로 수국收國 원년(1115)부터 천흥天興 3년(1234)까지 120년간을 말하며, 공간적으로는 만주, 내외몽골 대부분, 회수淮水에서 대산관大散關 이북지역을 말한다.

그리고 건국 전에는 여진이란 이름으로 여러 부족이 백산흑수白山黑水 지역에 무통일 상태로 산거散居해 왔다. 그러던 중 완안여진完顏女眞이 강성해지면서 반요항전反遼抗戰을 시작하였으며 그 지도자 완안아골타 完顔阿骨打가 영웅의 기개가 있어서 1만 명이 채 못 되는 작은 군사로 기병起兵 10년 만에 대제국 요와 송을 차례로 무너뜨리고 동북아시아의 패자로 군림할 수 있었다. 그렇기 때문에 금만 다루고 건국 이전의 여진을 제외할 수 없는 것이다.

요와 금이 모두 막북漠北에서 일어나 중원에 입관入關하여 한족을 비롯한 다민족이 살고 있는 넓은 강역을 통치하였다. 요는 219년간 (907~ 1125) 금은 120년간 특수하게도 이원체제로 통치하였다.

그러나 이들에 대한 사료는 극히 적을 뿐 아니라 소략하기 짝이 없어 송에 비할 바가 못 된다.

금은 수사修史를 중시하여 국사원國史院을 설치하고 감수국사監修國史·수국사修國史·동수국사同修國史·편수관編修館 등의 관원을 두었다. 그리고 기주원記注院도 있어서 기거주起居注를 맡았다. 그래서 금조金朝의 관찬사官撰史로 실록實錄과 기거주 등이 있었다. 사찬私撰으로는 유기劉祁의 『귀잠지歸潛志』와 원호문元好問의 『임진잡편壬辰雜編』, 『야사野史』가 있었다.

오늘날 우리가 볼 수 있는 기본적인 사료로는 정사正史인 『금사金史』와 『금사기사본말金史紀事本末』·『대금국지大金國志』·『대금조벌록大金吊伐錄』·『송막기문松漠紀聞』·『귀잠지歸潛志』·『여남유사汝南遺事』·『금문최金文最』·『중주집中州集』·『유산선생문집遺山先生文集』·『한한노인부수문집閑閑老人滏水文集』·『호남유로집滹南遺老集』 등이 있다.

이 밖에 직간접적으로 관계되는 사료로는 『요사』·『송사』·『건염이래계년요록建炎以來繫年要錄』·『속자치통감장편續資治通鑑長編』·『삼조북맹회편三朝北盟會編』·『송회요宋會要』 등이 있다.

이러한 사료들이 동원되어 괄목할 만한 연구가 이루어졌다. 특히 1978년 중국공산당 11기 삼중전회三重全會 이후 연구열이 일어나기 시작하여 20세기 말에 이르기까지 세계 각국어로 출간된 금사 논저論著는 무려 4,495편이나 된다.

역사연구의 조건 중에 사료는 대단히 중요한 것이다. 엇비슷한 시기인 요·송·서하·금 시기는 전 중국사에서 또 하나의 남북조시대다. 전 시대를 망라하여 말한다면 사료가 가장 풍부하고 남북 두 왕조의 관계 사료 등을 고려할 때 논제도 가장 많이 나올 듯하다. 그러나 거의 모든 사료가 송에 집중되어 있다고 말할 수 있으며 요·서하·금·회골回鶻·토번吐蕃·대리大理 등의 사료는 매우 부족하다. 그러다보니 송이 정통왕조라는 고대의 관념과 풍부한 사료 등이 송을 연구하는 학자가 모여들게 한 것이다.

1919년 5·4 신문화운동五四新文化運動 이래 점점 단대사 연구가 발전해 오다가 1949년에 와서 그쳤다. 그래서 요·송·서하·금사 연구의 기초는 비교적 박약하였다. 중국대륙에서 단대사 연구가 역경逆境과 순경順境을 겪는 동안 홍콩이나 타이완은 안정적 발전을 하였다.

1949년 중화인민공화국이 건국되면서 마르크스·레닌주의에 입각한 역사 연구가 이루어졌다. 이런 이론과 방법을 어떻게 운용하는가는 결국 굽은 길로 들어가게 되었다.

1966년부터 1976년까지 소위 문화대혁명을 사인방四人幇이 주도하는 기간 다른 단대사도 마찬가지겠지만 금사는 완전 정지상태에 빠졌었다. 이러한 상황을 왕청위王曾瑜는 "중국역사상 매우 부끄러운 한 페이지를 만들었다."고 하였으나 장더종張德宗 등은 "극좌 사조極左思潮의 영향과 간섭 하에 송사연구도 굽은 길로 걷게 되었으며 '10년 동란기간' 송사를 위시한 모든 역사연구가 정상발전에 엄중한 저애阻礙를 받게 되었으며, 사인방 분쇄 후에는 사회과학의 봄을 맞이하게 되었다."라고 하였다.[1]

1) 張德宗·鄭傳斌(1987), 「建國三十五年來的宋史研究」, 『大學中國史論文選讀』(II), 江

10년간의 난동이 끝을 맺고 1978년 중국공산당 제11차 삼중전회에서 확정된 정확한 방침과 노선이 역사학에 새로운 번영과 진보를 가져다주게 되었고 역사연구자들에게 생기가 발발하게 만들었다.

본문에서는 중공학자들의 연구현황 및 그 경향을 기술코자 한다.

2. 정치 · 인물 · 제도

1) 정치

1978년 중국공산당 제11차 삼중전회에서 역사연구자들에게 좋은 소식을 가져다주었다 하더라도 문화혁명 때에 하방下放 당하여 경을 친 사람들로서는 또 무슨 일이 올까 조심하지 않을 수 없었던 것 같다. 류푸장劉浦江의 목록[2]과 저우펑周峰의 「보유속補遺續」[3]을 합하여 그 논문 수가 총 121편(대만 6, 일본 1 포함)이다. 그 연도별 통계를 보면 국가의 시책과 절대적인 상관관계가 있음을 알 수 있다.

연대	1950	1960	1970	1980	1990	2000
편수	4	3	5	58	51	9

건국 후 16년간은 거의 없다시피 하다가 더구나 문화혁명 때는 더 위축이 된 상태였고 1970년대 말부터 모든 조건이 호전되었음에도 논문 준비가 안 되었거나 발표할 지면이 없거나 아니면 혹 정치적 불이익을 생각하여 발표하지 않았는지 모른다. 발표 논문 수가 가장 많은 1980년대를 연도별로 나누어 보면 다음과 같다.

蘇古籍出版社, 310쪽.

2) 劉浦江(2003), 『二十世紀遼金史論著目錄』, 上海辭書出版社.

3) 周峰(2004), 「「20世紀遼金史論著目錄」補遺續」, 『遼夏金史教研通訊』 2004-2, 170쪽.

연도	1980	1981	1982	1983	1984	1985	1986	1987	1988	1989
편수	4	3	5	5	4	10	4	10	6	6

이를 보면 서서히 증가하였음을 볼 수 있다. 이는 꼭 금 일조에 해당하는 사항이 아니고 모든 분야에서 볼 수 있는 현상이라 하겠다.

그리고 그 내용을 종류별로 묶어보면 금의 국토와 법통法統, 태조의 정복전, 해릉왕의 정치, 세종의 정치, 금말 북방제민족의 반항투쟁, 금원관계 등이다.

① 금의 국호

금의 국호에 대해서도 이견이 적지 않다. 「대금덕운도설大金德運圖說」에 의하면 금이 국호를 금金이라고 호칭한 것은 거란이 목덕木德으로 입국立國하였으므로 금은 오행에서 '금극목金克木' 즉 금은 목을 이긴다는 것이므로 금을 국호로 삼았다[4]고 하였고 또 『금사』에서는 거란은 빈철賓鐵(鐵之精錬者)로 국호를 삼았는데 철이 견고하기는 하나 부식이 된다. 금은 변하지 않으므로 국호를 '대금大金'이라 한다고 하였다.[5]

앞의 「대금덕운도설」과는 맞지 않는 부분이 있다.

어떻든 1115년(요 天慶 5) 정월 완안아골타가 칭제건원稱帝建元하여 국호를 대금大金, 연호를 수국收國이라 하였다고 알고 있다. 그러나 류푸장은 이러한 사실은 진실이 아니라고 주장하였다. 즉 『금태조실록金太祖實錄』이 누찬杜撰된 것을 『금사』가 이를 개국사로 이어받았기 때문이라는 것이다. 그는 요말금초의 역사를 구체적으로 분석하고 다시 결합해 본 결과로 이와 같은 주장을 내 놓았다.[6]

---

4) 「大金德運圖說」에서 五行上 金克木이 되므로 국호로 삼았다고 하였음.

5) 『金史』 卷2, 收國元年正月壬申朔條, "上曰 : 「遼以賓鐵爲號, 取其堅也。賓鐵雖堅, 終亦變壞, 惟金不變不壞, 金之色白, 完顏部色尙白。」 於是國號大金, 改元收國."

그는 겸손하게 초보적인 생각이라지만 우리가 일반적으로 사료에 가신성 비판 없이 인용하는 습관에 대하여 좋은 시사점을 던져주었다고 생각된다.

또 후일 청나라 때에 지은 『만주원류고滿洲源流考』에서는 금나라를 세운 자들이 신라에서 왔음은 분명한 사실이므로 나라 이름을 신라 왕성인 김金으로 하였다[7]고 하였다.

또 다른 사서들에서는 다른 설을 제기하고 있다. 즉 완안부完顏部가 위치한 안출호수按出虎水 지방에 금이 많이 생산되므로 국호를 금으로 삼았다[8]고도 한다.

금의 법통문제도 논의의 대상이었다. 그러나 다민족 통일국가론이 일반화되면서 더 이상 논의의 대상이 되지 않았다.

금 국호에 대한 근대적 논문은 다만 천슈에린陳學霖이 쓴 「금 국호의 기원과 그 석의金國號之起源及其釋義」(『요 · 금 · 거란 · 여진사 연구遼金契丹女眞史硏究』 1985-2) 한 편이 있을 뿐이다. 그는 이 논문 내용에서 금이 처음 스스로 칭제건원할 때에는 모신謀臣들의 의견을 받아들여서 여진족 고유의 문화적 전통과 지연을 특징으로 역사상 거란족이 세웠던 요나라를 계승할 것을 고려하여 대금을 국호로 삼았던 것이다. 그러나 건국 20년이 채 못 되어 태종 오걸매吳乞買의 통솔 하에 가볍게 요를 멸망시키고 북송의 항복을 받아 중원에 웅거雄居하면서 남송과 대치하게 되었다. 이후 금의 제왕들은 한문화를 흠모하여

---

6) 劉浦江(1999), 「關于金朝開國史的眞實性質疑」, 『遼金史論』, 遼寧大學出版社, 22쪽, "我初步認爲, 完顏阿骨打于公元1114年起兵以後, 可能在1117年或1118年建立了國家, 國號是"女眞", 年號爲"天輔", 1122年改國號爲"大金"。— 當然, 這遠遠不是定論。徹底恢復金初歷史的眞實面貌, 仍有待于我們的繼賣努力。"

7) 『欽定滿洲源流考』 卷7, 部族7, 完顏條, "以史傳按之, 新羅王金姓相傳數十世, 則金之自新羅來無疑, 建國名, 亦應取此。"

8) 徐夢莘, 『三朝北盟會編』 卷之3, 重和2年正月丁巳條; 葉隆禮, 『契丹國志』 卷26, 諸蕃記; 又周致中, 『異域志』, 3쪽, "地多産金, 故女眞阿古荅稱帝號金."

점차 중앙집권 정치체제를 건립하게 되었다. 그리하여 농경사회 조직이 유목과 수렵생활 방식을 대신하게 되었다. 이러한 정세 하에 대금이란 국호가 여진족 본위의 상징이므로 점차 시대의 수요에 조화되지 않았다. 이 때문에 상종章宗과 선종宣宗 때 한인들의 풍속인 음양오행설을 끌어다 덕운德運을 논의케 하여 금국이 중원왕조의 전위傳位 계통에 들어가 조송趙宋을 "정통정권으로 삼아 이를 계승하여 남송과 맞서는 일에 호소함을 증강시켜 여진의 상징을 곧 여진의 문화의식과 정치의식을 통일시하는 것으로 변화시켰다. 그리하여 금은 토덕土德으로 화덕火德을 계승하는 것으로 하였다."[9]라는 논지다.

이러한 역사 사실과 학자들의 논지에도 불구하고 금사의 위상에 대하여 중일양국 학자들의 주장은 같지 않았다.

일본 동양사학계는 정복왕조 학설의 영향을 받아서 전통상 요금원을 하나의 역사 단위로 하여 모두 만몽사계열滿蒙史系列로 인정하였으며 중국 학자들은 모두 요금사를 중국왕조사 계열에 편입시키고자 하여 습관상 송요금을 일가로 친다. 뿐만 아니라 연구자들의 의식도 송사 연구자들은 요금사를 곁들여서 연구한다는 것이며 요금사 연구자들도 분발하여 더 깊은 연구가 있어야 한다는 주장이 있다.[10]

② 여진의 반요전쟁

여진의 반요전쟁의 중심에는 완안아골타가 있었다. 그의 부조들이 닦아놓은 터전 위에 모든 활동이 용이한 점도 있었지만 아골타 자신이 힘이 세고 행동거지가 단정하며 활을 잘 쏘았다고 하며 '기남자奇男子'로 불릴 정도로 여러모로 출중한 데가 있었다.[11] 형 오아속烏雅束의

---

9) 陳學霖(1987), 「金國號之起源及其釋義」, 『遼金史論集』 2, 書目文獻出版社, 300~301쪽.

10) 劉浦江(1999b), 『遼金史論』, 遼寧大學出版社, 2쪽, "若是說到研究狀況, 宋史和遼金史儼然是井水不犯河水, 盡管有不少宋史研究者聲秤他們兼治遼金史, 可深究起來, 他們感興取的無非是宋遼·宋金關係而已。"

뒤를 이어 절도사직을 승습하면서 능력을 발휘하기 시작하였다.

그러면 아골타 집단은 왜 반요전쟁을 하였는가? 그 동기를 살펴보면 여진인 자체의 문제가 아니라 거란이 사단을 일으켰다 하겠다.

거란은 송·서하와도 관계를 개선하고 백성들의 생활이 안정되자 산업이 증진되어 엄청난 부를 누릴 수 있었다. 이에 거란 귀족들은 정치보다 향락에 몰입하였다. 황제인 천조제天祚帝가 술과 사냥으로 소일消日하며 지내자 귀족들의 생활도 닮아갔다. 이 사냥에 꼭 필요한 것이 매였는데 그중에서도 해동청海東青이 제일 인기가 있었다. 그도 그럴 것이 해동청은 몸체는 작으나 발톱이 유난히 발달되었고 또 높이 날아오를 수 있기 때문이다. 이는 천아天鵝(기러기) 사냥에 쓰였다. 이 천아는 조개를 먹고 사는데 천아가 먹은 조개에 진주北珠가 있어서 이것이 모이주머니에 남게 되기 때문에 해동청으로 천아를 잡으면 고기와 진주를 동시에 얻기 때문에 인기가 좋았다.

그러나 여진이 진공進貢하는 수량으로는 턱없이 모자랐다. 이 흰빛의 매는 구하기가 매우 힘들었다. 동해안 단구의 험한 바위틈에 새끼를 낳아 기르기 때문에 포획이 어려웠다. 거란인들은 늘어나는 수요를 충당키 위하여 은패천사銀佩天使라고 하는 포응사捕鷹使를 여진에 파견하여 이들이 직접 잡거나 여진인이 기르는 것을 약탈해오는 일을 하였는데 대국인이라 하여 안하무인격으로 여진인들을 못살게 굴었다. 뿐만 아니라 날마다 숙식을 요구하고 밤에는 미가녀未嫁女들의 천침薦枕을 요구하더니 급기야는 미호부인美好夫人까지 천침들게 하여 원망이 극에 달하였다.

또 어렵게 잡아서 얻은 진주를 거란 상인들이 담합하여 위압을 가하여 매우 싼값으로 사가서 큰 이익을 보자 여진인들은 한을 품게 되었다. 이러한 거란인들의 오만방자한 행위들이 여진인들의 깊은 반

---

11)『金史』卷2, 本紀第2, 太祖.

감을 산 까닭에 대거란 전투에 목숨을 불사하고 싸웠던 것이다. 이러한 작은 동기 외에도 표면상의 이유로는 1112년(天慶 2) 천조제가 혼동강混同江에서 낚시를 하였는데 주필지駐蹕地를 중심으로 1,000여리 내에 있는 생여진 추장들도 모두 와서 조회하였다. 이들이 모두 두어연頭魚宴에 참석하였는데 술이 반쯤 취하였을 때 천조제는 추장들에게 차례로 춤을 추라고 명하였다. 모든 추장들이 다 춤을 추었으나 오직 아골타만이 거절하였다. 재삼 명을 내렸으나 끝내 듣지 않았다. 아골타의 이런 호기豪氣는 소해리蕭海里의 난을 자기가 쉽게 평정하면서 거란인들을 얕잡아 보기 시작한 데서 나온 듯하다. 어떻든 이 위기에서 살아 돌아온 아골타는 천조제가 자기를 의심하고 있음을 알고 본격적으로 성을 수축하고 여진 통합 작전을 하면서 거란의 명을 거부하기 시작하였다. 이러한 내용을 포함한 자기 나름의 의론을 정리한 몇 편의 논문이 있다.[12]

아골타가 꾸준히 전쟁준비를 하여 왔지만 먼저 거란을 공격할 명분이 없었다. 아골타가 요충지에 성보城堡를 세우고 병기를 수리케 하는 것을 거란이 알고 관리를 보내어 꾸짖자 아골타는 먼저 자신에게 협조치 않고 거란에 도망친 아소阿疎를 돌려달라는 구실을 이용하여 왔는데 이때에도 "만약에 아소를 돌려줄 것 같으면 ○○을 하겠다."라는 뜻을 전하였다. 그러나 본래부터 불가능한 일을 이용하려는 것이기에 거란이 들어줄 리가 없었다.

1114년 거단은 총군사 10만 명을 일으켜서 그중 한인 보기步騎 3만 명이 남쪽 영강주寧江州로 나왔다. 이때 아골타는 2,500명의 군사를 모아놓고 먼저 천지에 고하기를 "대대로 요나라를 섬겨 직공職工을

12) 劉學銚(1998),「女眞之興起與遼之滅亡」,『政治大民族學報』23; 毛汶(1936),「金人反遼之背景與動機」,『學風』6-9 · 10, 王文素(2000),「金滅亡之背景分析」,『金史研究論叢』, 哈爾濱出版社; 王文素(1994),「寧江州榷場與女眞族起兵抗遼」,『農墾師專學報』, 1994-4.

닦아 왔으며 오춘烏春·와모한窩謀罕의 난을 평정하고 소해리를 격파한 공은 살피지 않고 우리를 침해하고 업신여기기를 더해왔다. 게다가 죄인 아소를 누차 돌려달라 하였으나 돌려주지 않았다. 이제 요나라에 죄를 묻고자 하니 하늘과 땅은 굽어 살피어 도와주소서."라고 했다.13)

그리고나서 제장諸將들에게 "너희들이 마음을 합치어 힘을 다해서 공을 세운 사람은 노비와 부곡部曲은 양민良民이 되고 서민들은 관이 되고 이미 관직에 있던 사람은 품계를 올려 주되 공적의 경중輕重에 따를 것이다. 이 서약을 어기면 이 매를 맞아 죽을 것이며 가속들의 사면도 없을 것이다."라고 전교傳敎하였다.14)

이렇게 의식을 갖추고 진군한 결과 대소전에서 연전연승을 하게 되었고 또 전 여진지역의 결속을 위해 양복楊福을 그 출신지역에 보내어 "여진·발해본 동일가女眞·渤海本同一家(여진과 발해는 본래 한 민족이다)."라고 하면서 초유招諭하였다. 그 초유가 효력이 있어서 많은 부족들이 항복해왔다.

완안아골타는 지혜와 전략이 뛰어난 인물로 전쟁에도 승리하였을 뿐 아니라 초유에도 성공하면서 서둘러 칭제건원을 한 것이다.

이 영강주 일전이 매우 중요한 계기가 되었기 때문에 이에 대한 논저가 비교적 많이 나왔다.15)

또 전쟁보다 초유로써 여진제부를 내항來降시킨 일에 대한 글도 두어 편 있다.16)

---

13) 『金史』 卷2, 太祖2年 9月.

14) 『金史』 卷2, 太祖2年 9月.

15) 王巧莉(1980), 「金太祖伐遼戰事略論」, 『史繹』 16; 張秉仁(1983), 「論遼金之戰」, 『河南師大學報』 1983-4; 劉肅勇(1985a), 「論遼金戰爭性質」, 『博物館研究』 1985-1; 劉肅勇(1982), 「寧江州戰與出河店之戰」, 『學術論文選集』, 遼寧省歷史學會; 景愛(1985), 「論寧江州大捷」, 『博物館研究』 1985-3.

16) 劉肅勇(1985b), 「阿骨打在東北地區反遼戰爭中對各族上層人物招撫的策略」, 『克山師專學報』 1985-1; 於香·任林(1995), 「完顏阿骨打推行的招降政策述論」, 『博物館研究』 1995-3.

그밖에도 아골타가 반요전쟁 중에 어떤 군사적인 재능을 발휘하였으며 어떠한 활동과 어떠한 모략이나 적정연구敵情研究 등을 이용하였는가 하는 것이 연구의 대상이 되었다. 사료가 한정되어 있으므로 아주 새로운 연구는 있을 수 없고[17] 그저 보는 시각차가 있을 뿐이다.

위에서 살펴본 요금전쟁에 대하여 세 가지 의견이 있다. 쑹더진宋德金은 다음과 같이 정리하고 있다.[18]

첫째는 요금과 송과의 전쟁은 국내성으로 여기어서 침략, 혹은 반침략 성질이 아니다. 다만 송·요, 송·금 간의 전쟁에서 요금은 정의의 반동적이 아니며, 송은 정의의 진보적이다.[19]

둘째, 요금의 대송전쟁은 모두 침략과 반침략의 성질이 있고 외족外族 혹은 외국이 대중국 침략이고 송은 반침략전쟁이라고 말할 수 있다고 생각된다.[20]

셋째, 여진인이 송조宋朝에 대해서는 침략자라 말할 수 있지만 다만 송조가 중국을 대체할 수 없으므로 여진이 중국을 침략했다고 하는 말은 착오적이라 생각된다.[21]

영강주 전투와 금의 건국에 대하여 푸러청傅樂成은 요를 공격하여 물리치고 그 다음 해에 제위에 올라 국호를 금이라 하고 금의 태조가 되었다고만 기술하였으며,[22] 리씨허우李錫厚·빠이빈白濱은 『요금서

---

17) 張倉嘶(1991), 「阿骨打在反遼戰爭中的作用」, 『北方民族』 1991-1; 劉肅勇(1983), 「阿骨打在反遼戰爭中的軍事才能」, 『史學集刊』 1983-1; 王長興(1987), 「論金太祖反遼作戰中的軍事才能」, 『農墾師專學報』 1987-2; 龍志國(1987), 「從金代碑刻看完顏阿骨打的軍事活動」, 『博物館研究』 1987-3; 王春雷(2000), 「論完顏阿骨打在反遼鬪爭中的謀略」, 『北方文物』 2000-1; 沈元加(1989), 「金朝伐遼戰爭中敵情研究的成功經驗」, 『昭烏達蒙族師專學報』 1989-2.

18) 宋德金(1982), 「近三十年遼金史若幹問題研究」, 『民族研究』 1982-3.

19) 呂振羽·江明(1958), 「中國民族關係發展的歷史特點」, 『民族團結』 1958-4.

20) 孫祚民(1961. 1. 4), 「中國古代史中有關祖國疆域和少數民族的問題」, 『文滙報』; (1962. 8. 2), 「再論中國古代史中有關祖國疆域和少數民族的問題」, 『文滙報』.

21) 何玆全(1959. 7. 15), 「中國古代史教學中存在的一個問題」, 『光明日報』.

22) 傅樂成, 辛勝夏 譯(1981), 『中國通史』, 宇鍾社, 637쪽.

하사遼金西夏史』에서 천경天慶 4년 9월 여진인이 영강주에서 승리한 후 국상國相인 살개撒改가 그의 아들 종한宗翰과 완안희윤完顔希尹을 전선前線에 보내어 승리를 축하하고 아울러 칭제를 권하였으나 아골타는 승낙하지 않고 말하기를 "일전 승리에 대호大號(皇帝)를 칭하는 것은 어찌 다른 사람들에게 얕게 보이질 않을까."라고 하면서 거부한 것을 두고 '심모원려深謀遠慮의 정치가'라며 칭찬을 아끼지 않았다.[23]

리즈팅李治亭은 영강주 전투를 역사적 의의가 있는 영강주대첩으로 간주하고 또 금왕조의 건립은 여진이 원시씨족제로부터 계급사회로 넘어가는 것을 완성시킨 상징이다[24]라고 하였다.

덩광밍鄧廣銘이 주편한 『요송서하금사遼宋西夏金史』에서는 1115년 정월 초하루 완안민完顔旻(阿骨打)이 한족제도를 모방하여 황제라 칭하고 나라를 세워 대금이라 하고 연호를 수국收國이라 하였다고 하였다.[25]

2) 인물

정치와 그것을 운용하는 인물은 불가분의 관계가 있다. 앞에 금 건국을 전후한 정치 전쟁문제에 대하여 언급하였으나 그 중심인물에 대해서는 일부만 언급했을 뿐이다.

① 완안아골타

금조의 건국자라 당연히 이에 대한 연구도 많을 것이라 생각되지만 인물에 대하여 연구한 논문은 6편뿐이다. 3편은 그저 평범한 논제로 시작하였지만 3편은 '걸출한 영수傑出的領袖', '민족영웅' 등의 제목으로 서술하였다. 그러나 내용은 하나같이 '여진족의 걸출한 영

---

23) 李錫厚 · 白濱(2003), 『遼金西夏史』, 上海人民出版社, 113쪽.
24) 李治亭 主編(2003), 『東北通史』, 中州古籍出版社, 257~258쪽.
25) 鄧廣銘 主編(1988), 『遼宋西夏金史』, 中國大百科全書出版社, 127쪽.

수', '여진민족영웅' 등으로 구분하여 서술하고 있다. 모든 민족을 이렇게 구분한 것은 아니다. 예컨대 한고조 유방을 한족의 영웅이니 한족의 걸출한 영수로 기술하지 않는다. 이런 사고의 근저에는 화이사상이 알게 모르게 잔존하고 있는 것이다.

아골타에 대한 논문 중 장보촨張博泉・청니눠程妳娜가 논한 것을 보면 아골타는 반요투쟁의 영웅이자 걸출한 군사가라 하였다. 그는 전략・전술에서 뛰어난 면을 부각시키고 그의 개혁과 확정한 방침과 정책이 태종 때까지 지배하게 되었다. 그의 공업功業을 귀납적으로 기술한다면 5개항으로 요약할 수 있을 것이라고 하였다.[26]

② 해릉

해릉海陵(이름은 亮 본명은 迪古乃, 遼王 宗幹第二子, 母大氏)은 그의 종형 희종熙宗을 시해하고 즉위하였다. 그는 성질이 잔폭하고 시기가 많아서 종실들을 많이 살해하였다. 그는 중국의 문물을 좋아하여 1153년(貞元 元年)에 연경燕京으로 천도하고 또 1161년(大定 元年)에는 다시 변경汴京으로 천도하여 남송을 치려고 스스로 60만 대군을 이끌고 회수淮水를 건너 채석강采石江의 대안對岸에 다다르니 송의 강북 수비군은 망풍이미望風而靡로 흩어졌다. 이러한 승리에 도취되어 남침을 계속하려

---

26) 張博泉・程妮娜(1987), 「完顔阿骨打略論」, 『遼金史論集』 1, 上海古籍出版社, 354~355쪽.

① 阿骨打在女眞人由分散部族到女眞民族最後形成起過重要作用, 是女眞民族的傑出領袖。
② 阿骨打在同舊氏族貴族鬪爭中, 形成一個強有力的統治集團的核心, 以女眞族皇室貴族爲主聯合其他女眞貴族以及渤海人等的支持建立了金政權, 他是金政權主要領導者和締造者。
③ 阿骨打在由氏族制向奴隸制交革中, 確定了女眞族奴隸制發展的方針, 圍繞革除氏族舊制建立奴隸制這個中心, 進行了各方面的改革, 是女眞族的一個傑出的改革家。
④ 阿骨打爲了統一女眞各部及反抗遼朝的統治, 他在對內對外作戰中成爲一名有軍事才能的英雄人物, 在反遼滅遼鬪爭中成爲反遼戰爭的民族英雄。
⑤ 阿骨打是金王朝的開基人, 他的事業爲太宗所繼承, 在金開國中占有突出的地位, 規定和影響著金朝開國後的一個時期歷史的發展。

다가 평소 포악한 해릉의 성격에 분개한 일파들이 해릉의 족제族弟 오록烏祿을 옹립하였다. 해릉은 송군에 패하고 오록의 등위 소식에 회군하던 중 신하에게 시해당하고 말았다. 이런 포악하고 호전적인 해릉에 대한 연구가 비교적 많이 진행되었다. 2000년대까지 모두 19편인데 인물론 6편, 평가 3편, 공과功過 2편, 살인과 용인用人, 소의小議, 개혁, 남침심리, 연구의 회고와 반사反思 등이 각 1편, 기타 2편이 있다.

자오바오위趙葆寓는 완안량의 공과 죄에 대하여 전기에는 정신을 가다듬어 나라를 잘 다스려서 상층에는 개혁이 비교적 큰 성취를 하여서 여진사회의 진보에 추동작용을 일으켰다고 보았다. 후기의 완안량은 고집불통으로 사회경제를 파괴하여 십분十分 엄중한 손상을 주었다.[27] 또 쒸쑹웨이徐松巍는 과거의 완안량 연구의 부족과 결점을 지적하기도 하였다.[28]

실상 해릉에 대한 평가는 보는 이에 따라 엇갈리게 마련이다. 그러나 그에 대한 평가는 비방이 명예보다 더 많다. 수십 년 이래 이에 대한 열띤 토론이 전개되었었다.

차이메이뱌오蔡美彪는 해릉왕의 통치기간 동안 희종熙宗 시기에 비하여 더욱 열렬한 일계열의 개혁이 전개되었다고 본다. 여진족 보수파를 엄격히 진압하고 크게 한인·거란인·발해인이 정치에 참여토록 임용하고, 한걸음 더 나아가 정치제도를 개혁하고, 연경에 수도를 옮기고, 대량의 여진인들을 남하시켜 정주定住토록 하고, 남송을 공격한 것 등이다.[29]라 하였다.

또 장보촨은 그의 논저를 통해서 지적하기를 해릉왕은 한편으로는

---

27) 趙葆寓(1991), 「略論完顔亮的功與罪」, 『宋遼金史論叢』 2, 中華書局.

28) 徐松巍等(1992), 「對完顔亮研究的回顧與反思 — 兼及歷史人物評價問題」, 『北方文物』 1992-2.

29) 蔡美彪等(1979), 『中國通史』(第6冊), 人民出版社; 「遼金史簡說」, 『歷史教學』 1982-2.

희종의 뒤를 계승하여 북방회복과 사회경제 발전에 대한 각항 조치를 취하면서 또 한편으로는 남방침략을 시작하여 계급모순과 민족모순을 심화시킴과 동시에 자신의 최후의 멸망에 이르게 되었다고 했다. 이는 해릉왕이 일개 개혁파에서 폭군으로 불리게 된 역사적 근원이 된 것이다. 이 밖에 많은 문장들이 있어서 완안량이 여진족 역사상 걸출한 정치가로 불리는데 이는 개혁 · 천도 및 용인 정책 등이 긍정적이기 때문이다.[30]라고 하였다.

그러나 추이원인崔文印 · 류수융劉肅勇 · 장커張克 · 양양楊暘 · 왕청위 등은 장보촨의 주장과는 같지 않았다.[31]

또 샤오민肖民은 완안량이 여진족 군사 민주제 및 그 유풍을 청산하고 군주독재 전제제도를 확립하였음은 전반적으로 긍정할 가치가 없다[32]고 하였으며, 루어지쭈羅繼祖는 완안량의 허물이 공보다 큰데 이것은 상경의 옛 궁전을 허물고 여러 대족大族의 집과 저경사儲慶寺를 허문 것 및 난폭하고 무지막지한 정치가 거란의 반발을 사고 망령되이 남침의 전화를 불러 일으켜서 함부로 음탕한 짓을 하고 닥치는 대로 죽여서 민중이 반기를 들고 지친至親이 이반하여 죽음에 이르렀으니 결론내기가 어렵지 않다고 하였다.[33]

또 둥커창董克昌은 완안량의 공헌도 돌출突出하고 문제도 돌출하여 역사공적을 세종世宗과 비교할 수 없다[34]고 하였다.

자오바오위는 해릉왕의 정원(貞元, 1153~1655) 남천南遷을 기점으로

---

30) 張博泉(1981), 『金代經濟史略』, 遼寧人民出版社, 182쪽; 張博泉(1984), 『金史簡編』, 遼寧人民出版社, 135~163쪽.

31) 崔文印(1987), 「略談海陵王完顔亮的評價問題」, 『遼金史論集』 1, 上海古籍出版社; 劉肅勇(1985c), 「論完顔亮」, 『中國史研究』 1985-4; 張克 · 楊暘(1988), 「完顔亮論」, 『學習與探索』 1988-3; 王曾瑜(1985), 「完顔亮用人的某些特點」, 『光明日報』.

32) 肖民(1989), 「也論完顔亮 — 兼與「完顔亮論」作者商榷」, 『北方文物』 1989-4.

33) 羅繼祖(1987), 「完顔亮小議」, 『遼金史論集』 2, 書目文獻出版社.

34) 董克昌(1989), 「怎樣評價完顔亮的功過」, 『北方文物』 1989-4, 董克昌(1990), 「誰是小堯舜」, 『民族研究』 1990-2.

전 · 후 두 시기로 나누어진다고 본다. 전기는 여진사회의 진보進步에 추동작용推動作用을 일으켰고, 후기에는 크게 토목사업을 일으키고 군사를 크게 일으키고 군비를 확충하는 등 외고집으로 일관하여 사회경제에 심각한 결과를 낳았다고 하였다.[35)]

그 다음 군왕君王으로 많이 연구 대상이었던 사람은 세종世宗이다.

③ 세종

휘가 옹擁(本諱는 烏祿), 태조의 손자이며 예종睿宗의 아들이다. 성품이 인효仁孝하고 침정명달沈靜明達하며 활을 잘 쏘았다고 한다.[36)] 세종은 금 일대의 명군으로 정치를 잘한 군주다. 그의 업적에 대한 평가를 보면 즉위한 지 5년 만에 남북(金 · 宋)이 강화조약을 맺고 백성들과 휴식하였다고 하며 모든 면에 수범하여 임금의 도를 얻었다고 하였다.[37)]

이러한 세종의 성군정치는 바로 그 어머니 정의황후貞懿皇后의 의방지훈義方之訓 덕으로 돌리는 연구도 있다.[38)] 그러나 정의황후는 발해대족 출신으로 이치에 통달하고 총명이 과인過人하며 봉건도덕수양을 고루 갖춘 사람으로 묘사하였는데 이는 모두 발해가 한족 선진 봉건문화의 영향을 받은 덕으로 돌리고 있다. 2000년까지 세종에 대한 논문은 총 17편이 있다. 그 가운데 인물에 대한 글이 4편, 인재정책에 대한 글 3편, 역사적 지위 2편, 절검 1편, 기타 7편이 있다.

---

35) 趙葆寓(1991), 앞의 논문.

36) 『金史』 卷6, 本紀第6, 世宗上.

37) 『金史』 卷8, 本紀第8, 世宗贊, "於是躬節儉, 崇孝悌, 信賞罰, 重農桑, 愼守令之選, 嚴廉察之責, …… 當此之時, 群臣守職, 上下相安, 家給人足倉廩有餘, 刑部歲斷死罪, 或十七人, 或二十人, 號稱「小堯舜」此其效驗也。"

38) 魯任(1993), 「金代渤海族女政治家貞懿皇後」, 『北方民族』 1994-1, 231쪽, "通過言傳身教, 使其讀書明理, 接觸漢文典籍和女眞文化, 受到啓蒙的雙重教育。爲世宗日後完成宏大事業從幼年時打下良好基礎。"

『금사』에서는 매우 높이 평가하여 '소요순小堯舜'이라 하였다. 많은 논평자들은 『금사』의 기재가 비록 과대한 부분이 있으나 그의 통치기간에 백성들을 휴식시키고 이치를 정돈吏治整頓하는 등 사회 전진조치를 추농推動한 것은 확실하니 이 때문에 동치행위를 한 제왕帝王, 유능한 정치가라고 하였다.

이러한 평가에 대하여 류쑤용·양치楊啓·장보촨·둥커창·추이원인 같은 이들은 "『금사』 중 세종에 대한 기재는 근거가 부족하다. 그는 본기에 묘사한 것으로 무슨 '소요순'이냐? 해릉왕처럼 정치적 포부와 웅심雄心이 없었다. 그들의 형상을 봉건사신封建史臣이 기록하였기 때문이다."라고 하였다.[39]

또 주쯔팡朱子方은 금 세종은 역조류逆潮流로 움직인 실패자[40]라고 하였다.

왕더중王德忠은 이왕의 평가보다 너무 높게 생각하였다. 금 세종의 통치사상은 '태평천자太平天子'의 경향과 여진 한화 문제상 보수입장이어서 역사의 추세에 맞지 않는다[41]고 하였다.

④ 원호문

황제도 아니고 그렇다고 대관大官도 아닌 원호문元好問이 금세기 중에 가장 많은 연구대상이 되었다.

원호문의 작품집을 내거나 인간 원호문, 원호문의 학문 등을 연구한 것을 살펴보면(劉浦江, 『二十世紀遼金史論著目錄에 의거한 것임) 다음과 같다.

39) 劉肅勇(1986), 『金世宗傳』, 三秦出版社; 楊啓(1982), 「略論金世宗」, 『湘潭大學學報』 1982-1; 張博泉(1983a), 「試論金世宗的治世宗想及其得失」, 『黑龍江文物叢刊』 1983-3; 董克昌(1985), 「試析金世宗的保境息民政策」, 『北方文物』 1985-2; 董克昌(1990), 앞의 논문.

40) 朱子方(1990), 「金世宗簡論」, 『東北地方史硏究』 1990-2.

41) 王德忠(1992), 「也談金世宗的歷史地位」, 『牡丹江師院學報』 1992-2.

전서專書 34권, 사료와 문헌 11종, 문집(中洲集) 1권, 역사인물 연구논문 207편, 어언 3편, 문학 10편, 학술토론회 2차, 원호문탄신800년기념학술토론회紀念元好問八百年誕辰學術硏討會 1차 등의 자료가 있다.

원호문은 어떤 인물이기에 이렇게 많은 사람들이 연구를 하여 왔을까? 우선 인적사항부터 알아보겠다.

호문은 타이웬太原 씨우롱秀容인이다. 7세에 시에 능하였다. 1221년(興定 5)에 급제하여 내향령內鄕令을 역임하고 정대(正大 1224~1231) 중에 남양령南陽令이 되었으며 1232년(天興元年)에 상서성尙書省 승사丞史에 발탁되었다가 얼마 되지 않아서 좌사도사左司都事를 제수받았고 다시 상서성 좌사원외랑左司員外郞이 되었다. 금이 망하자 더 이상 벼슬하지 않았다. 호를 유산진은遺山眞隱이라 하고 저작著作을 자기가 할 일이라 떠맡았다. 그는 경전백가를 꿰뚫었고 시문은 일대 종사宗師였으며 구수천원지학九數天元之學에 박통하였다.

그의 문장은 규칙이 있게 하여 여러 체를 모두 갖추었다. 그의 시는 기이하고 웅장하며 잘 다듬어져 베인 듯하며 예쁘고 아름답고 고왔다. 오언시는 세속을 초월하였다. 칠언시는 악부樂府의 고제古題를 쓰지 않는 특출한 의미가 있다. 가요歌謠는 강개慷慨하여 유幽 · 병並의 기운을 겼으며 그 장단구長短句는 신성新聲을 끌어 올렸으며 은원恩怨을 쓴 것이 수백 편이나 된다. 병난 후에 고로故老들이 죽고 나자 호문이 사계斯界에 가장 뛰어난 사람이 되었다. 사방의 비 · 현판 · 명銘 · 지誌 등이 모두 그의 손에서 나왔다.

그가 지은 문장과 시 몇 권, 두시학杜詩學 1권, 동파시아東坡時雅 3권, 금기錦機 1권, 시문자경詩文自警 10권이 있다.

만년에 저작을 자임하여 금원씨金源氏를 천하에 있게 하고 전장법도典章法度를 한漢 · 당唐에 가깝게 하고 나라가 망하자 역사 쓰는 것을 스스로 맡았다. 그때 『금국실록金國實錄』은 쑨텐順天 장만호가張萬戶家

에 있었는데 이에 장만호에게 금사를 찬술하기를 원한다고 하였으나 악기樂夔가 못 하게 막아서 그만두었다.

그는 "일대一代의 자취를 묻히어서 전하지 못함은 아니 되는 일이다."라고 하고 집안에 정자를 짓고 저술하였는데 이름을 '야사野史'라 하였다.

금원金源 군신君臣의 유언遺言 왕행往行들은 사료라도 얻으면 작은 종이에 가늘게 써서 추가하였는데 자그마치 백여만 언에 이른다. 지금 전하는 것은 『중주집中州集』 및 『임진잡편壬辰雜編』 몇 권이 있다. 나이 68세로 죽었다. 금사찬수金史纂修에 그의 저술이 많이 본本으로 사용되었다.

그에 대한 연구의 추세를 살펴보자.

연도	1900~1948	1949~1965	1966~1976	1978~2000
논문 건수	4	6	4	196

20세기 후반부터 연구가 시작되었고 그것도 아주 후반인 개혁개방 이후 쏟아져 나왔다. 개혁개방 시대에 들어와서도 다소의 준비(연구) 과정이 필요하였던 듯하다. 그 시기에도 후반에 들어와서 절정을 이루고 다시 대폭 줄어들고 있다. 다음은 그 시대별 수치다.

시기	1978~1979	1980~1989	1990~1999	2000
논문 건수	4	55	131	6

필자도 역사·문학·언어·정치분야를 연구한 학자는 총 129명이나 된다. 그 가운데 가장 많이 쓴 사람이 13편, 그 다음이 11편, 그 다음이 5편이고 2인이 각각 4편, 10인이 각각 3편, 15인이 각각 2편씩이고 나머지는 1편씩이다.

그러나 학자들이 모두 같은 결론을 내린 것은 아니다. 하오수허우郝樹侯·양궈융楊國勇은 원호문 일생에 대하여 각 방면을 전면 평가하였고[42] 또 장보촨·저우후이촨周惠泉 등은 서로 다른 각도에서 연구를 진행하였다.[43]

또 저명 학문가인 원호문이 종교사에 공헌하였다는 것을 아는 사람이 별로 없었는데 양궈융이 종교사의 시각에서 분석한 결과 그의 많은 저술에서 종교활동을 한 것을 발견하였다. 이것은 사료에서 결함된 부분을 보충하는 자료를 제공하였다는 특점이 있다.[44]

이 밖에도 금대 인물 중 연구대상으로 많이 주목 받은 사람으로 개혁가 완안희윤完顔希尹 14편, 군사가 완안종한完顔宗翰 등이 있으나 지면관계로 더 이상 언급하기 어렵기 때문에 이것으로 인물에 관한 것을 끝맺는다.

3) 법제·관제·군제

① 법제

법제에 관한 연구는 다른 분야에 비하여 적은 편이다. 겨우 14편이 있을 뿐이다.

『금사』「형지刑志」에는 "금초 법제가 간편하고 쉬워서 경중과 귀천의 구분이 없이 형법刑法과 속법贖法이 같이 행하여졌다. 이는 새로 세운 나라에는 시행이 가능하지만 오래도록 세상을 다스릴 수 있는 법규는 아니다"라고 하였다.

그 후에 와서 황통皇統(1141~1148) 때 법제를 반포하고 고대 법률古律

42) 郝樹侯·楊國勇(1990), 『元好問傳』, 山西人民出版社.

43) 張博泉(1990), 「時代與元好問」, 『晉陽學刊』 1990-3; 周惠泉(1990), 「元好問研究發微」, 『社會科學戰線』 1990-3.

44) 楊國勇(1995), 「元好問對中國宗教史的貢獻」, 『中國史研究』 1995-1.

도 겸용토록 하였고 정융正隆(1156~1161) 때 다시 속강제서續降制書를 내렸고, 대정大定(1161~1189) 때에는 권의조리權宜條理와 중수제조重修制條가 있었고, 명창明昌(1190~1195) 때에는 율의律義와 칙조勅條를 함께 찬수纂修하였으며 뒤에 태화율의 泰和律義가 책으로 나왔다.[45]

연구논문들은 일반적인 법제만 다루었지 구체적인 내면을 연구한 논문은 드물었다.

청다이웨이曾代衛는 금조는 당 · 송 · 요의 제도와 여진족 전통의 사법습관이 뒤엉켜 있다고 보았다. 구체적으로 말하면 그 사법체제와 정서程序가 대체로 당송의 제도를 연습沿襲한 것이다. 다만 내함內涵과 규범이 여진 전통습관의 침윤浸潤을 매우 많이 받았다. 이는 우리나라 고대 소수민족이 중원에 입주하여 세운 정권의 법제 중 대표성이 있다[46]고 하였다.

또 야오다리姚大力 · 궈샤오항郭曉航은 결장決杖을 부가형附加刑으로 삼는 데는 도형범徒刑犯으로 실시한다고 했다. 이는 금대에서 오랫동안 써오던 작법作法이라고 하였고 아울러 금원金元 때 형법체계가 전환되는 과정 중 약간 중요한 세절細節을 토론하였다. 금 말에서 금 멸망 후 홀필렬忽必烈이 원조 건립 이전까지 북중국의 형제刑制는 대체로 태화률泰和律을 따랐다. 태화률에 따르면 양형量刑을 반으로 감한 일은 존재치 않았다고 하였다.[47]

이 밖에도 류칭劉慶의 속신제도贖身制度에 관한 글이 두어 편 있다.[48]

---

45) 『金史』 卷45, 志第26, 刑條.

46) 曾代偉(1999), 「金朝訴訟審判制度略論」, 『民族研究』 1999-2.

47) 姚大力 · 郭曉航(1999), 「金泰和律走刑附加決杖考 — 附論元初的刑政」, 『復旦學報』 1999-4

48) 劉慶(1985), 「金代奴婢贖身制度初探」, 『吉林大學研究生論文集刊』; 劉慶(1987), 「金代贖身制度初探」, 『遼金史論集』 3, 書目文獻出版社.

② 관제

금의 관제라면 금 건국 전후부터 쓰던 발극열勃極烈 제도와 후일 한관제漢官制를 수용한 삼성지제三省之制 그리고 금 특유의 제도인 맹안모극제猛安謀克制를 들 수 있을 것이다.

『금사』에 의하면 금은 건국 전인 경조景祖 때부터 비로소 관속官屬을 두기 시작하였는데 여러 부를 거느리고 정벌을 하여 스스로 한 나라를 이루면서 그 장관을 발극열이라 불렀으며 태조는 도발극열都勃極烈로서 위를 이었고, 태종은 암판발극열諳版勃極烈로서 그 자리에 있을 수 있었다. 이 발극열 아래 부장部長을 패근孛堇, 몇 부를 총괄하는 자를 홀로忽魯라고 한다. 희종熙宗 때 와서 관제를 정하면서 모두 폐지하였다.

1123년(天輔 7) 거란의 남경지역을 차지하면서 그곳 한족을 다스리기 위해 한인 투항投降 관료 좌기궁左企弓을 기용하여 광녕廣寧에 추밀원樞密院을 설치하고 그를 추밀사로 임명하여 한인들을 다스리도록 하였다. 그 후 천회天會 4년(1126)에는 북송지역 점령지에 상서성尙書省을 설치하여 다스리다가 드디어 삼성제를 두게 되었다.[49]

발극열에 관한 연구는 모두 8편이 있다. 제도의 특점特點, 역사 작용, 최초의 동인動因, 또는 제도 자체 연구 등이다.

㉠ 발극열

이 발극열에 대하여 청니눠는 금초의 중앙관제를 고찰하였는데 발극열제도의 형성, 발전 및 특점, 제발극열의 구성, 분직分職 및 발전의 추향趨向에 대하여 논급하였으며,[50] 또 자오둥후이趙冬暉는 이 제도는 농후한 혈연관계의 색채를 띠고 있으며, 현달한 귀족의사제도貴族議事制度의 흔적이 남아 있는 관료제도라고 보았다.[51]

---

49) 『金史』 卷55, 志第36, 百官1.

50) 程妮娜(1987), 「金初勃極烈制度硏究」, 『吉林大學硏究生論文集刊』 1987-2.

왕징이王景義는 금대의 관제 발극열제도의 산생產生·발전·작용 등을 토론하였는데 발극열제도는 원시군사 민주 성질을 띠고 있으나 다만 금조정권의 건립을 굳게 다지는 데 공헌하였다고 생각한다고 하였다.[52)]

리즈팅은 여진이 기병起兵 전에 대체로 본족本族 6세 경조景祖 오고내烏古乃가 집행하던 발극열제를 연습하였는데 이는 부락의 장로들이 산야에 둘러 앉아 부족의 장래를 논의하던 것인데 발극열제가 여진인 최고의 행정관리의 중추로 성장하였다고 하였다. 그는 또 아골타가 국상제國相制를 폐지하고 황제와 발극열을 건립하여 최고 통치기구로 조성한 것이라고 하였다.[53)]

덩광밍 등은 금 태조가 국상제를 폐지하고 암판발극열諳版勃極烈 등을 설립하여 국정을 보좌케 하였다[54)]고 하였다.

이 제도는 결국 희종 때 폐지하게 되는데, 여기에 대하여 양바오룽楊保隆은 금이 발극열제도를 폐지하고 한관제를 채용한 최초의 동인은 황제권을 강화하고 대귀족 세력을 약화시켜서 부자상전父子相傳의 '가천하家天下' 통치를 실행한 것이라 생각하였다.[55)]

㉡ 삼성제

앞서 언급한 바와 같이 거란의 남경지역을 점거하고 그곳에도 맹안모극제를 실시하려 하였으나 모든 여건이 맞지 않았다. 그래서 임시 조치로 거란의 제도를 본받아 추밀원을 설치하고 한인을 추밀사로 삼아서 한인을 다스리도록 하였다. 그러나 북송을 멸망시키고 광대한 중원을 차지했을 때에는 적은 수로 많은 한인을 다스린다는 것

51) 趙冬暉(1987), 「金初勃極烈官制的特點」, 『遼金史論集』 1, 上海古籍出版社.
52) 王景義(1997), 「略論金代的勃極烈制度」, 『社會科學輯刊』 1997-3.
53) 李治亭 主編(2003), 앞의 책, 261~262쪽.
54) 鄧廣銘 主編(1988), 앞의 책, 127쪽.
55) 楊保隆(1994), 「試談金代勃極烈制度的最初動因」, 『社會科學戰線』 1994-1.

이 어려우므로 소위 '이한치한以漢治漢'을 하기 위해 괴뢰정부를 설치하여 운영하였다. 그러다가 중앙집권형 정부조직으로 돌아가는 데 한족제도인 삼성제가 필요하였다. 그들은 먼저 상서성부터 설치 운용해 본 후에 삼성제로 확대 개편하였다.

이 제도의 시행은 그 시행 자체가 주요시된 것 같다. 상서성에 관한 논문이 4편, 성제 자체에 관한 연구가 3편, 삼성제에 관한 연구가 1편이 있다.

청니눠는 금대의 삼성중추제三省中樞制와 일성중추제一省中樞制의 형성 · 발전 및 전환을 연구하였는데, 금 희종의 천권관제天眷官制와 해릉왕의 정륭관제正隆官制에 대한 진일보된 연구를 하였다.56)

멍셴쥔孟憲軍은 금대 상서성의 변화과정과 여진족의 봉건화 과정이 일치된다는 연구 결과를 내어놓기도 하였다.57)

허시거和希格 · 무홍리穆鴻利는 천권신제天眷新制와 지녕내란至寧內亂에 대하여 썼다. 이 두 가지 모두가 금조에는 중대한 전절轉折의 의의가 있는 양대 사건이다. 여기에 대하여 그들은 양대 사건이 일어난 배경, 성질 및 야기된 결과에 대한 대비를 통하여 천권신제는 금조의 정치 · 경제 · 군사와 문화를 극성 국면으로 자리 잡게 끌어 올렸다고 생각하였고, 지녕내란은 금왕조의 전면 쇠퇴에 속도를 더했고 금조를 흥망으로 접어들게 하는 인소를 구성한 것이다58)고 하였다.

ⓒ 감찰제도

이 감찰제도에 대한 논문이 10편이나 있다.

청니눠는 금대의 감찰제에는 선명鮮明한 민족통치의 색채와 대간합

---

56) 程妮娜(1998a), 「論金代三省制度」, 『社會科學集刊』 1998-6; 程妮娜(1998b), 「金代一省制度述論」, 『北方文物』 1998-2.

57) 孟憲軍(2000), 「試論金代尙書省的建立和發展」, 『遼寧師範大學學報』 2000-3.

58) 和希格 · 穆鴻利(2002), 「試論天眷新制倒至寧內亂之興衰轉析」, 『松遼學刊』 2004-3.

일台諫合一의 특징이 있으며 금조 통치의 특점 및 일성제一省制 아래에서 감찰제도의 발전 추세를 반영한 것이라 생각하였다.59)

이 밖에 쒸숭웨이徐松巍의 논문 대부분이 제도의 특점 분석, 관원 선임 등을 논하였다. 그리고 이덩 丁도 제도의 연혁, 구성, 직능 등을 논한 글을 발표하였다.60)

㉣ 맹안모극제

이 맹안모극제는 금만이 가졌던 특수제도라 하겠다. 『금사』「병지兵志」에 "금나라 초년에는 여러 부의 백성들이 요역은 없고 장자壯者는 모두 병사가 되었다. 평시에는 고기잡이와 사냥에 종사하다가 비상사태가 나면 부내에 명령을 전달하여 여러 패근孛堇들이 군사를 징집하며 보병·기병의 병장과 식량을 준비한다. 부장部長을 패근이라 하며 출병할 때에는 맹안猛安 모극謀克이라 하는데 병사의 많고 적음에 따라 호칭된다. 맹안은 1,000명의 장이요 모극은 100명의 장이다."61)라고 하였다. 이는 한마디로 병농일치의 조직이라 하겠다.

이 맹안모극제는 그 중요성에 비하여 연구논문 수는 그리 많지 않다. 2000년까지 모두 14편이 전부이며 그 내용은 형성, 발전, 파괴원인, 씨족부락과의 관계, 씨족사회 발전 중 작용, 분포 등이다.

이 제도는 금대사회의 특유한 제도다. 여진 및 금조사회 발전사상에서 매우 중요한 지위를 차지한다. 일부 통사에는 이 제도에 대하여

---

59) 程妮娜(2000), 「金代監察制度探析」, 『中國史研究』 2000-1.

60) 徐松巍(1992), 「金代監察制度初論」, 『民族研究』 1992-2; 徐松巍(1988), 「金代監察制度特點淺析」, 『求是學刊』(史學專刊); 徐松巍(1990a), 「金代監察官員的任選奬罰及其作用」, 『北方文物』 1990-2; 徐松巍(1990b), 「金代監察制度的整體反思」, 『牡丹江師院學報』 1990-4; 徐松巍(1991), 「金代監察制度特點芻議」, 『求是學刊』 1991-3; 一丁(1989), 「金代監察制度初探」, 『牡丹江師範學院學報』 1989-2; 一丁(1990), 「金代監察系統構成及其職能述論」, 『牡丹江師範學院學報』 1990-1.

61) 『金史』 卷44, 志第25, 兵制條.

상세하지 않으며 또한 함의·성질 등 문제에 대하여 표면 서술 상 매우 크게 나누어져 있다.62) 이 문제에 대하여 장보촨은 1960년대부터 일계열의 문장을 발표하였는데 맹안모극제도의 형성·발전 및 파괴원인, 맹안모극제의 세관귀족世官貴族과 평민, 금대 동북맹안모극의 분포, 맹안모극과 민족관계, 맹안모극하의 두하頭下, 팔기제도八旗制度의 비교관, 맹안모극이 여진사회 발전 중의 작용 등을 포괄하였다.63)

또 자오후이焦慧는 맹안모극제 성질의 변화, 흥쇠興衰 및 금 정권에 미친 영향에 대하여 계통적인 연구를 진행하였다.64)

청니눠는 맹안모극으로부터 한관체계漢官體系 및 관원들의 직장職掌과 그 관원들의 승천升遷 임면任免, 맹안모극 녹봉제祿封制의 형성 이 3개 방향 중에서 한제漢制의 인소因素 및 그 영향影響을 탐구하였다.65)

또 류푸장은 맹안모극의 호구 수량과 변화의 정황情況 및 인구구성, 분포를 고찰하였고 그것이 금조의 흥망성쇠 과정에서 특수 배역을 맡았음을 고찰하였다.66)

한마오리韓茂莉는 맹안모극호가 중원에 들어온 후에 토지의 척박첨군簽軍 및 농사일에 게을리 하는 등 퇴행적인 행위에 직면하게 되어 자기가 경작하는 토지의 농업생산 수준을 제한하였으며 동시에 중원 농호農戶의 정상 생산을 방해해서 중원 농업생산의 발전과정을 지체시켰다67)고 하였다.

그리고 일부 저서에서 간략히 다루고 있는데 덩광밍은 맹안모극부터 고구하였다. 그는 맹안은 여진어 원의原義가 부락군사추장 部落軍事酋長

62) 宋德金(1998), 「二十世紀中國遼金史研究」, 『歷史研究』 1994-4, 161쪽.

63) 張博泉等(1986), 『金史論稿』 1, 吉林文史出版社.

64) 焦慧(1990), 「猛安謀克的興衰」, 『社會科學輯刊』 1990-3.

65) 程妮娜(1993), 「論猛安謀克官制中的漢制影響」, 『北方文物』 1993-2.

66) 劉浦江(1994a), 「金代猛安謀克人口狀況研究」, 『民族研究』 1994-2.

67) 韓茂莉(2000), 「論金代猛安·謀克入遷中原與中原農業生産」, 『中國經濟史研究』 2000-2.

이며, 모극은 여진어 원의가 씨족장氏族長이 되는데 금왕조 건국 후 매년 대외작전을 하면서 맹안·모극은 점차 군사편제의 단위가 되어 여진 병사와 가구의 민호를 통활하게 되었다. 금 초기에는 항복한 타민족 인구도 맹안모극에 편입시켰다. 희종 이후 여진 맹안모극이 대량으로 남쪽으로 이동하여 한인거주지역에 분산시켜서 토지를 주어서 정거定居토록 하였다.

각 맹안 모극이 통활하는 호수는 초기에는 300호가 1모극, 10모극이 1맹안이었다. 이후에는 감소하여서 25인이 1모극, 4모극이 1맹안으로 하였다. 1모극이 작전에 참여하는 병사는 불과 10여인이었다.

한인거주지에 오래 살면서 토지를 세놓아서 그 지세를 받아 가만히 앉아서 먹고 살았다. 이로 인해 작전능력은 점차 쇠약해졌다. 금조에서 어떤 때에는 맹안 모극이 명예 칭호로 주어지기도 하였다고도 하였다.68)

또 리씨허우·빠이빈은 맹안모극은 여진사회 발전에서 부락연맹단계에 이르러 약탈전쟁의 수요와 발전에서 적응하기 위한 것으로 최초에는 여진인 군사조직 혹은 군사수령軍事首領이라고 보았다.

그들은 맹안모극의 발생에 관해서도 비교적 자세히 설명하였다. 즉 여진인이 정주定住하는 농경민족으로 변신하면서 그들의 가장 기본적인 사회조직이 촌채村寨다. 이 촌채의 수령을 패근孛菫이라 하였다. 이것은 그들의 평시의 사회조직이다. 군사조직은 획일적으로 정제整齊하고 계급에 따라 복종하도록 했다. 그러나 촌채의 규모와 인구수가 같지 않아서 군사활동을 하기에 불편하였다. 이 때문에 촌채 외에 별도로 군사조직을 만들었다. 이것이 맹안모극이다. 맹안은 즉 천부장千夫長, 모극은 곧 백부장百夫長이다. 원래 촌채의 수령을 패근이라 하고 각자 행정을 하였다. 그들 간에는 예속관계가 아니었다. 그

---

68) 鄧廣銘 主編(1988), 앞의 책, 136쪽.

러나 맹안모극은 달랐다. 그들의 지위는 높고 낮음으로 구분하고 맹안은 모극을 지휘하고 모극은 반드시 맹안에 복종해야 한다.[69]

이들은 아골타 즉위 2년째부터 획일적으로 맹안모극제를 실시하였으며 여진 이외의 각족에게도 실시하였다가 하북 진출과 함께 한인과 발해인들의 맹안모극을 해체하는 과정까지를 기술하였다.

또 허쥔저何俊哲·장다창張達昌·위궈스于國石 등은 맹안모극의 군사조직화 과정을 씨족이 변화해서 맹안모극이라는 군사조직이 되었다고 하였다. 완안여진에 의하여 여진제부가 통일되면서 맹안모극은 이때에 생여진인의 전시적 군사조직軍事組織이었다[70]고 하였다.

또 자오밍치趙鳴岐는 조기 생여진인들은 어로와 사냥 등의 생산활동에 종사하였는데 이는 부락단위였다고 한다. 이웃 부와 분쟁이 일어났을 때 무장조직도 부락단위다. 훗날 여진사회의 발전에 따라서 맹안모극 조직이 나타났다. 이런 종류의 조직은 대외전쟁의 수요로부터 금 건국 때는 정치군사조직으로 발전하였다고 하였다.

그는 또『금사』병지 내용에서 맹안모극은 부락편제라고 한다. 그 조직은 사람을 계산 단위로 하였다. 관장官長을 천부장千夫長(猛安), 백부장百夫長(謀克)이라 하였다. 또 하나는 맹안모극은 군사편제다. 그 조직은 호를 계산단위로 삼았다. 관장은 천호千戶(猛安), 백호百戶(謀克)라 칭한다. 이런 사람으로 계산단위로 삼는 부락편제 조직으로 씨족혈연관계로써 유대紐帶를 삼았다. 일부 여진인과 다른 일부 여진인이 연계해서 일어난 그런 종류의 호로써 계산단위로 삼는 군사편제적 조직이었다.[71]

---

69) 李錫厚·白濱(2003), 앞의 책, 161~162쪽.

70) 何俊哲·張達昌·于國石(1992),『金朝史』, 中國社會科學出版社, 39쪽. “猛安謀克在此時是生女眞人戰時的軍事組織, 以氏族, 部族爲單位, 兵卒出征的武器裝備自帶, 這是由氏族組織發展演化而成的簡易軍事組織, 是氏族行獵組織之用於戰陣, 完顔部依賴此種武裝統一了生女眞各部。猛安謀克這種軍事組織是由氏族組織演化而來, 是生女眞社會形態的産物。”

이 맹안모극제를 전체적으로 정리한 쑹더진의 글은 다음과 같다.[72]

맹안모극제는 금조의 특유 제도로 여진사회 발전사상 매우 중요한 의의를 가지고 있다. 중요한 만큼 맹안모극에 관한 함의·성질 등의 문제에 관하여 이설이 분분한데 대략 4개의 설로 요약된다.

첫째, 맹안모극은 원래 씨족부락조직인데 뒷날 발전하여 지방조직과 군사조직이 되었다. 기본적으로 이 관점에 속하는 몇 가지 구체적인 설이 있다. 맹안은 원래는 부락연맹 이하의 부락, 모극은 씨족이며, 1맹안은 8내지 10개 모극을 포괄한다. 아골타 건국 후 원래의 맹안모극은 완전히 일종의 지방조직이 되었는가 하면 동시에 병역조직이 되었다.[73] 맹안모극은 원래 고로古老의 부락·씨족조직인데 후에 여진대소 노예주奴隸主가 통수統帥하는 군사편제가 되었다. 금 희종 때 씨족부락 제도부터 발전하여 내려온 맹안모극제가 진일보하여 원래의 의의가 개변하여 점점 더 지역을 나눈 경제생산단위와 기층 군사조직으로 이루어졌다.[74]

금 건국 후 여진족의 사회 기층 조직은 100호에서 300호로 조성된 1개 모극에 백부장 1명을 두고 매 10개 모극으로 1개 맹안을 만들고 거기에 천부장 1명을 두었다. 맹안모극호 중의 장정은 평시에는 어로와 사냥에 종사하고 전쟁이 일어나면 응당 출전한다. 그래서 이 조직은 동시에 군사상의 기층편제다.[75]

둘째, 맹안모극은 최초엔 군사조직이었으나 뒷날 여진족의 촌채村寨 조직과 결합하여 군사와 행정이 서로 결합된 지방조직이 되었다.[76]

71) 趙鳴岐(1987), 「遼代生女眞的社會變革及金建國」, 『遼金史論集』 3, 書目文獻出版社, 109~110쪽.

72) 宋德金(1982), 앞의 논문.

73) 呂振羽(1959), 『簡明中國通史』, 人民出版社, 530~531쪽.

74) 蔡美彪 等(1979), 앞의 책, 242~278쪽.

75) 翦伯贊 主編(1979), 『中國史鋼』 3, 人民出版社, 70~71쪽.

76) 張博泉(1981), 앞의 책, 211쪽.

특히 여기서 논자는 맹안모극은 결코 씨족부락의 이칭異稱이 아니고 군사 민주주의 시기의 군사 작전조직이며 그 편제는 사냥 때 짐승몰이 하는 오십편제伍什編制와 직접 상관이 있으며 맹안모극의 원래 뜻은 천호千戶, 백호百戶이며, 이것이 직접 이런 편제의 천호, 백호로부터 이름이 정해졌음을 볼 수 있다. 그래서 이것은 이 시기의 군사조직 중의 중요한 부분을 조성하였다. 맹안모극은 모두 농촌공사農村公社 성질의 촌채의 출현과 국가정권 건립의 수요의 적응에 따른 것이다. 여진 본족本族의 이러한 촌채 조직과 결합한 지방성 조직이다. 단 동시에 국가 군사편제는 여전히 맹안모극으로 진행되었다. 왜냐하면 이러한 조직의 형성은 군사수령과 관계가 있기 때문이다. 그 때문에 맹안모극 본신本身도 두목의 뜻을 갖고 있다. 이로 인하여 정권건립 이전에 그것은 군사수령의 존호이며 정권건립 후에는 관작官爵·장교將校 등의 칭호가 되었다.77)

셋째, 맹안모극은 금 건국 전에는 생산조직이지만 모종謀種의 정도상에서는 군사 의의가 있었는데 후에 와서 맹안모극은 금조의 군사제도가 되었다.78)

넷째, 맹안모극은 단순한 군사수령 혹은 군사귀족이라 생각된다. 『금사』 백관지에서는 여진족은 "그 부장을 패근이라 하고 몇 부를 통활하는 자를 홀로忽魯라 한다."라고 하였고 『금사』 병지에 또 칭하기를 "그 부를 패근, 군사를 일으킬 때에는 즉 맹안모극이라 부른다."라고 하였다. 어떤 이는 이상의 기재를 근거로 패근·홀로 이 몇 가지는 평시에는 부락추장, 전투 때에는 군사수령이 되어 맹안모극이라 칭한다. 이 몇몇 추장 혹 군사수령은 원래 모두 선거를 통해서 선발

77) 張博泉(1963), 「論金代猛安謀克制度的形成發展及其破壞的原因」, 『文史哲』 1963-1.

78) 郭人民(1957), 「金朝兴亡与农业生産的關係 — 論猛安謀克在金朝興亡中的作用」, 『史學月刊』 1957-3.

된다. 씨족제도가 날로 와해되어 갈 때 몇몇 추장과 수령의 직위는 이미 세직世職이 되어서 이로 인하여 군사귀족이 되었다.[79]

위의 몇 가지 주장을 어느 것이 옳다 그르다 하거나 종합하면 답이 될 것 같으나 그렇지 않다. 제도의 변화와 그 원인, 여진사회 발전과정에서의 작용 등 여러 문제를 다양한 학문의 각도에서 더 집중 연구해야 할 문제가 남아 있다고 본다.

③ 군제

여진족의 씨족부락제 시기에는 독립된 군사편제가 없었고 부락씨족 성원의 대외작전은 맹안모극이 통솔하였다. 모극의 부副를 포리연浦里衍이라 하는데 역시 맹안모극을 따라 같이 군사를 거느린다. 병사도 종군 작전에 수종隨從 1명을 거느린다. 이것을 아리희阿里喜라 한다. 작전에 승리를 거두면 병사가 재물과 노예를 갖게 된다. 초기에는 항복한 외족外族 병사를 맹안모극에 편입시켜 통솔하였다. 금 태조는 요조의 거란·해·발해 등의 항군에 대해서는 요제遼制에 의거 도통사都統司를 설치하여 관령케 하였다.

금 태종은 거란 항장 유언종劉彦宗을 추밀원사 겸 영한군도통領漢軍都統으로 임명하였으며 북송 항장도 옛 직책을 그대로 임명하였다.

1125년(天會 3) 태종이 송나라를 대거 침입하여 처음으로 원수부元帥府를 설치하고 도원수都元帥·좌우부원수左右副元帥 등이 작전을 지휘하였다.

해릉왕 때에는 군수軍帥의 세력이 강대해지자 추밀원을 개설하고 군사를 주관케 하였다. 그 장관에 추밀사·추밀부사 등이 있었으며 상서성의 절제節制를 받도록 하였다. 이후에는 평시에는 추밀원, 전시에는 원수부로 고치었다.

79) 華山·王賡唐(1956), 「略論女眞氏族制度的解體和國家的形成」, 『文史哲』 1956-6.

금 후기에 와서는 두 기구를 같이 두었다. 작전 시에는 군사를 거느리는 장령將領들에게 칭호를 붙여주고, 전쟁이 끝나면 폐지하였다.

상주하는 지방의 진방군鎭防軍은 각주에 나누어 주둔시킨다.

금 건국 초기 황제는 합찰모극合札謀克이 있었다. 즉 친군호위親軍護衛다. 해릉왕 때에는 합찰맹안合札猛安이라 하였는데 송제宋制에 따르면 시위친군侍衛親軍이라는 것이다. 매년 경보병輕步兵 및 기병 중에서 1,600명을 뽑아 숙위宿衛에 담당케 하였다.

세종世宗 때에는 친군 4,000명을 두었으며 장종章宗 때에는 6,000명으로 늘렸다.

북변지구에는 동북로 · 서북로 · 서남로 3초토사招討司를 두고 초토사 · 부초토사가 군사를 거느리고 변지邊地의 여러 종족을 진무鎭撫케 하였다.

또 각 종족에서 항복한 자들은 주군乣軍에 편입시켜 변방의 성보城堡를 수비하게 하였다. 하남 · 산서 · 섬서 · 산동 등 제로諸路에 통군사統軍司를 설치하여 군마를 거느리고 변방의 끝자락을 지키게 하였다.[80] 리씨허우 · 빠이빈의 공저『요금서하사』에서도 금조의 통수제도統帥制度와 금군禁軍, 여진맹안모극 부족군, 금의 한군漢軍, 주군 등을 다루었으나 일반적인 서술에 지나지 않는다.[81]

이 군사제도에 대하여 전서專書가 나왔는데 이는 왕청위의『금조군제金朝軍制』이다. 이 방면에 중요한 연구 성과라 하겠다. 그는 금대의 군사기구, 무장역량체제武裝力量體制, 주군편제, 조직 첨군簽軍과 모병 및 약간의 중요제도를 논술하였다. 왕씨는 오랫동안 송사를 연구하면서 요금사도 겸해서 연구하였는데 그 가운데서 금 사료의 단박單薄함을 비교, 호증互證 미보彌補하여 많은 분야를 개척하였다. 주군은 요금원

---

80) 鄧廣銘 主編(1988), 앞의 책, 138쪽.

81) 李錫厚 · 白濱(2003), 앞의 책, 153~169쪽.

군사사 연구 중 여러 학설이 분분한 문제다. 청대 이래 중외 학자들이 여러 차례 고찰과 연구를 했다. 주군의 주乣자의 형태 · 음 · 뜻과 주군의 함의 등 견해가 같지 않는 곳이 많이 있다. 즉 천수 · 차이메이뱌오 · 구징옌賈敬顔이 모두 견해가 다른 발표를 하였다.82)

왕언허우王恩厚도 주乣자의 잘못 판단과 음의音義를 논증하고 주군의 조직과 요대의 주군의 직책까지 논급하였는데 그는 3가지로 추론하였다.

① 50기騎를 1주乣로 하여 1대隊의 이름을 짓고 몽고 초기의 군대제도와는 맞지 않으나 이는 금대 혹은 요 주군의 옛 편제를 연습한 것이 나타난다.

② 주군은 보병이 없고 모두가 기병으로 하였다.

③ 주군 조직단위는 50기로 1주를 이루었는데 이 때문에 이름을 주군이라 하지 않았는가 하는 의문이 아직 남아 있다.83)

또 장녠쓰姜念思는 당시 발견된 구방천사년관동인九方天賜年款銅印 및 관계 사료를 근거로 하여 금말 주군천사정권의 존재시간, 활동범위, 건제建制 정황 및 몽고 관계 등에 대하여 자세히 기술하고 천사년호의 건립자는 유영창劉永昌이 아니고 고기高琪가 거느린 중도주군中都乣軍이라는 것이다.84)

근년 징아이景愛가 천수 선생을 소개하면서 선생의 학문업적을 다시 소개하는 과정에 주군에 대한 선생의 소론을 상당히 장황하게 소개한 바 있었다.85) 그러나 이는 징아이의 주장이 아니라 천수의 글이

---

82) 陳述(1950), 「乣軍實論證」, 『史學集刊』 6; 賈敬顔(1980), 「乣軍問題芻義」, 『中央民族學院學報』 1980-1.

83) 王恩厚(1984), 「遼金元乣軍考釋」, 『天津師專學報』 1984-3, 19쪽.

84) 姜念思(1992), 「天賜年款銅印與乣軍政權」, 『北方文物』 1992-1.

며 또 앞에 소개한 바 있어서 재론치 않겠다.

아직도 금조병제 자체와 특수제도인 맹안모극, 주군에 대한 연구가 완결되었다고 보기에는 미흡하며 앞으로 새로운 방법에 의한 접근이나 의논개발이 요구되는 부문이라 하겠다.

3. 경제사

경제도 여러 분야로 나누어 볼 수 있을 것이다. 우선 인구와 호적, 토지제도, 부역제도, 농업, 목축업, 수공업, 상업, 화폐 등으로 나누어서 살펴볼 필요가 있을 듯하다.

금대 경제문제에 대해서는 장보환이 일찍이 개척성 연구서를 내어놓았다. 그는 금대의 농업, 광공업, 상업, 토지제도, 부역제도, 금제와 송원제의 관계 및 금대의 경제가 중국역사 발전에서 차지하는 지위 문제 등을 논술하였다. 그는 특별히 이왕의 논문들이 여진족이 대중원 북방 경제의 파괴 작용에 편중하고, 금대 경제회복과 발전에 대한 일면을 홀시한 것을 규정하였다.[86]

1) 인구와 호적

여기에 대한 논문은 26편이 나왔다. 인구문제 14편, 나머지가 호적 등 기타다.

금대의 호구 총수는 987만 9624호, 6352만 5982구인데 그 특점은 인구분포가 불평형성이라는 점과 그 증가가 비약적이라는 것이다.[87]

---

85) 景愛(2004), 「陳述先生的遼金史研究」 4, 『遼夏金元史教研通訊』 2004-2, 1~8쪽.

86) 張博泉(1981), 앞의 논문.

87) 鄧廣銘 主編(1988), 앞의 책, 140쪽. 금전경내 인구는 세종 초 300여만 호,

분포의 불평형성이라는 것은 금대의 통치구역이 외흥안령外興安嶺 이남, 금산金山(天山) 이서, 요하 구역의 동북지구, 황하 이서, 위수渭水 이북의 서북지구 및 연운燕雲 이남, 회수 이북, 황하 이동의 중원지구를 포괄한 지역이다.

동북지구의 금대의 행정구획을 살펴보면 상경로·함평로咸平路·동경로·북경로와 임황부로臨潢府路가 되며 이 지구에는 주로 여진·거란·해와 발해족 등이 거주하였다. 서부지구는 부연로鄜延路·경원로慶原路·봉상로鳳翔路와 임조로臨洮路가 되는데 그곳에 살고 있는 사람은 한족이며 동북지구와 서북지구가 금 통치구역 면적의 4분의 3을 차지하는데 호구는 겨우 163만 5017호로 총 호수의 16.55%가 되므로 땅은 넓고 사람은 드물다고 할 수 있다.

여진 통치자들의 중원지구에 대한 대규모 약탈·살육·인구판매로 말미암아 사회생산력이 심한 손상을 입었고 사회 경제가 큰 파괴를 당하게 되어서 원래 매우 부서富庶하던 지구가 "전야황무田野荒蕪, 민불료생民不聊生."(논밭은 황무지로 변하고 백성들은 편히 살 수 없다)이 되었으니 이것이 중원지구의 인구가 급격히 줄어드는 근본 원인이었다.

그러나 1162년 세종이 즉위하면서 사회 안정과 경제발전 조치를 취하면서 인구수가 신속히 늘어났다. 그는 목인정책睦隣政策, 대외휴전對外休戰, 남송과의 강화정책을 취하면서 드디어 1164년 금송이 화의를 맺자 회수 이북의 광대한 지역에 30여 년의 전쟁이 끝나고 백성들은 전란의 질고에서 벗어나고 사회는 안정되어가는 추세가 되었다. 이것은 생산이 회복되고 인구가 증식되는 기본 전제가 되었다.88)

1187년(大定27년) 678만여 호(4,470여만 인), 1207년(泰和 7년) 768만여 호(4,581여만 인)이다.

88) 漆俠·喬幼梅(1994),『遼夏金經濟史』, 河北大學出版社, 305쪽.

까오수린高樹林은 금조는 명조 이전의 각 왕조의 호구 증가가 가장 빠른 왕조로 호수가 송금 총수의 43.8%를 점하므로 요 때의 증가에 비하여 배가 된다. 또 금조의 호구가 완만하게 회복되었고 중기에는 신속하게 증가되었다[89]고 하였다.

장보촨 · 우위환도 금대의 호구가 요송 시기와 비교해서 매우 크게 증가하였다[90]고 하였다.

그리고 왕위민王育民은 금조의 실제 호구는 결코 요송보다 높지 않으며 '남성북쇠南盛北衰(남방이 인구가 번성하고 북방이 쇠락함)'의 대세가 결코 바꾸어 지지 않았다[91]라고 하였다.

또 류푸장도 금조 호구의 마이너스 증가와 제로 증가의 연분年分이 정상 증가의 연분보다 많다[92]고 하였다.

그는 또 금대의 호적제도에 관한 논급도 있었는데 기왕의 학자들의 금대 호구문제 연구가 부정확한 결론을 내렸다고 보고 금대의 호구류별戶口類別 · 호등제戶等制 · 호구통계 · 호적관리문제 등을 탐토하여 금대 인구 문제 연구를 진일보시켰다.[93]

또 왕청위는 금조 호구는 대체로 세 종류로 나누어진다고 생각했다. 과역호課役戶와 불과역호不課役戶, 본호本戶와 잡호雜戶, 마지막으로 양민과 노비의 차별에 대한 반영이다. 그는 또 금대 사회계급 결구結構 및 그 특징에 대해 탐구하고 토론하고 있다.[94]

---

89) 高樹林(1986), 「金代戶問題初探」, 『中國史硏究』 1986-2.

90) 張博泉 · 武玉環(1989), 「金代的人口與戶籍」, 『學習與探索』 1989-2.

91) 王育民(1990), 「金朝戶口問題析疑」, 『中國史硏究』 1990-4.

92) 劉浦江(1994b), 「金代戶口硏究」, 『中國史硏究』 1994-2; 劉浦江(1999b), 앞의 책, 175 ~176쪽.

93) 劉浦江(1999b), 앞의 책, 195쪽.

94) 王曾瑜(1993), 「金代戶口分類制度和階級結構」, 『歷史硏究』 1993-6.

2) 토지점유와 조세

여진은 원래 수전제受田制를 실행하였는데 토지는 국가소유로 하였다. 노예주는 인구와 점유노예, 생축生畜의 많고 적음에 의하여 토지를 받는다. 점유 백성 25인, 소 3두(1具라고 한다)에 토지 4경頃 0.4무畝를 받는다. 민구民口라고 하는 것은 평민신분의 가구家口와 점유한 노예를 포괄한 것이다. 금초 대외작전에서 대소 노예주가 대량 포로로 잡은 노예와 가축들로 토지점유가 급속히 확대되어 가서 후에 점전占田은 40구具 즉 160여 경을 넘지 못하도록 규정하였다.

이 토지문제에 대하여 여러 논문들이 있으나 몇 편만 소개코자 한다.

류푸장은 금대 여진인과 한인 간의 토지에 대한 다툼의 단초는 여진인이 중원지구로 대규모 이민 및 여진인 한화와 봉건화 과정과 분리하여 말할 수 없는 것이며, 또 다른 한편은 토지 분쟁의 단초는 금대 중후기 민족 모순의 주요 내용의 하나다. 이것이 직접 홍요군紅袄軍의 기의起義를 가져왔다고 하였다.95)

또 금대의 둔전에 관한 글도 여러 편 보였다. 이바오중衣保中은 금대의 둔전제도에 대하여 고찰하였다. 그는 금대의 둔전제도는 대요전쟁對遼戰爭 때 시작되었으며 희종 때 이르러서는 성숙기에 들어갔으며 세종 대정년간大定年間(1461~1189)에 와서는 극성기에 달했다고 한다. 둔전이 조전租佃관계의 발전과 사유화로 최종적으로는 둔전제의 전면 붕괴에 이르게 되었다.96)

또 냉펑페이冷鵬飛는 금대 여진의 '우두지牛頭地' 분배제도를 연구하였다. 그는 "소 3마리를 1구로 삼다."라는 것은 여진호女眞戶 수전授田의 기본에 의거한 것이라고 보았다. "민구民口 25에 한해서 4경 4무

---

95) 劉浦江(1996), 「金代土地問題的一個側面 — 女眞人與漢人的土地爭端」, 『中國經濟史硏究』 1996-4; 『遼金史論』, 215쪽.

96) 衣保中(1990), 「金代屯田制度初探」, 『北方文物』 1990-3.

남짓한 토지를 받는다."라는 것은 다만 한전限田 조치이지 수전단위受田单位가 아니며 우두지 분배제도는 세종시기에 완성된다고 하였다. 장종章宗 때 이르러서는 '계구수전計口授田(사람 수를 세어서 토지를 주는 것)'이 보편적으로 실시되었는데 여진족이 진정으로 노예제 토지제도에서 봉건 토지제도로 바뀐 것은 이때라고 하였다.[97]

3) 부역제도

금조 한인 지구에는 요·송의 구제도를 그대로 연습하여서 여름·가을 2세稅를 징수하였다. 이것을 정세正稅라 불렀다. 하세夏稅는 매 무畝당 곡식 3홉(合)을 징수하고, 추세秋稅는 매 무당 곡식 5되(升), 농작물의 줄기(秸) 15근斤을 징수하였다. 이 밖에도 몇 가지 잡세가 있다. 물력전物力錢(재력에 따라 내는 세)·포마전鋪馬錢·군수전軍需錢·면역전免役錢 등 명목이 많았다.

세종 이래 관부에서 여러 차례 토지와 재산을 깨끗이 조사하여 부세의 도피를 방지하였는데 이것을 '통검추배通檢推排'라 칭하였다.[98]

금조에서 여진 맹안모극 내부에서 우두세를 징수하는 것 외에 또 각 인민들에게 잡세를 징수하였다. 물력전은 그중에서도 중요한 세수였다. 물력전은 토지·노비·원지園地·옥사屋舍·거마車馬·소양·수예樹藝 및 화폐 등 재산을 근거로 하여 호등戶等에 따라 징수하는 부세다.

통검通檢은 호구와 물력을 조사하는 '변물행증지제辨物行證之制(재물을 판단해서 징수하는 제도)'이다. 추배推排는 통검에 근거하여 확정된 바의 재물에 따라 호등이 정해지면 물력전을 징수한다. 통검추배 조치는 세종 때부터 장종 때까지 계속되었는데 특별히 세종 때 여러 차례 이

97) 冷鵬飛(1991), 「論金代 "牛頭地" 分配制度」, 『中國史研究』 1991-2.
98) 鄧廣銘 主編(1988), 앞의 책, 140쪽.

법이 행해졌다.[99] 청다이웨이曾代衛는 통검추배법의 반포 시행, 수정 및 경험에서 얻은 교훈 등을 소상히 기술하고 이 법은 귀족·부호가 가 재물을 나누어 갖는 법이라고 설명한다. 간단히 보통민호의 약탈에 대한 것을 물리친 것이라 할 수 없다.[100]

이러한 세종의 통검추배의 사회적 효과를 어떻게 평가해야 하는가에 관하여 두 가지 의견이 있다고 한다.

1. 기본 부정. 특히 부정 의견자는 통검추배의 법이 세수 정리를 이름으로 한 것이나 약탈을 실행하였을 뿐 아니라 늘 백성들의 자산 수배를 더하여 인민들이 관부官府에 호소를 하면 도리어 형벌을 가하여 심지어 그 자리에서 매 맞아 죽었다.[101]
2. 기본 긍정. 어떤 이가 금 세종 재위 29년간 4차(大定 4, 5, 15, 26年)의 통검추배 분석을 통하여 북방이 황폐되어 감당할 수 없는 사회경제의 회복에 대하여 비교적 적극적인 작용을 일으켰다. 특별히 대정 5년, 15년 두 차례의 통검추배는 일정한 정도의 계급모순과 민족모순을 완화시켰으며 동시에 금의 재정위기 해결에도 확실히 효과가 있었다.[102]

류푸장은 금대의 부역제도는 부역표준의 일치성과 부역의 일률성의 두 가지 기본특징이 있다고 하였으며 통검추배제도의 구체적 조치 및 연변演變을 고찰하였다.[103]

---

99) 宋德金(1982), 앞의 논문.
100) 曾代偉(1997), 「金朝物力通推排法述論」, 『民族研究』 1997-5.
101) 尙鉞主 編(1954), 『中國歷史綱要』, 人民出版社, 248쪽.
102) 趙光遠(1981), 「試論金世宗對州縣民戶的通檢推排」, 『中央民族學院學報』 1981 2.
103) 劉浦江(1995), 「論金代的物力與物力錢」, 『中國經齊史研究』 1995-1;「金代通檢推排探微」, 『中國史研究』 1995-4; 『遼金史論』, 242~247쪽.

4) 이세호와 구구

이세호二稅戶와 관계 있는 기본 사료 두 조항이 있다. 한 조항은 원호문元好問의 『중주집中州集』 권2, 이승지안李承旨晏에 보이고, 다른 한 조항은 『금사』, 식화지食貨志에 보인다. 사료의 일부분에 다른 것이 있다. 더구나 논자의 이해가 달라서 이세호 문제에 대하여 서로 논쟁을 불러 일으켰다.

이세호의 개념 및 두하호頭下戶의 관계에 관하여 첫째 의견은 이세호에 대한 해석은 응당 『금사』 식화지에 따라야 한다는 것이다. 즉 그 세의 반은 관官에 내고 반은 사寺에 나누어 내었다. 루어지주羅繼祖는 『요사』 지리지 소재 "징세는 각 두하에 돌아간다. 오직 주세酒稅는 상경 염철시鹽鐵寺에 납부하라."를 원호문이 두하와 사원寺院의 이세호를 혼동해서 말한 것으로 판단된다.[104] 둘째 의견은 이세호는 중주집에서 말한 수조輸租는 관官이 되고 납과納課는 주인에 바치는 것을 지칭하는 것으로 두하호와 이세호는 전연 구분할 수 없다는 것이다.[105] 셋째 의견은, 요대에는 두하주군에 소속된 이세호가 있고, 사원寺院에 소속된 이세호가 있다는 것이다. 이 두 가지를 구별한 것으로 장쑹옌蔣松岩과 장보촨의 논문이 있는데 요대의 이세호의 사회지위에 관한 것이었는데 대부분이 농노로 생각하였다.[106]

또 구驅에 대한 논란도 있었다. 이것에 대해서도 두 가지 설이 있다. 장보촨은 구는 노예가 아니고 양민보다 신분이 낮고 농노보다는 높다[107]고 하였으며, 리한李涵 · 이쉐진易學金 · 구징옌賈敬顔 · 왕청위

---

104) 羅繼祖(1962), 「遼代經濟狀況及其賦稅制度簡述」, 『歷史教學』 1962-10.

105) 陳述(1963), 『契丹社會經齊史稿』, 生活 · 讀書 · 新知三聯書店, 78쪽.

106) 蔣松岩(1981), 「遼金二稅戶及其演變」, 『北方論叢』 1981-2; 張博泉(1983b), 「遼金二稅戶硏究」, 『歷史硏究』 1983-2.

107) 李涵 · 易學金(1986), 「金代的驅不是奴隸嗎 — 與張博泉先生商榷」, 『江漢論壇』 1986-11; 賈敬顔(1987), 「金代的驅及其相關的幾種人戶」, 『社會科學輯刊』 1987-5 ;

王曾瑜 등은 금대의 구는 노예라고 하였다.

또 리씨허우는 일반적으로 구구驅口는 요금원 시대의 특수 계층이라고 생각하고 있다. 그런데 그는 구구가 당조唐朝의 구사인驅使人에서 기원한다고 기술하였다. 그리고 구구의 신분적 법률의 뜻을 분식하여 그 신분은 자유인과 구별이 모호하다[108]고 하였다.

5) 농업

금 건국 이전 여진지구는 인구가 매우 적었다. 기후는 한랭하고 생산기술마저 낙후되어서 농업 생산력은 수준 이하였다. 그러다가 금 태종 때 요송 경내민을 대거 옮겼다. 흑룡강 경내에 많은 고성유지가 있는데 이것은 이때 옮긴 이주민들의 삶터였다. 이들은 농업에 종사하던 평민들인데 평일에는 성 밖에서 농업생산에 종사하다가 전쟁이 일어나면 성에 들어가 수성전에 참가하였다.

금 중기에 와서는 전 영역 내에서 농업생산이 가장 발달된 지구는 원래 거란에 속했던 연운燕雲지구 및 원래 북송에 속했던 중원지구였다.

중원지역에는 양식으로 쓰는 곡물 외에 약재와 마麻 등 경제작물도 심었다. 가물면 정수井水와 당수塘水를 관개로 대기도 하였다.

금 말년에는 황하 이북지구를 잃어버리고 군민軍民이 남쪽으로 건너와서 생산은 엄중히 파괴되었다. 금조 통치하의 하남은 낙토樂土였는데 전란의 중재난지가 되었다.[109]

금 본토의 농작물 분포를 보면 여진인이 처음 일어날 단계에는 농작물의 종류가 매우 적었다. 주요한 것이 조粟·콩豆 등의 작물이었다.

王曾瑜(1993), 앞의 논문.

108) 李錫厚(1995), 「論驅口」, 『中國史研究』 1995-2.

109) 李錫厚·白濱(2003), 앞의 책, 356~357쪽.

농업활동 범위가 점점 확대되면서 가뭄에 심을 수 있는 작물을 심었는데 역시 조와 콩이 많이 재배되었으며 기장黍과 피稷도 재배되었으며, 밀小麥도 재배되었다.[110]

중원지구 주요 농작물로는 밀 · 쌀水稻 · 조 · 콩菽 · 기장 · 호밀喬麥 등을 재배하였다.

또 한마오리는 요금 시기 서요하西遼河 유역 농업 핵심지구가 여러 차례 옮겨져서 인구 · 자원이 생산 환경에 압력을 준 것과 상관이 된다고 보고 있다. 금대 나타난 농업 핵심지구는 노합하老哈河 유역에서 대릉하大凌河 유역으로 발전하는 형세였는데 이는 농업개발의 결과도 국부 지역은 환경 압박으로 인하여 사람들이 2차 이민 형국으로 새 곳을 찾았다.[111]

그는 또 금대의 상경로 · 함평로 · 동경로와 북경로의 개발구역의 특징을 입수하여 정치 · 군사 등의 인소因素가 금대 동북지구 농업생산에 미친 영향을 탐토하고 구역 내 주요 농업개간지가 시라무렌하西拉木倫河 유역에서 제2송화강을 거쳐 모동의 개발과정을 밝혔다.[112]

런중짜이任重在는 금원 시기의 황하, 회수 중하류 지역의 농업경제의 파산 원인에 대하여 연구하였다. 그는 이 지역의 농업경제의 파산 원인으로 인위적으로 수리를 파괴하여 토양의 심한 파괴를 가져온 것과, 전쟁과 약탈, 고액부세로 농업 인구가 급감소한 것을 꼽았다. 농업경제의 파산은 금원 양대의 통치기초를 흔들어 놓았으며 아울러 장기적으로 황하 · 회수 유역의 경제발전의 제약을 가져왔다.[113]

110) 韓茂莉(1999), 『遼金農業地理』, 社會科學文獻出版社, 248~280쪽.

111) 韓茂莉(2004), 「遼金時期西遼河流域農業開發與人口容量」, 『地理研究』 2004-5.

112) 韓茂莉(2001), 「金代東北地區的農業生産與地區開發」, 『北京大學學報』 2001-5.

113) 任重在(1994), 「金元時期黃淮中下遊農業經濟破産成因及後果探析」, 『中國農史』 1994-3.

6) 수공업

금대 수공업 중 광야鑛冶 부분이 비교적 발달하였다. 여진족은 건국 전 연철煉鐵을 중시하였다. 금조의 상경지구 야철업은 계속 발전하였다. 운내주雲內州(內蒙呼和浩持市)·진정부眞定府(河北定州)·여주노산汝州魯山·보풍寶豊·등주남양鄧州南陽 등이 모두 유명한 철산지다.

세종 때에는 금·은광을 민간이 채취토록 허락하고 관부에서는 세금만 거두었다. 그 후 이 세마저 폐지하고 채광을 장려하였다. 다만 민간에서 동기제조銅器製造는 엄격히 금지시키고 관영공장에서 제조하였다. 이미 석탄을 사용하여서 이것이 보편화되면서 야연冶煉 연료로도 쓰고 난방에도 이용하였다.

특히 화약 제조 기술이 발달하였다. 이 화약 제조 기술은 요나라에서 전래된 것인데 송을 멸망시킬 때 화기를 사용하였다. 뒷날 몽고기병을 막을 때에 필요하였으므로 진천뢰震天雷라는 화기를 제조하였는데 철관鐵罐 안에 화약을 넣어서 전쟁 때 폭발시켰다. 이외에 비화창飛火槍·철화포鐵火砲란 것도 만들었다.114)

수공업에 관한 논문은 20편이나 되는데 5편이 무기제조, 3편이 견직물, 5편이 야철, 기타 7편이다.

류리핑劉麗萍은 금대 출토된 금은기를 입수하여 금대 금은의 내원來源, 제조업의 발전 및 응용 등의 문제를 고찰하였다.115) 그러나 이는 어디까지나 출토된 유물을 토대로 했으므로 앞으로 발굴해 나올 수 있는 유물을 감안할 때 현재까지 나온 유물만 정리 고찰한 것뿐이다.

114) 漆俠·喬幼梅(1994), 앞의 책, 333~334쪽.

115) 劉麗萍(2003), 「金代金銀手工業的發展及相關問題」, 『社會科學戰線』 2003-4.

7) 제염업

소금은 언뜻 보기에는 그리 중요한 것 같지 않으나 실은 우리 일상생활에서 식량만큼이나 중요한 필수품이다. 소금은 이미 예부터 이익이 많은 물산이므로 국가가 전매하던 물품으로 국가재정에 극히 중요한 지위를 점유하였다. 그래서 역대 왕조는 소금의 이익을 위해 염업을 자기 공제控制하에 두고 생산과 판매까지 관여하였다.

한 무제는 소금 전매제를 실시하였고 당대에는 소금에서 얻은 이익이 국가 부세수입의 으뜸을 차지하였고 요송 시기의 제염업이 매우 발달하였는데 금나라가 요송의 제도를 이어 받았다. 그래서 소금 경영을 매우 중시하여 국가가 염리공제鹽利控制를 가강시켰다.

치샤와 차오유메이는 자신들의 저서를 통해서 소금 종류와 생산방법, 염장鹽場의 분포, 염과액鹽課額 및 경영관리 등에 대하여 비교적 자세히 서술한 바 있다.[116] 리씨허우와 빠이빈 등도 공저 『요금서하사』에서 개론적인 것만 언급하기도 하였다. 여러 방면에 거쳐 연구된 논문도 여러 편이 있다.

왕싱원王興文은 논문에서 금대의 염업자원, 염제, 염가鹽價, 염과鹽課 및 염사鹽使의 위치와 관리 등을 탐토하여 금대의 염업이 비록 매우 발달하지는 못했으나 다만 소금의 이익이 추가 재정 중 매우 중요한 지위를 차지하게 되었다[117]고 생각하였다.

또 궈정중郭正忠은 1970년대 이래 임동臨潼에서 출토된 홀염사笏鹽司 은정銀錠을 연구하였는데 그는 그것들은 염세은鹽稅銀이 아니고 염사鹽司가 거두어들인, 상인이 소금을 판 입납은入納銀이며 그것은 원래 사재私財에 속한다는 것을 은정명문銀錠銘文을 해석해 밝혔다.[118]

---

116) 漆侠 · 喬幼梅(1994), 앞의 책, 345~350쪽.

117) 王興文(1997), 「金代鹽業初探」, 『中國史研究』 1997-2.

118) 郭正忠(1997), 「临潼金代解鹽銀錠考」, 『文物』 1997-4.

또한 그는 사적史籍과 실물자료 중에서 금대 염사사鹽使司 및 그 분사分司의 창치創置·변천·사사직장使司職掌·염리상벌鹽吏賞罰 등 몇 가지 문제를 토론하고 아울러 『금사』 식화지를 보정補正하였다.119)

8) 화폐

금나라가 황하 연안을 차지하고 처음에는 송을 모방하여 교초라는 지폐를 만들었는데 이것의 남발로 경제가 정체停滯되었다. 또 다른 방면에는 정륭통보正隆通寶 이하 주전鑄錢한 것이 있었는데 1197년(承安 2)에 '승안보화承安寶貨'가 있었고, 또 은화 5종을 주조하였는데 중량이 1량兩에서 10량까지 있었다. 구리가 모자라서 주전이 쉽지 않자 은화의 질도 나빠져 갔으며 개인이 사사로이 주전하는 것이 성행하였다. 이렇게 되자 정부는 이 돈의 사용을 금지하였다. 선종宣宗 정우貞祐 3년부터 금 멸망까지(1215~1234) 19년간 전 사용을 금지하고 오직 교초만 쓰게 하였다.

조정의 명령이 관철되지 못하고 은괴銀塊의 사용이 도리어 다시 왕성해져서 일상생활에서 자잘한 교역은 대체로 은이 주로 쓰였다.

화폐에 대한 관심이 매우 많아서 194편이 논문이 나왔다. 그 내용은 제도·특징·동전銅錢·은정·교초·교초동판交鈔銅版·출토전 등 돈 자체에 대한 논문과 문제점 등에 관한 논문도 있었다.

치샤와 차오유메이는 화폐제도를 여러 단계로 분류하여 서술하였다.

즉 1154~1188년까지는 동전 위주, 전초병용계단錢鈔並用階段으로 보았고 ① 이때 교초는 대초大鈔와 소초小鈔 두 종류가 나왔는데 정원년간貞元年間(1153~1155) 대초는 1관貫·2관·3관·5관·10관 5등을

119) 郭正忠(1996), 「金代的鹽使司與分司體例」, 『中國史研究』 1996-4.

발행하고 소초는 100문文 · 200문 · 300문 · 500문 · 700문 5등으로 발행하고 동전과의 가치 비례는 1대 1로 하였다. ② 1157년(正隆 3) 동전을 주조하기 시작하였다. 정륭통보를 주조하였는데 송의 소평전小平錢 정도의 무게였다고 한다. 또 정륭원보正隆元寶를 주조하였는데 태원太原에서 주조한 것으로 동의 성분이 많이 모자랐으며 오래 사용되지 못하였다고 한다. 또 금대 화폐제도의 혼란과 붕괴에 대하여 기술하였다.[120)]

또 리씨허우 · 빠이빈도 저서에서 요금주전에 대하여 간략히 언급한 바 있다.

덩광밍도 저서에서 금초에 요송구전遼宋舊鐵을 쓰다가 해릉왕 때 정식으로 지폐인 교초를 대초 5종 소초 5종의 신초新鈔를 찍어 내고 또 주전 정륭원보를 주조하여 교초와 병행하도록 하였고, 금 후기에 와서 재정이 어려워지자 지조紙鈔와 능폐綾幣를 남발하여 저잣거리는 문을 닫고 상인들이 거래를 하지 않자 물가가 뛰어 오르니 민간에서는 부득이 백은白銀으로 교환 수단을 삼았다고 하였다.[121)]

리웨李躍는 논문에서 금조 교초 발생의 사회적 배경, 주요 원인, 사회영향 등을 분석하고 금조에서 발행한 몇 종류의 주요 지폐의 상황을 소개하였다.[122)]

한밍스韓明世는 금대 화폐에 대하여 동폐 · 교초 · 은폐 · 도명전陶冥錢으로 나누어 비교적 상세히 기술하였다.[123)]

---

120) 漆俠 · 喬幼梅(1994), 앞의 책, 356~397쪽.
121) 鄧廣銘 主編(1988), 앞의 책, 141쪽.
122) 李躍(2004), 「對金朝流通紙幣的一些看法」, 『南方文物』 2004-1.
123) 韓明世 編著(2002), 『遼金生活掠影』, 瀋陽出版社, 248~255쪽.

4. 민족정책과 여진 · 발해

1) 민족정책 및 연합

중국은 오늘의 중화민족은 한족과 기타 55개 민족 및 많은 해외 화인華人을 포괄하는 것이라고 주장한다. 그리고 한족은 선진先秦 시기에 잉육孕育되어 하화족夏華族이 시작되어 장기간 역사 발전 과정 중 끊임없이 흡수 · 융합되어 수많은 다른 민족 성분이 점차 발전하여 이루어졌다는 주장이다. 그리고 중화민족의 정의를 확실히 하고 있다. 그들은 중화민족은 중국 역사 강역과 오늘의 강역 내에 살고 있는 민족을 동일시하여 각 민족을 총칭하는 것이다.124)

이는 곧 쑨진지가 주장해오던 동일다민족국가론과 같은 말이다. 쑨진지는 2004년 9월 23일 제3회 전국금사여진사학술연토회 개막식에서 고문 자격으로 참석하여 「금사를 중화민족역사의 일부로 연구해야 한다」는 주제로 발표하였다. 그는 "금사는 금 이전 중화민족사의 계속으로 금 이전 중화 각족의 정치 · 경제 · 문화 발전의 계속이라 여겨진다. 금사를 쓸 때 겨우 여진족의 발전사를 회고해서는 안 되며 응당 중화민족역사의 계승과 발전에 중점을 두고 상술해야 한다. 그것은 응당 이전의 당 · 요 · 오대 · 송 역사의 계속이어야 한다. 목전의 금사를 요사와 같은 식으로 썼는데 편면성片面性을 가지고 있다. 금사를 쓰는 과정 중에 이따금 금사를 여진족사로 쓰는데 이런 류의 쓰는 방법은 정확하지 않다. 금사는 금대 여진족 통치하에 한족이 주체가 되어 기타 각 민족인민의 역사가 포괄되며 아울러 금사에는 보다 많은 양의 금대 한족의 정치 · 경제 · 문화가 연구되어야 한

---

124) 劉榮竣 · 李毅夫 · 吳從衆 · 曹成章(1993), 「中國各民族傳統文化百科全書叢論(徵求意見稿)」, 『民族硏究動態』 1993-2, 3쪽, "中華民族是中國歷史疆域和今天疆域內具有民族認同的各民族的總稱."

다. 왜냐하면 한족이 금조 인구의 대다수를 차지하였기 때문이며 금대 여진족 통치의 주된 대상이 한족이며 금대 통치에 참가한 것은 겨우 여진귀족뿐이며 대량의 한관이 있었기 때문이다."[125]라고 발언했고, 학회에서는 이 내용에 대한 토론이 있었다. 그러나 결론은 쑨진지 자기주장일 뿐 대중의 합의가 있었던 것은 아니었다. 쑨진지의 이러한 주장은 그의 저서에도 나타난다. 그는 단순히 금대 황실의 기원을 금대 여진족의 기원으로 삼는 것은 정확한 것이 아니라고 말한다. 금대 여진족 중 생여진을 제외하고 또 기타 얼마의 여진 부락 내지 요대 여진에 속하지 않는 부락이 가입하였다고 주장하였다.[126] 또 마다정은 리즈팅 주편『동북통사』에 서序를 쓰면서 중국 통일 다민족 국가와 변강에 대하여 장황한 이론을 폈다.

"근대에 들어와 외래 침략의 위협이 날로 심해짐과 동시에 자신 내부의 사회경제문제도 날로 악화되어 중국이 반봉건 반식민지 사회로 빠져들기 시작하였다. 위기가 도처에 일어난 뒤 중국인은 새로운 부국강방富國強邦의 길을 찾기 시작하였다. 100여 년의 분투를 겪고 통일다민족국가-중화인민공화국이 탄생하여 발전해오고 있다"[127]고 하면서 지금 중공의 국가 성격을 규정하고 있다고 하겠다.

한마디로 정리하면 역사적인 강역 내이거나 지금 강역 내의 거주민족은 모두 중화민족이라는 것이다. 부언한다면 그들의 역사도 중화민족의 역사라는 말도 되는 것이다.

이러한 나름의 주장은 우리가 알고 이는 동북공정 시작 훨씬 이전에 모든 이론을 동원한 것이다.

그러나 아무리 주장을 해도 주장만 있을 뿐 많은 허구성이 있어서

---

125) 景愛(2004), 앞의 논문, 29~30쪽.

126) 孫進己 著·林東錫 譯(1992),『東北民族源流』, 東文選, 329~330쪽.

127) 馬大正(1999),「中國邊疆通史叢書總序」,『東北通史』, 中州古籍出版社, 4쪽.

모든 사람의 공감을 얻기에는 한계성이 있다.

또 금대에는 통치 민족과 피통치 민족만이 있었는가. 이때에 같은 피통치 민족이라도 지위가 조금씩 달랐다. 북방민족이 중원 입주 후 건립된 정권하에서 민족 차별과 민족 압박현상을 비교적 잘 나타나는데 금조도 예외는 아니다.

금인들은 요조 통치구 내의 한아漢兒들을 한인, 북송 경내의 한인들은 남인南人이라 불렀다.

금대의 5개 민족이라면 여진, 발해, 거란과 해, 한인, 남인이다. 그런데 이 5개 민족에 등급이 있었다는 것이다. 그러나 이 민족등급은 다음과 같다.

① 금대 5개 민족등급은 결코 법으로 정한 것은 아니다. 금대의 상황도 원대와 별로 다름이 없을 것 같다. 금대 문헌 중에는 결코 5개 민족의 불평등 지위의 법령성 규정이 없었으나 우리들은 금대 민족 등급의 정황을 남송인으로부터 알 수 있다.

② 금대의 5개 민족등급은 다만 한 시기를 대표하는 민족정책이다. 원래의 각 민족에 대한 지위가 아무런 변화가 없었듯이 금대의 5개 민족등급은 금 초기의 정황을 반영한 것이다. 그러나 금대의 민족정책은 변화의 과정이 있었다. 태조에서 희종시대 각 민족 간에 불평등 지위가 가장 잘 나타났고 해릉왕 이후 민족 간의 경계가 점차 없어져서 5개 민족등급은 역사의 흐름 속에 묻히고 말았다. 다만 민족 간의 불평등 현상은 결코 이로써 소실된 것은 아니었다. 다만 표현형식이 이전 같지 않았다.128)

128) 劉浦江(1999b), 앞의 책, 60~61쪽.

5개 민족등급 중 남인이 가장 낮아서 여진 통치자의 민족 압박의 주요 대상이 되었다.

역시 마다정은 남송이 금에 굴종한 사실까지 사실로 인정하나 이미 중국 땅에 있었던 모든 역대 왕조가 중국의 역사라는 것을 주장하고 서술하기 때문에 내적인 일로 보고 도리어 발전에 중요 공헌으로 기술하고 있다.[129]

요금과 양송(북송 · 남송) 민족은 사실상 과거 적대국으로 원수지간이었는데 이것을 같은 민족의 내적인 문제로 해결하려는 데는 어려움이 따르지 않을 수 없다. 학자들 간 논쟁도 공통분모를 찾기 어려운 부분이 많다.

중공 건국 이래 발표된 문장 중에는 아직도 이 시기의 민족관계 문제가 거론되고 있다. 예컨대 요금 당시 중국은 외국인가? 요금과 양송 전쟁의 성질, 거란 · 여진과 한족관계의 주류는 무엇인가 등 이런 여러 문제에 대하여 아직 심화된 연구는 적고 의견이 비교적 크게 나누져 있는 상태다. 여기에 대한 의견은 두 가지가 있다. 쑹더진이 정리한 것을 보면 아래와 같다.

첫째 의견은 대다수 사람들이 거란 · 여진은 당시 국내 민족이며 요 · 금은 중국이라는 것이다. 그들은 진秦 · 한漢 이래 2,000여 년 발전해 오다가 대략 청조 통치시기인 1840년대에 이르러, 즉 아편전쟁 이전 중국의 강역과 민족이 이미 기본상 확정되어 왔다고 본다. 외국자본주의 침입으로 중국은 반식민지 반봉건사회로 빠져 들었으며 이때가 각 민족의 공동운명이 요구되어 그들의 관계가 더욱 긴밀하게 되었다. 후에 각 족 인민이 중국공산당 영도 하에 장기간 간고한 가

129) 馬大正(1999), 앞의 논문, 16쪽, "南宋己處屈從地位, 一個雍有大片領土由漢族統治者建立的王朝稱臣于小數民族統治者建立的王朝, 這在中國歷史上是唯一典型的一例。金對古代中國統一多民族國家及其東北邊疆的發展継遼之後再次作出重要貢獻。"

운데 뛰어난 투쟁을 하여 결국 중화인민공화국을 세웠다. 이 때문에 오늘 역사상의 중국과 중국 민족을 연구하는 데 응당 이 역사 변화를 고려해야 한다고 주장한다. 무릇 오늘의 조국 판도 내에 활동했던 각 민족의 역사는 모두 중국 역사의 일부분이다. 그들은 모두 다민족국가의 성원이며 모두가 중국인이다. 그들이 건립한 정권은 모두 중국에 속한다. 이렇기 때문에 거란 · 여진도 외족이 아니고 요금도 당시에 외국이 아니라고 주장하는 것이다.

둘째 의견은 개별 논자들은 앞의 의견에 동의하지 않는다. 당시 이미 한족과 융합하거나 혹은 한족왕조의 판도에 귀입歸入하였으면 국내 성질에 속한다. 반대로 당시 아직 각 왕조의 강역 밖에서 독립국가로 있었다면 당시 중국의 범위 이내에 포괄할 수 없다. 당시 그들이 중원 한족왕조에 대해서 말한다면 곧 외국이요 외족이다. 이 원칙에 근거한다면 당시의 거란과 여진은 외족이며 요금은 중국이 아니고 외국이다.130)

천수는 요금왕조가 중국 역사상 얼마나 중요한 지위에 있는가를 논하였다. 그는 요금은 조국의 근 1,000년 역사 속에 300여 년을 차지하였으니 지역이 비록 반벽강산半壁江山이지만 다만 그 영향은 심원深遠하다고 전제하고 우리들의 위대한 조국은 각 민족이 단결 · 우애 · 호조互助 · 합작合作한 대가정이라고 말한다. 한족은 내적으로 50여 민족이 들어 있으며 분포도 조국 각지에 살고 있으며 이 50여 민족은 모두가 우리 국가의 주인이다. 모두가 먼 근원으로부터 내려와서 조국에 대한 역사문화에 빛나는 공헌이 있었다고 하여 요금도 중국의 역사이며 민족임을 말하였다. 그는 마지막에 연구방법에 대한 결론을 내렸는데 마르크스 · 레닌주의 기본 원리와 방법을 운용하여 요금사상 각종 문제를 심입深入 세치細致하게 연구하고 또한 보급 및 선

130) 宋德金(1982), 앞의 논문.

전 교육 공작에 힘을 다하자[131]고 하였다.

요금 사학계의 태두泰斗인 천수가 이렇게 인식하고 있다면 소장학자들의 생각도 이 범위를 벗어나지 않았을 것이다.

2) 여진

당시 백산흑수白山黑水 지역에 살던 모든 민족의 범칭汎稱이다. 여진이라는 종족명이 언제부터 나타나며 구체적으로 어떤 종족인가? 여진이란 이름은 원래는 주리진朱里眞이었는데 이것이 와전되어 여진이 되었다고 한다.[132]

그러나 이 밖에도 '여정女貞'·'주리진朱理眞'·'려진慮眞'·'주아지主兒址'·'주리선朱里先'·'철아적徹兒赤'·'주선朱先'이라고도 불린다고 하였다.[133]

또 여진의 내원에 대해서도 『금사』에서는 말갈에서 나왔다고 하고 같은 세기에서 시조 함보는 고려에서 왔다고 하며[134] 또 리쉐즈는 자신의 논문에서 실위室韋의 여자부如者部에서 나왔다고 한다.[135] 그러나 이 여진이 단일민족이냐 복합민족이냐 하는 데는 이론이 많다.

첫째 단일민족설은 『금사』·『송막기문松漠紀聞』 등에서 찾아볼 수 있는데 중화민국 초년의 푸스녠傅斯年은 이 설을 좇았다.[136] 그리고 진위푸도 『금사』·『문헌통고』·『대금국지』 등의 기록을 좇아 단일

---

131) 陳述(1983), 「遼金兩朝在祖國歷史上的地位」, 『遼金史論集』 1, 上海古籍出版社, 1~9쪽.

132) 徐夢莘, 『三朝北盟會編』 卷3에 수록된 「北風揚沙錄」에 "金國本名朱理眞, 蕃音訛爲女眞"이라고 되어 있다.

133) 李學智(1958), 「釋女眞」 上, 『大陸雜誌叢書』 1, 174쪽.

134) 『金史』 卷1, 世家.

135) 李學智(1958), 앞의 논문, 「如者」의 뜻이 곧 금이라 하였다.

136) 傅斯年(1932), 『東北史綱』 卷1, 「古代之東北」에서 "今吾人知女眞之語言, 卽可籍以推知肅愼之族類矣。且女眞者東北衆多民族中之一支而已。此族自靺鞨時始大, 前此在東北重要民族乃是濊貊而非女眞。"

민족설을 그대로 받아들인 것이다.[137]

반대로 복합민족설을 주장하는 학자도 있다. 일본인 학자 이나바 군잔稲葉君山은 발해 유민과 흑수말갈을 여진이라고 한다고 하였다.[138]

자오전지趣振績도 여진족계를 다원족으로 보고 있다. 그는 그의 논문 「여진족계고女眞族系考」[139]에서 여진족계가 다원임을 주장하고 있다. 필자가 보기에도 단일래원이란 있을 수 없다고 본다. 몇 가지 예를 들어 보겠다.

첫째, 지역이 광대한 백산흑수 수만 리 지역에 수천년 동안 어찌 여진 한 부족만 살았다고 볼 수 있겠는가? 그렇다면 대국가였어야 유지되었을 것이다. 원래 여진은 발해에 계적되어 있다가 10세기에 와서 발해가 거란에 멸망되자 생존을 위해 의부처를 찾게 되었다. 일부는 거란에, 일부는 고려에 의부하였으며 압록강여진을 비롯한 몇몇 여진부는 오대와 송과 통하며 살아왔다. 10세기 이전은 여진부에 한해서 여진이라 불린 것 같으나 그 후 여진의 범위가 점차 확대되어 동북만주에 살고 있는 모든 부족을 통칭하여 부른 것 같다. 예를 들어서 압록강 중류지방에 자리 잡고 있던 발해 유민국인 정안국定安國을 『요사』에서는 여진이라 기록하고 있다. 그러나 『송사』에서는 발해국과 정안국을 별도로 다루고 있다.

둘째, 완안부完顔部의 지도적인 씨족은 원래 여진인이 아닌 신라인

---

137) 金毓黻(1977), 『東北通史』, 洪氏出版社, 491쪽.

138) 稲葉君山(1915), 『滿洲發達史』, 大阪屋號出版部, 151쪽. "長白山東西の地には, 幾多の半獨立國を容認せざるを得なかつたことは, 吾人をして寧ろ異様の感を抱かしむる。東北滿洲の土人は, いふまでもなく, かつて契丹人に亡ぶれた渤海の遺種や, 黒水靺鞨の部族であるが, 此時代に入りてから, 女眞といふ名で現はれた。"

139) 趣振績(1975), 「女眞族系考」, 『史學集刊』 7, 187쪽, "女眞族系, 據傳統歷史之記載, 源之於先秦肅愼, 漢魏之挹婁, 南北朝之勿吉, 隋唐之黑水靺鞨, 而元明之女眞, 衍之爲近代之滿洲族。史實不盡然一女眞族系來源多元, 如烏古部・高麗・黑水靺鞨。"

이다. 이들은 신라가 멸망하자 북방으로 옮겨 와서 여진화가 된 부족인데 점점 성장하여 여진 여러 부에 군림君臨하였다가 결국 여진 여러 부를 통합하여 금나라를 세운 것이다.

리즈팅은 완안부의 시조를 함보函普로 본다. 여러 문헌에 신라인으로 기록하고 있고 『금사』나 『고려사』에는 고려인으로 기록하고 있다. 그러나 함보는 아마 어릴 때 신라로 갔던 말갈인의 후예인데 회갑년에 고려에서 옛 고향에 돌아와 부인部人들의 투쟁을 해결할 수 있는 자격이 있었다고 기술하였다.140)

3) 발해

금대金代의 발해라면 곧 발해 유민을 말한다. 발해 유민과 관계된 논문은 2000년까지 8편에 불과하다. 그것도 1980년대에 4편, 1990년대에 4편이 있을 뿐이다. 1980년대 후에는 다른 이들이 쓴 논문의 문제점을 잡고 나왔으며 1990년대에는 발해 유민과 금조와의 관계, 또는 발해 유민과 금 황실과의 혼인 등을 다룬 논문이 나왔다.

왕스롄王世蓮은 1983년 『구시학간求是學刊』에 「발해유민과 금의 발흥渤海遺民與金之勃興」이란 글을 발표하였다.

제목은 이렇게 하였지만 그 내용을 들여다보면 조선민주주의인민공화국 과학원 역사연구소에서 발행한 『조선통사』에서 "발해는 우리 선조의 국가이며 발해 유민의 항요부국투쟁을 망친 여진국은 발해 유민의 교활한 동맹자."라고 한 문장이 거슬린다 하여 자기 나름대로 '女眞渤海本同一家'란 구절을 해석하였다. 즉 발해 유민의 반요부흥反遼復興 운동에 고려가 적극 참여하지 않았다는 몇 조항을 들어 고려와는 관계가 없고 발해와 여진이 같은 민족이기 때문에 발해 부흥운

---

140) 李治亭 主編(2003), 앞의 책, 242쪽.

동에 여진이 시종일관 참여하였다고 주장하였다.[141]

류수융劉肅勇은 1986년에 『동북지방사연구東北地方史研究』에 「금대 요양 발해인에 대한 간단한 설명金代遼陽渤海人述略」이라는 글을 쓴 적이 있고, 1990년에는 『북방민족北方民族』에 「발해유민과 금조의 정치관계渤海遺民與金朝的政治關係」라는 글을 발표하였다.

그는 이 글에서 발해 유민 중에서 상층 인물이 금조정치에 공적을 남겼고 전국적인 문화발전을 주동한 공적도 적지 않다고 보았다. 이는 발해 유민들이 민족의식도 매우 적극적인 근성을 가지고 있고, 부흥운동에 대한 희망도 매우 강열해서였다. 그러나 발해 유민이 금조치하에서 모든 어려움을 견디어 내고 노력한 것이 모두 파멸되었다. 이는 금 왕조를 세운 여진귀족 집단이 민족 압박과 민족통치정책을 수행하면서 피통치의 어떠한 민족도 독립자주의 권리를 누릴 수 없게 하였으므로 발해 유민들이 여진귀족의 역량에 기대어서 발해민족의 부흥을 시도하는 것은 필연적으로 실패의 비극을 안고 있었던 것이라 하였다.[142]

발해 유민 가운데는 금 황실과의 혼인관계를 통하여 정치적 지위를 오래도록 누려온 이들도 있다. 특히 정의황후貞懿皇后는 세종의 생모

---

141) 王世蓮(1983), 「渤海遺民與金之勃興」, 『求是學刊』 1983-4, 100쪽, "事實淸楚表明, 對渤海遺民的抗遼復國鬪爭, 高麗 · 女眞採取了兩種截然不同的立場。前者是坐山觀虎鬪, 以待兩敗俱傷, 從中漁利。可見, 當時的高麗臣民並不承認渤海遺民是自己的 '同族' 兄弟, 也不承認渤海是 '我們祖先的國家', 更不想充當渤海遺民抗遼復國鬪爭的同盟者。與高麗相反, 女眞人始終如 , 不分彼此, 甘冒風險爲 '渤海遺黎' 上表求援, 無條件地同渤海人一起 '與契丹人相攻' 其所以如此, 金太祖阿骨打有個確切的解釋 '女眞 · 渤海本同一家'。"

142) 劉肅勇(1990), 「渤海遺民與金朝的政治關係」, 『北方民族』 1990-1, 75쪽, "渤海遺民, 特別是他們之中的上層人物, 對金朝的政治建樹, 或推動全國文化發展的功績都不小。就是渤海遺民們的民族意識也是極富有韌性, 復興渤海的願望也極基強烈。但是, 渤海遺民們在金政治下的一切掙割和努力都破滅了, 這是因爲金朝女眞貴族統治集團推行了民族壓迫與民族統治的政策, 絕不能給被統治的任何民族以獨立自主的權利, 所以渤海貴族的頭人們欲想攀附在金廷大樹上, 等同與虎謀皮, 這就是渤海遺民試圖依靠女眞貴族力量, 使渤海民族復興必然要失敗的悲劇所在。"

이자 금조의 초중기의 정치무대에서 양모良母로서 금일대의 명군名君 세종의 제업帝業을 일으킨 역사적인 인물이다. 여기에 대하여 류푸장은 1995년 『대륙잡지大陸雜誌』에 「발해세가와 여진황실의 연혼 — 겸해서 금대 발해인의 정치적 지위를 논함渤海世家與女眞皇室的聯婚 — 兼論金代渤海人的政治地位」란 글을 내어 놓기도 하고, 또 루런魯任은 1993년 『북방민족』에 「금대 발해족 여성정치가 정의황후金代渤海族女政治家貞懿皇后」란 글에서는 정의황후는 발해 유민인 이석李石의 누님이며 예종睿宗(宗輔)의 소실로 입궁하여 세종을 낳았다.

그녀는 세종의 양육, 등위登位과정, 등위 후의 정치에까지 참여한 정치인이었다는 논지였다. 특히 황후의 봉건도덕 수양은 당문화의 영향을 받는 발해인이기 때문이라는 논조였다.[143)]

발해 유민으로 문학에 기여한 바도 크다. 발해 유민의 문학에 대하여 거론한 덩웨이鄧偉는 1987년 『요금거란여진사연구遼金契丹女眞史研究』에 「요금시대 발해 유민문학의 일면모遼金渤海遺裔文學擧隅」라는 글에서 금대에 발해 유민 중에는 왕정균王庭筠이 가장 뛰어났고 그밖에도 문장가가 있었는데 이 글에서는 개략만 소개한다고 하였고 요금시대에 발해 유민 일부가 중요한 역량이 되어 정치·문학상 매우 큰 영향력을 끼쳤기에 높은 평가를 하여야 한다는 것이다.

또 그는 1989년 『북방민족』에 「발해유예 제일문인 왕정균渤海遺裔第一文人王庭筠」이라는 글을 썼다.

이 글에서는 제목과도 별 관계가 없는 정치성 발언이 처음부터 쏟아져 나온다. "우리 중화민족의 발전사상 위대한 조국 동북 백산흑수

143) 魯任(1993), 앞의 논문, 231쪽, "渤海國遠在唐朝卽爲文明之邦, 深受漢族先進封建文化的影響, 一至遼金, 渤海族仍然封建化程度較高。貞懿皇后出身渤海大族一頗具封建道德修養。一貞懿皇后對世宗 '教之有義方', 通過言傳身教, 使其讀書明理, 按融漢文典籍和女眞文化, 受到啓蒙的雙重教育。爲世宗日後完成宏大事業, 從幼年時打下良好基礎。"

白山黑水의 광대한 지구에 지금부터 1289년에서 1061년 사이에 발해국이 존재했었다. 그들은 숙신의 후예인 말갈족의 속말말갈부가 주체가 되어 건립한 정권이다. 발해 정권이 존재한 연대(698~926)와 당 왕조가 내체로 일치한다. 발해는 당대 중국의 지방 봉건 정권 혹은 당 통할하의 지방 민족 정권이라고도 한다."144)

이러한 논조는 소위 동북공정이 시작되기 오래전에 고려와 발해의 귀속이론이 완성된 바탕 위에 쓰거나 아니면 각 분야에 귀속이론에 바탕을 둔 글을 쓰도록 지시된 것이 아닐까 하는 생각이 들 정도로 논거 없이 주장을 펴고 있는 것이다.

5. 맺음말

1949년 중화인민공화국이 건립된 이후에도 일반적으로 역사연구는 좀 다른 시각에서 출발한 것 같다. 그리고 연구 성과를 낸 기간이나 연구자 등이 모두 비정상적인 것으로 비친다.

예상은 했던 일이지만 중공 건국 후 정치의 기복에 따라 역사연구도 그 궤를 같이하였다 하겠다. 중국인 자신도, 단대사 연구의 순경順境과 역경이 있었음을 자인하고 있다.

쑹더진은 1919년 5·4신문화운동 이래 점차 단대사 연구가 발전해 오다가 1949년에 와서 그쳤다고 하였다. 1949년은 바로 중화인민공화국이 건국되던 해다. 비록 국가는 세워졌지만 정치·경제·사회·문화 모든 분야가 제자리를 잡지 못했기 때문에 역사 분야, 특히

144) 鄧韋(1989), 「渤海遺裔第一文人王庭筠」, 『北方民族』 1989-1, 221쪽, "我們中華民族的發展史上, 在偉大祖國東北白山黑水廣人地區, 距今1289年至1061年間, 曾存在一個渤海國。他是以肅愼的後裔一靺鞨族的粟末靺鞨部爲主體所建立的政權。一他是唐代中國的地方封建政權, 或稱 '唐統轄下的地方民族政權'。

요 · 서하 · 금사 연구의 기초는 다져지지 못했다. 왜냐하면 신해혁명이 흡사 한족과 북방민족인 청과의 대결에서 한족의 승리인 양 비쳐졌기 때문이다. 대륙에서 역경과 순경을 겪는 동안 홍콩이나 타이완에서는 안정적인 연구가 이루어지고 있었다.

중화인민공화국이 건국되면서 마르크스 · 레닌주의에 입각한 역사연구가 이루어지게 되었고 그 이론과 방법 등을 도입하여야하기에 이런 이론 방법 등에 익숙하지 못한 기성학자들 사이에는 성격이 맞지 않는 한 구절이라도 따다 붙이지 않으면 상당한 어려움이 있었던 것이다. 더구나 유물사관에 입각한 역사에 대한 관점이 봉건고대국가와 현대사로 이분하면서 고대사 영역은 좁히고 현대사는 넓혀서 연안시대 이후, 특히 중공정권 수립부터 부각시켜 놓았다.

또 1966년부터 1976년까지 소위 문화대혁명을 사인방이 주도하면서 단대사 연구도 완전 정치 상태에 머무르게 되었다. 이러한 정황을 왕청위는 중국 역사상 매우 부끄러운 한 페이지를 만들었다고 꼬집었으며, 장더쭝 등은 극좌 사조의 영향과 간섭 하에 송사연구도 굽은 길을 걷게 되었으며 10년 동란 기간 송사를 위시한 모든 역사연구가 정상 발전에 막심한 장애를 받게 되었으며 사인방 분쇄 후에는 사회과학의 봄을 맞이하게 되었다고까지 할 정도였다.

그러나 이 10년간의 난동이 끝을 맺고 1978년 중국공산당 제11차 삼중전회를 기점으로 역사학의 새로운 번영과 진보를 가져다주게 되었고 역사연구자들에게는 생기가 발발하게 만들었다고 하였다. 20년간의 고난을 겪은 학자들은 그 후에도 상당히 조심스런 반응을 나타냈다. 예컨대 1989년 천안문사건으로 다시 한 번 긴장하기도 하며 대화나 문장에도 조심성이 역력하였다.

금사연구의 정황을 분기별로 내어 보면 대략 다음과 같은 분포로 나타난다.

시기	1949 이전	1949.10.1.~ 1965.12.31. 마오집권 초중기	1966~1976 문화혁명기	1978~1979 제11차 삼중전회 이후	1980 년대	1990 년대	2000 년대
논문수	133	186	70	62	1,382	1,490	162

이 논문 수로도 앞서 언급한 그들의 기술이 틀림없다는 것을 알 수 있다. 그러나 이 많은 논문들이 모두 전문가들의 오랜 연구 끝에 이루어진 수작이냐 하는 문제에는 회의를 갖게 한다. 왜냐하면 금사연구에 정진하여 여러 편을 쓴 것이 아니라 대부분이 1편만을 내어 놓은 상태이기 때문이다. 이들이 얼마나 많은 수작을 내어 놓을지 예측하기는 쉽지 않으나 현재의 상태에서 그 숫자를 조사하여 보면 금사를 연구하여 1편 이상의 글을 논문집 · 잡지 · 신문 등에 실은 사람이 총 2,036인이며 요금사를 넘나들며 연구한 사람이 252명이다. 금사 방면에 딱 1편을 썼거나 요사도 발표하고 금사도 발표한 사람으로 금사 방면 1편을 쓴 사람이 1,422명이나 된다. 다음 표를 보면 그 연구 정황을 어느 정도 짐작할 수 있다.

편수	1	2	3	4	5	6	7	8	9	10	11	12
인원	4,422	283	114	63	36	22	14	12	9	8	8	6

13	14	15	16	17	18	21	22	25	27	32	35	36	40	48	57
3	5	8	3	3	2	3	3	1	2	1	1	1	1	1	1

그러면 위의 연도별 논문 수와 개인별 논문 수를 참작하여 보면 대부분이 1980년대 이후에 한 편씩 발표했다는 결론이다. 인문과학은 자연과학이나 응용과학과 달리 무수 발견이나 발명이 아니고 장기간

의 연구가 필요한 학문이다. 따라서 한 편 한 편이 모두 수작일 수는 없는 것이다.

다음은 연구방법이 문제를 가지고 있음이다. 첫째, 귀납적이 아니고 주로 연역적인 방법을 쓰고 있는 것 같다. 이러한 방법은 대개의 결론을 전제했을 때에 쓰는 방법이다. 사료를 목적에 맞는 것만 취하기 때문에 다른 사료에 대한 연구를 잊게 된다.

둘째는 자국 내외의 타인의 논문을 참고하고 있지 않다. 이미 수십 년 전에 나온 연구물이 있는데 지금 새로 발견한 것 같은 논문은 의미가 없는 것이다.

셋째는 각주를 근대식으로 달지 않고 소략하게 달아서 그 근거서를 찾아보기 어렵게 썼다.

넷째는 역사란 유기적이고 입체적인 학문이므로 단편적인 것보다는 상당기간을 분석해야 하는데 이들 논문 가운데는 용어풀이식으로 아주 짧은 단문 형식도 여러 편 보인다.

다섯째, 사료의 취사 범위를 너무 단순화시키고 있다. 타국의 사료도 얼마든지 있는데 너무 자국의 사료에만 의존하는 것은 문제가 있는 것이다.

여섯째, 순수 역사를 기술한 것이 대부분이지만 일부 학자들의 지나친 국가주의에 기초한 연구논문은 학문의 도를 벗어난 것으로 보인다.

다음은 금사의 위상문제다. 처음은 전통론과 관계없이 금이 목덕木德으로 건국한 요를 이긴다는 뜻으로 국호를 금이라 하였다고 하기도 하고, 또 거란이 철로써 국호를 삼았는데 철이 비록 견고하나 부식이 되기 쉽기 때문에 부식이 되지 않는 금으로 국호를 삼는다고도 하였다. 비록 요의 봉책을 받기도 하고 요를 멸망시키고 그 나라를 계승하였지만 요는 자립한 것이지 정통성을 이어받은 나라가 아니므로 다시 조송趙宋을 이어받은 것으로 하려는 시도로 금은 토덕土德으로 송의 화덕火德을 이은 것으로 이론을 전개하기도 하였다.

중공은 지금 다민족 통일국가론을 내세우면서도 아직도 심리의 저변에는 모든 것은 한족중심으로 생각하고 있다. 한 가지 예를 들면 우리가 일반적으로 역대국가 순서를 기술할 때 시간적으로 이른 국가부터 쓰게 마련이다. 그러나 중국학자들은 일부의 학자를 제외하고는 아직도 송요금원으로 쓰고 있다. 이는 한족 우월주의의 표본이라 하겠다.

따라서 요송금 간의 전쟁의 성질을 두고 논란이 분분하였다. 특히 금의 침략에 가장 긍정적인 역할을 한 충신으로 떠받들면 악무목岳武穆의 위상이 문제가 되었다. 악무목의 정신을 선양하여 그의 기백을 작사 작곡까지 하여 초인적으로 다루다가 송금전쟁이 한 국가내의 싸움으로 격하되자 근래에는 악무목의 위상이 격하되었다고 한다. 듣자니 근래에는 악무목사당 참배객이 거의 없는 상태라고 들었다. 이런 논리에 수긍자도 있지만 수긍하지 못하는 학자도 많다.

그러나 아직도 혼돈을 일으키는 부분들이 많다. 우선 금 건국자 아골타에 대한 인물론에서 '걸출한 영수', '민족영웅'으로 서술하면서도 하나같이 "여진족의……" 라는 접두사가 붙여졌다. 유방을 한족의 영웅, 한족의 걸출한 영수로 기술하지 않는다. 이는 저들의 사고의 근저에는 화이사상이 잔존하고 있음이라 하겠다.

또 해릉왕과 세종의 인물평가에서 해릉왕을 진취적으로 보고 세종을 보수적 인물로 보는 면이 있다. 다만 해릉왕은 비방이 명예보다 많다는 평도 있다. 금대 인물 중 가장 관심을 끌었던 인물은 원호문이다. 그는 관료로, 사학·문학·음운학 등 여러 분야에 공적이 많았다. 총 129명의 학자가 총 200여 편의 논문을 썼다. 이는 금대뿐만 아니라 전 중국사에서도 유례가 드문 일이다.

법제는 여진 고유법과 당송법 등을 적절이 변용하였고 관제도 발극열제도와 삼성제, 그리고 여진 특유의 맹안모극제 등을 지역과 민족에 따라 제도를 달리 적용하면서 일단 통치에 성공한 것이다. 즉 여진·거란·해 등은 맹안모극, 요치하의 한인들은 추밀원제, 송치하의 한인들은 괴뢰정부에서 중앙집권제도로 시의에 맞게 '이한치한以漢治漢'의 방법을 시행한 것이다.

군제는 초기의 전민의 맹안모극제에서 한인과 발해인을 배제하였고 다시 한인들이 대거 판도 내에 들어오게 되자 통수제가 시행되어 갔다. 금대에 특히 주목되는 제도는 맹안모극제와 주군제도다. 아직도 이 두 제도에 대해서는 명확한 설명이 어려운 상태다.

경제문제는 경제의 바탕이 되는 인구수가 요송 시기에 비하여 급증했다는 견해와 요송보다 높지 않았다는 견해가 백중지세다.

부역제도를 공평부과하기 위한 통검추배의 사회적 효과를 평가한 부분에서도 부정과 긍정으로 엇갈리고 있는 실정이다.

민족에 관한 문제는 한족과 55민족을 묶으려는 데 무리가 있었다. 한족의 위상을 평등대등관계에 두지 않고 항상 우위에 두려다 보니 억지 주장이 나온다. 예컨대 쑨진지의 소론을 보면 "금사는 금대 여진족 통치하에 한족이 주체가 되어 기타 각 민족인민의 역사가 포괄되며 아울러 금사에는 보다 많은 금대 한족의 정치·경제·문화가 연구되어야 한다. 왜냐하면 한족이 금조 인구의 대다수를 차지하였기 때문이며 금대 여진족 통치의 주된 대상이 한족이며 금대 통치에 참가한 것은 겨우 여진귀족뿐이며 대량의 한관이 있었기 때문이다."라는데, 이런 시각이라면 역사를 창조할 수도 있을 것이다.

또 이때 원래의 민족 등급과 같은 제도가 고착되어 있었는데 금치하의 한인이 남인으로 불리며 여진의 압박대상으로 민족 간의 불평현상이 존재하고 있었다.

민족에 대한 견해도 두 가지가 존재한다. 첫째는 거란·여진은 당시 국내 민족이며 요·금은 중국이다. 둘째는 앞의 의견에 동의하지 않는다. 당시의 거란·여진은 외족이며 요금은 중국이 아니고 외국이라는 두 주장이 존재한다.

여진을 단일민족으로 보는 견해가 일반적이다. 그러나 여진이란 그 당시 만주지역에 살고 있던 모든 민족의 통칭이었고 금을 건국한 민족은 완안부인들이며 이들은 신라에서 옮겨 산 민족인 것이다. 굳이 신라내원설을 도외시하거나 말갈인이 신라에 옮겨 살다가 다시 귀정歸正한 사람들로 기술한 사람도 있는데 근거가 없는 주장이다.

발해인들에 대한 논문에서도 논제와 관계가 없는 문장을 끼워 넣으면서 발해는 당대 중국의 지방봉건정권 혹은 당 통할하의 지방민족정권이라는 문장을 삽입하고 있는 실정이다.

참고문헌

[단행본]

高凱軍(2006), 『通古斯族系的興起』, 中華書局.

喬幼梅(1995), 『宋遼夏金經濟史研究』, 齊魯書社.

陶晋生(1971), 『邊疆史研究集(宋金時期)』, 臺灣商務印書館.

陶晋生(2006), 『歷史的瞬間: 從宋遼金人物談到三寸金蓮』, 聯經出版事業股份有限公司.

都興智(2004), 『遼金史研究』, 人民出版社.

鄧廣銘 主編(1988), 『遼宋西夏金史』, 中國大百科全書出版社.

孫進己(1987), 『東北民族源流』, 黑龍江人民出版社; 林東錫 譯(1992), 『東北民族源流』, 東文選.

宋德金 · 景愛 · 穆連木 · 史金波 編(1997), 『遼金西夏史研究』(陳述紀念論文集), 天津古籍出版社.

楊樹藩(1978), 『遼金中央政治制度』, 臺灣商務印書館.

王明蓀(1980), 『宋遼金元史』, 長橋出版社.

王明蓀(2005), 『遼金元史論文稿』, 槐下書肆.

劉浦江(1999), 『遼金史論』, 遼寧大學出版社.

李錫厚 · 白濱(2003), 『遼金西夏史』, 上海人民出版社.

李治亭(2003), 『東北通史』, 中州古籍出版社.

張碧波 · 董國堯 主編(1993), 『中國古代北方民族文化史』, 黑龍江人民出版社.

朱瑞熙 · 張邦煒 · 劉復生 · 蔡崇榜 · 王曾瑜(1998), 『遼宋西夏金社會生活史』, 中國社會科學出版社.

漆俠 · 喬幼梅(1994), 『遼夏金經濟史』, 河北大學出版社.

何俊哲 · 張達昌 · 于國石(1992), 『金朝史』, 中國社會科學出版社.

韓世明 編著(2002), 『遼金生活掠影』, 瀋陽出版社.

韓茂莉(1998), 『遼金農業地理』, 社會科學文獻出版社.

[논문]

姜念思(1992), 「天賜年款銅印與州軍政權」, 『北方文物』 1992-1.

賈敬顔(1980), 「糺軍問題芻議」, 『中央民族學院學報』 1980-1.

賈敬顔(1987), 「金代的驅及其相關的幾種人戶」, 『社會科學輯刊』 1987-5.

高路加(1997), 「遼金元高姓述略」, 『遼金西夏史研究』(陳述逝世三周年紀念論文集),

天津古籍出版社.
高明揚(2003), 「紀念嶽飛誕辰900周年宋學國際學術硏討會綜述」, 『宋史硏究通訊』 2003-2, 中國宋史硏究會.
高樹林(1986), 「金代戶口問題初探」, 『中國史硏究』 1986-2.
郭人民(1957), 「金朝興亡與農業生産的關係—論猛安謀克在金朝興亡中的作用」, 『史學月刊』 1957-3.
郭正忠(1996), 「金代的鹽使司與分司體例」, 『中國史硏究』 1996-4.
郭正忠(1997), 「臨潼金代解鹽銀鋌考」, 『文物』 1997-4.
喬幼梅(1983), 「金代貨幣制度的演變及其對社會經濟的影響」, 『中國硏究』 1983-3.
喬幼梅(1992), 「女眞奴隸制的演變」, 『文史哲』 1992-5.
喬幼梅(1995), 「宋金貿易中爭奪銅幣的鬪爭」, 『宋遼夏金經濟史硏究』, 齊魯書社.
喬幼梅(1995), 「猛安謀克土地占有制的蛻變與女眞族的封建化」, 『宋遼夏金經齊史硏究』, 齊魯書社.
喬幼梅(1995), 「遼夏金經濟發展中的若干問題」, 『宋遼夏金經濟史硏究』, 齊魯書社.
喬幼梅(1995), 「論金世宗」, 『宋遼夏金經濟史硏究』, 齊魯書社.
羅繼祖(1962), 「遼代經濟狀況及其賦稅制度簡述」, 『歷史教學』 1962-10.
冷鵬飛(1991), 「論金代“牛頭地”分配制度」, 『中國史硏究』 1991-2.
魯　任(1993), 「金代渤海族女政治家貞懿皇后」, 『北方民族』 1993-1.
都興智(1992), 「金代馬紀嶺和幾個猛安謀克地點的考訂」, 『遼寧師範大學學報』 1992-6.
都興智(1999), 「金代官制的幾個問題」, 『遼寧師範大學學報』 1999-4.
都興智(2004), 「王庭筠的文學藝術成就及其影響」, 『遼金史硏究』, 人民出版社.
都興智(2007), 「金代女眞人的軍事制度和戰術特點」, 『遼金史硏究』, 人民出版社.
鄧　偉(1987), 「遼金渤海遺裔文學舉隅」, 『遼金契丹女眞史硏究』 1987-2.
鄧　偉(1989), 「渤海遺裔第一文人王庭筠」, 『北方民族』 1989-1.
楊富斗(1997), 「金朝推行區田法管見」, 『遼金西夏史硏究』(陳述逝世三周年紀念文集), 天津出版社.
楊志玖(1987), 「遼金的撻馬與元代的探馬赤」, 『遼金史論集』, 上海古籍出版社.
吳　泰(1983), 「試論宋遼金對峙時期民族關係的幾個問題」, 『北方論叢』 1983-2.
王世蓮(1983), 「渤海遺民與金之勃興」, 『求是學刊』 1983-4.
王育民(1990), 「金朝戶口問題析疑」, 『中國史硏究』 1990-4.
王恩厚(1984), 「遼金元乣軍考釋」, 『天津師專學報』 1984-3.
王曾瑜(1993), 「金代戶口分類制度和階級結構」, 『歷史硏究』 1993-6.

王曾瑜(2003), 「我和遼宋金史研究」, 『宋史研究通訊』 42, 中國宋史研究會.
王興文(1997), 「金代鹽業初探」, 『中國史研究』 1997-2.
劉麗萍(2003), 「金代金銀手工業的發展及相關問題」, 『社會科學戰線』 2003-4.
劉肅勇(1990), 「渤海遺民與金朝的政治關係」, 『北方民族』 1990-1.
劉浦江(1994), 「金代猛安謀克人口狀況研究」, 『民族研究』 1994-2.
劉浦江(1994), 「金代戶口研究」, 『中國史研究』 1994-2.
劉浦江(1994), 「金代土地問題的一個側面 — 女眞人與漢人的土地爭端」, 『中國經齊史研究』 1994-4.
劉浦江(1995), 「金代‘通檢推排’探微」, 『中國史研究』 1995-4.
劉浦江(1995), 「金代戶籍制度芻論」, 『民族研究』 1995-3.
劉浦江(1995), 「論金代的物力與物力錢」, 『中國經齊史研究』 1995-1.
劉浦江(1996), 「渤海世家與女眞皇室的聯姻 — 兼論金代渤海人的政治地位」, 『北大史學』 3, 北京大學出版社.
劉浦江(1996), 「金代雜稅論略」, 『中國社會經濟史研究』 1996-3.
劉浦江(1998), 「說漢人遼金時代民族融合的一側則面」, 『民族研究』 1998-6.
劉浦江(1999), 「金朝的民族政策與民族歧視」, 『遼金史論』, 遼寧大學出版社.
劉浦江(1999), 「關於金朝開國史的眞實性質疑」, 『歷史研究』 1998-6.
衣保中(1990), 「金代屯田制度初探」, 『北方文物』 1990-3.
李錫厚(1995), 「論驅口」, 『中國史研究』 1995-2.
李　躍(2004), 「對金朝流通紙幣的一些看法」, 『南方文物』 2004-1.
李逸友(1987), 「金西北路三方銅印考釋」, 『遼金史論集』, 上海古籍出版社.
李　涵 · 易學金(1986), 「金代的驅不是奴婢嗎與張博泉先生商榷」, 『江漢論壇』 1986-11.
李華崙(2003), 「金宋史論叢讀後」, 『宋史研究通訊』 42, 中國宋史研究會.
任重在(1994), 「金元時期黃淮中下遊農業經濟破産成因及後果探析」, 『中國農史』 1994-3.
張博泉(1963), 「論金代猛安謀克制度的形成發展及其破壞的原因」, 『文史哲』 1963-1.
張博泉(1983), 「遼金二稅戶研究」, 『歷史研究』 1983-2.
張博泉 · 程妮娜(1987), 「完顔阿骨打略論」, 『遼金史論集』 1(陳述主編), 上海古籍出版社.
張博泉 · 武玉環(1989), 「金代的人口與戶籍」, 『學習與探索』 1989-2.
張邦煒(1998), 「遼宋西夏金時期少數民族的婚姻制度與習俗」, 『社會科學研究』 1998-6.
蔣松岩(1981), 「遼金二稅戶及其演變」, 『北方論叢』 1981-2.
張泰湘 · 王雨浪(1987), 「金代站鋪考」, 『遼金史論集』, 上海古籍出版社.
趙光遠(1981), 「試論金世宗對州縣民戶的通檢推排」, 『中央民族學院學報』 1981-2.

趙光遠(1987), 「再論金代的 '通檢推排'」, 『遼金史論集』, 上海古籍出版社.
趙冬暉(1987), 「金初勃極烈官制的特點」, 『遼金史論集』, 上海古籍出版社.
趙鳴岐(1987), 「遼代生女眞的社會變革及金的建國」, 『遼金史論集』 3(陳述主編), 書目出版社.
曾代偉(1997), 「金朝物力通檢推排法術論」, 『民族硏究』 1997-5.
陳昭揚(2004), 「金代漢族士人的入仕之途以『中州集』爲主的考察」, 『遼夏金元史教硏通訊』 2004-1, 中興大學歷史系.
陳　述(1950), 「乣軍實論證」, 『史學集刊』 6.
陳　述(1987), 「遼金兩朝在祖國歷史上的地位(代前言)」, 『遼金史論集』, 上海古籍出版社.
陳學霖(1987), 「金國號之起源及其釋義」, 『遼金史論集』 2(陳述主編), 書目文獻出版社.
崔文印(1987), 「略談金海陵王完顔亮的評價問題」, 『遼金史論集』, 上海古籍出版社.
韓茂莉(2001), 「金代東北地區的農業生産與地區開發」, 『北京大學學報』 2001-5.
韓茂莉(2004), 「遼金時期西遼河流域農業開發與人口容量」, 『地理硏究』 2004-5.
華　山 · 王賡唐(1956), 「略論女眞氏族制度的解體和國家的形成」, 『文史哲』 1956-6.
黃寬重(2002), 「墓誌資料的史料價値與限制」, 『宋遼金元史硏究』 7, 宋遼金元史硏究會.
黃純怡(2005), 「略述遼金夏的法制史硏究」, 『遼夏金元史教硏通訊』 2005-1, 中興大學歷史系.

[연구상황]

關樹東(1999), 「1998年國內遼西夏金史硏究綜述」, 『中國史硏究動態』 1999-12.
关树东(2000), 「1999年國內遼西夏金史硏究動態」, 『中國史硏究動態』 2000-11.
關樹東(2001), 「2000年國內遼夏金史硏究綜述」, 『中國史硏究動態』 2007-11.
關樹東 · 蔡春娟(2004), 「2003年遼夏金史硏究綜述」, 『中國史硏究動態』 2004-12.
屈文軍(1997), 「1996年遼金元硏究綜述」, 『中國史硏究動態』 1997-8.
屈文軍(2002), 「2001年國內遼西夏金史硏究綜述」, 『中國史硏究動態』 2002-6.
都興智 · 呂洪偉(2005), 「2004年遼西夏金史硏究綜述」, 『中國史硏究動態』 2005-9.
酈　文(1992), 「1990~1991年遼金史硏究概況」, 『中國史硏究動態』 1992-7.
潘　淸(1996), 「1995年遼金元史硏究概述」, 『中國史硏究動態』 1996-6.
宋德金(1982), 「近三十年遼金史若干問題硏究」, 『民族硏究』 1982-3.
宋德金(1998), 「二十世紀中國遼金史硏究」, 『歷史硏究』 1998-4.
吳海濤(1995), 「1993~1994年遼金史硏究概述」, 『中國史硏究動態』 1995-5.

王秀麗(1993),「1992年遼金元史研究綜述」,『中國史研究動態』1993-6.
張德宗 · 鄭傳斌(1984),「建國三十五年來的宋史研究」,『史學月刊』1984-5.
陳廣恩(2003),「2002年遼西夏金史研究綜述」,『中國史研究動態』2003-9.
陳建勤(1998),「1997年遼金元史研究概述」,『中國史研究動態』1998-6.